汽车强国之路丛书

大竞赛
未来汽车的全球争霸赛

〔美〕利维·泰尔曼（Levi Tillemann）　著

王　冀　译

机 械 工 业 出 版 社

本书较为系统地介绍了美国和日本等国家发展新能源汽车的历史沿革，以及本国政府在这一过程中所起到的作用，明确指出电动汽车的竞争是全球各国政府和企业针对下一阶段汽车产业的竞争。书中对中、美、日这3个暂时处于领跑地位的国家的优劣势进行了分析，并指出了中国电动汽车产业发展过程中存在的问题。

The Great Race：The Global Quest for the Car of the Future/ By Levi Tillemann/ ISBN：9781476773490

Copyright © 2015 by Levi Tillemann-Dick arranged through Simon & Schuster, Inc. with Andrew Nurnberg Associates International Limited.

This title is published in China by China Machine Press with license from Simon & Schuster, Inc. This edition is authorized for sale in China only, excluding Hong Kong SAR, Macao SAR and Taiwan. Unauthorized export of this edition is a violation of the Copyright Act. Violation of this Law is subject to Civil and Criminal Penalties.

本书由 Simon & Schuster, Inc 独家授权机械工业出版社在中国境内（不包括香港、澳门特别行政区以及台湾地区）出版与发行。未经许可之出口，视为违反著作权法，将受法律之制裁。

北京市版权局著作权合同登记　图字：01－2016－9712 号。

图书在版编目（CIP）数据

大竞赛　未来汽车的全球争霸赛/（美）利维·泰尔曼（Levi Tillemann）著；王冀译. —北京：机械工业出版社，2017.6
　　（汽车强国之路丛书）
书名原文：The Great Race：The Global Quest for the Car of the Future

ISBN 978－7－111－57983－0

Ⅰ.①大…　Ⅱ.①利…　②王…　Ⅲ.①电动汽车—汽车工业—工业史—世界　Ⅳ.①F416.471

中国版本图书馆 CIP 数据核字（2017）第 221832 号

机械工业出版社（北京市百万庄大街22号　邮政编码100037）
策划编辑：赵海青　　　　　　　责任编辑：赵海青
责任校对：杨　璐　　　　　　　责任印制：孙　炜
保定市中画美凯印刷有限公司印刷

2018年1月第1版·第1次印刷
169mm×239mm·16.25 印张·261 千字
0 001–4 000 册
标准书号：ISBN 978－7－111－57983－0
定价：69.00 元

凡购本书，如有缺页、倒页、脱页，由本社发行部调换
电话服务　　　　　　　　　　　网络服务
服务咨询热线：010-88361066　　机 工 官 网：www.cmpbook.com
读者购书热线：010-68326294　　机 工 官 博：weibo.com/cmp1952
　　　　　　　010-88379203　　金 书 网：www.golden-book.com
封面无防伪标均为盗版　　　　教育服务网：www.cmpedu.com

译者序

作为新能源汽车产业的从业人员，我对翻译《大竞赛：未来汽车的全球争霸赛》这本书有兴趣，可谓是必然的。

本书的特别之处，在我看来，可大致归纳为以下三方面。

首先，就是作者将各国发展电动汽车的努力"串"在一起考虑，明确提出这场竞争是全球各国政府和企业针对下一阶段汽车产业的竞争；而且还对中、美、日这3个暂时处于领跑地位的国家的优劣势进行了分析，指出了中国前几年发展电动汽车过程中存在的问题。这也是个人认为本书最有意义的一点。

在作者的描述中，中国电动汽车产业的发展落后于美、日两国。如果仅从产品成熟度和技术含量的角度看，这个评价是公允的，毕竟我们无法否认我国与美、日两国汽车工业整体水平的差距是代际差。在我看来，消除这种差距不可能一蹴而就地实现，但考虑到我国潜在的市场规模，如果我国政府能够正确地引导市场的力量和资本的力量来发展电动汽车，摸索出适合电动汽车发展的商业模式来缩小这种差距也并非不可能。

其次，作者较为系统地向读者介绍了美国和日本发展新能源汽车的历史沿革，其中的许多情况国人之前并不清楚。比如，日本电动汽车产业的发展是东京电力公司员工推动的结果；又比如，美国加州空气资源委员会在过去60年中为净化该州空气所做出的努力。作者以翔实的事实向我们介绍了美、日两国走上发展电动汽车道路的过程，以及本国政府在这一过程所起到的作用。

最后，他向我们展示了一个美国人眼中的中国新能源汽车产业。其中有一些说法值得我们重视，例如"山高皇帝远"那一节中提到的地方保护主义；而另一些则有失偏颇，例如他对我国积极承办奥运会和世博会的看法就有不当之处。当然，我们不能苛责作者，毕竟他的成长、教育等背景与国人相去甚远，他固然很努力地学习了中文，但对中国社会的认识还是有限的。对我们来说，"有则改之，无则加勉"的态度才是最恰当的。

王　冀

2017 年 2 月

目 录

译者序

引　言 // 001
　　伟大的竞赛 // 003
　　碳时代的国家和市场 // 005
　　路上的规则 // 006
　　市场失灵和马上的男人 // 008
　　10 亿辆汽车 // 009
　　内容的组织结构 // 011

第一章　中国崛起和万钢的生态愿景 // 012
　　超过大国 // 015
　　全球汽车工业简史 // 018
　　在竞赛中胜出 // 023

第二章　加州规则：　一州如何撬动全球技术革命 // 025
　　令人忧伤的霾 // 027
　　改革：新主席带领加州空气资源委员会走向极端主义 // 031
　　技术强迫——"不可能完成的"标准 // 034
　　竞争 // 035

第三章　日本的战略资本主义 // 037
　　日本通商产业省和日本奇迹 // 038
　　日本的超越 // 039
　　选择胜出者 // 040

V

丰田汽车 // 040

日产汽车 // 042

尊王攘夷：赶走野蛮人 // 043

东方的"堡垒" // 044

难以忍受的倒退 // 045

再见，山姆大叔：再一次赶走美国人 // 046

西进 // 047

日本通产省的战略后撤 // 049

第四章　无所畏惧的本田 // 051

"战斗精神是我的本性" // 052

曼岛 TT 摩托车赛 // 053

马斯基和"市场缺陷" // 054

清洁汽车之赛 // 055

试验与恐怖 // 057

关于 1976 年环保法规的战斗 // 059

"贸易保护主义者的花招"？// 061

第五章　突如其来的 "冲击" // 063

从达尔文到阿德莱德 // 064

用"冲击"打破常规 // 066

概念车带来的证据 // 067

无人关注：甲醇汽车、天然气汽车和零排放汽车 // 068

关于愿景的一件麻烦事 // 069

第六章　加州空气资源委员会的撒手锏 // 072

底特律是国王 // 072

"无备选方案"：电动汽车的商业化 // 074

加利福尼亚和日本 // 076

丰田汽车的"探月工程" // 077

不走不寻常的本田汽车 // 080

树木排放的污染都比本田车排放的多 // 081

抵制强制规定 // 082

第七章　电动汽车已死，电动汽车长存 // 084

是谁杀死了电动汽车? // 085

罪犯是谁 // 087

第八章　抓住中国的眼球 // 089

革命之路 // 091

赶超：万钢的成长、教育和工作 // 093

以荣耀替代耻辱 // 095

第九章　海归、航天飞机和氢经济 // 097

全心全意 // 098

用电自由 // 099

万钢和中国的海归们 // 101

"863 计划" // 102

寻找 "替代物" // 103

第十章　疯狂的姊川文彦 // 105

福岛核电站长长的影子 // 108

轿车、卡车与船只 // 110

处于困境：在加州之后的日本电动汽车产业 // 112

"两巨头"：打倒丰田汽车和本田汽车 // 113

寻找日本的赫拉克勒斯 // 115

一辆 "荣光之车" // 119

即将成为现实的电动汽车 // 120

梦想中的机器 // 121

召集官员们 // 122

步入主流 // 123

不是第一个：日产汽车加入联盟 // 124

NEC：斯巴鲁的负心人 // 127

第十一章　我会回来的 // 130

加利福尼亚的回归 // 130

清洁汽车法案 // 131

钢铁侠 1 号 // 132

钢铁侠 2 号 // 134

第十二章　挑战"绿色大妖怪" // 139

美国政府换届了 // 143

第十三章　拯救底特律 // 144

美国的产业崩溃 // 144

雷曼冲击波 // 145

华盛顿的冷酷回应 // 147

电休克疗法 // 149

"这次是来真的吗?" // 151

第十四章　被金钱、权力和刺激计划异化的"绿色" // 154

奥巴马团队的回传球 // 155

经济刺激计划的分配 // 157

奥巴马政府的"新产业政策" // 158

救命稻草、政治拨款、百宝箱 // 159

美国三大汽车公司 // 159

风险投资公司 // 161

如 A123 公司一样容易 // 165

没有"永动机" // 166

20 万辆电动汽车 // 168

"美国的半场时间" // 169

第十五章　大灾难 // 173

福岛的恶魔 // 173

神的行为与人的行为 // 175

日本的后院 // 178

"到底发生了什么事?" // 179

关于绝对安全的被扭曲的神话 // 180

火炬传递到了日产汽车 // 181

中国挑战 // 184

静水依旧深流 // 185

第十六章　幸运的 2008 // 187

中国电动汽车的奥运会机遇 // 187

奥运会带来的发展机遇 // 188

十城千辆计划 // 189

中国的经济刺激政策 // 190

第十七章　中国的能力危机 // 193

山高皇帝远 // 195

深入 SEVIA：中国海洋石油总公司 // 198

天津力神 // 199

科易动力 // 200

中国国家电网公司 // 204

一个"团队" // 206

北京新能源汽车股份有限公司 // 206

深圳的爱迪生：比亚迪 // 209

再一次落后于时代 // 212

第十八章　重要的竞争 // 214

钱的因素 // 215

分裂的美国 // 215

糟糕的卡玛 // 216

特斯拉的远见 // 217

加州的梦想成真了 // 221

没有国土的国王 // 223

中国的"弯道超车"硬着陆了 // 225

"我们不能去和特斯拉竞争" // 226

胜利者是…… // 228

第十九章　编后记 // 231

比赛的最后一圈 // 231

走得更远 // 232

超越石油？ // 233

获取能源 // 234

可再生能源的力量倍增器 // 234

无线充电技术：让充电更方便 // 236

新的电池技术：一个更好的前景 // 236

一条光明但坎坷的道路 // 237

按需分配到每一个人？// 238

为什么还要开车呢？// 240

新竞赛："比萨男"来了 // 240

盲人也能驾驶 // 242

坐好、放松、享受旅行 // 244

当 2 + 2 = 10 // 245

转变 // 246

尾 声 // 248

引　言

亨利·福特（Henry Ford）已经连续 48 个小时没有休息了。在此期间，他不停地调整弹簧，检查各种系统，组装着自己的第一辆车。看上去非常顺利。不过，福特的朋友兼合作伙伴詹姆斯 W. 毕晓普（James W. Bishop）和他的妻子克拉拉·福特（Clara Ford）却开始担心他的状态了。事实上，近一段时间以来，他们都在担心这位陷入痴迷状态的年轻发明家。因为福特这几个月每天下班回家后都会工作到深夜。不过到了这一天——1896 年 6 月 4 日——漫长的等待即将结束了。

时间已经走到凌晨两三点钟，在福特位于底特律市巴格利大道 58 号的住宅外，细雨正击打着鹅卵石街道。年轻的亨利·福特并不打算去休息，他打算先干完手头的这个活。毕晓普和克拉拉·福特也尽己所能地帮助他。这一刻，所有的工作都完成了，福特组装完成了自己的四轮汽车，并将其命名为"Quadricycle"。但在他开始欢呼前，福特发现自己之前忽略了一个非常重要的因素：他的四轮汽车太大了，无法从房间的门开出去。简单地说，他相当于在瓶子里造了一艘船，现在这艘船无法从瓶子里开出来了。

看上去，福特现在要做的是结束工作、上床休息，晚些时候再回来想办法。但他自己并不这么想。相反，他拎起一把斧子，先把门框拆除了，然后开始凿墙。一下接着一下，他顺利地在墙上敲出一个足够大的洞。整个过程看上去有些疯狂，而亨利·福特仿佛被某种看不见的外力——一股比他面前的墙壁更强大的力量——在推动着做这件事儿。我们无法探知福特当时的想法，或许他只是本能地觉得这事儿非常紧迫，不能再让汽车在房间里哪怕多待一天；或许他确定自己的新发明会是一棵摇钱树，如果他还让车滞留在屋里，他就是在浪费时间。

在把墙敲出一个大洞后，福特将自己的注意力转回到汽车上。他把进气管装到发动机上，在毕晓普帮忙摇动曲轴后，亨利·福特组装的四轮汽车的发动机开始工作了。这位 32 岁的电气工程师坐到了驾驶员的座位上，挂上了档，启动车辆向外驶去。

那时，整个底特律还在熟睡中，黎明即将到来。但这一次，随着亨利·福特顺利地将自制的汽车驶上大街，即将到来的，还有汽车工业的黎明。他的发明开启了一次竞赛，一次改变了这座城市的发展命运，也改变了人类发展进程的竞赛。这是一系列比赛的开端，这些比赛最终无情地改变了社会形态，改变了地缘政治，播种下了财富，并推动全球经济进入了下一个世纪，直至进入 21 世纪。

这就是构建未来的汽车的竞赛。

在 19 世纪末，汽车工业只是当时全球经济"风口上的猪"，但这种局面马上就要改变了——被像亨利·福特一样有野心又致力于改变现状的天才们推动着向前发展。这些人获得的不仅是金钱、权力或荣耀，更是有机会掌控创新的支柱。通过竞赛，美国的汽车公司马上就会统治全球的汽车产业；美国企业的统治力一直延续到第二次世界大战后的几十年。但最终，来自日本、德国，甚至中国的挑战者将会挑战美国企业的统治地位。

本书写的是关于今天各公司和各国如何构建面向未来的汽车的竞赛，并成为像亨利·福特那样的行业统治者的故事。这个故事里讲述了日本的核工程师、奥迪汽车的前高管、富有远见的南非商人和荷兰的化学家对 21 世纪的汽车产业前景的看法。

当下，全球汽车制造业的年产值大约是 3 万亿美元，这是一个比巴西更大的经济体。除了体量巨大之外，汽车产业在经济增长、贸易、创新军事科技和环境保护方面的重要性，从现实目的看，更是无法衡量的。不仅如此，汽车产业的重要性也超过了绝大多数人的认知，它是一个国家的骄傲，是制造业就业中心，还是一国对全球发达经济体的影响力。

如今，正如百年前亨利·福特身处的时代一样，形势正在无情地快速变化着。问题不再是能不能做到，而是谁会做到以及要多快就能实现。无论是企业还是国家，都处在一场打造未来汽车的大竞赛里。专利、生产线、实验室、董事会和电池工厂等要素将会决定谁将从这场竞赛中胜出；胜利者将再一次获得"摇钱树"，还会掌握电动汽车市场这一全球经济中增长最快速的工业行业。

伟大的竞赛

我是在 7 年前（译者注：应当是 2008 年）第一次意识到这个竞赛的。那时，我和父亲正一起为他的一个发明能够商业化而努力。从某种程度上说，我父亲所做的与亨利·福特当年的努力一样重要。与福特相仿，我的父亲也专注于提高机械的效率，他也有一个自己的工作室用来制造原型机器，以验证他的各种想象力和野心。清洁能源就是他的野心所在。他申请了一块包含有我的名字"LEVI"的汽车牌照，并宣布他找到了一个"可完全生物降解"的、"充电时间短"的能源"富矿"，以此庆祝我的出生。

2005 年时，我们开始专注于一款全新的内燃机的设计，我们称之为"内部辐射脉冲结构"（Internally Radiating Impulse Structure，以下简称"IRIS 发动机"）。和传统发动机相比，IRIS 发动机的结构更小巧、热效率更高，而且动力输出更大，我们当时认为它将是未来车用发动机的发展方向。父亲和我畅想着，在今后的几十年里，全球每一家汽车生产企业都会向我们支付专利费以获得 IRIS 发动机的生产许可证。

但世间不如意之事，十有八九。

2006 年春季的某一天，一次制动故障使我父亲驾驶的道奇凯领（Dodge Caravan）脱离车道，从距离我们科罗拉多的家不远处的一个陡峭坡道上坠落。道奇凯领的油箱破裂了，车辆很快就被火焰吞噬。尽管摔断了多处骨头，身上还着了火，但我父亲还是奋力踢破了风窗玻璃从车中爬了出来，滚到了安全区域。但是，火焰烧伤了他全身90%的皮肤，热焰还灼伤了他的肺；10天后，他在科罗拉多大学附属医院的烧伤科病逝。

父亲离我而去后，我希望实现他的梦想，26岁的我因此成为IRIS发动机公司的首席执行官。为了寻找支持公司运营所需的资金，我走遍休斯敦、波士顿、纽约和硅谷，寻找愿意为公司注资的投资者。2007年上半年，我造出了一台原型机，一位朋友把我介绍给联邦快递的首席执行官弗拉德·史密斯（Fred Smith），他愿意给我一次机会。史密斯开出的条件很简单：如果我们能够说服让他在汽车业的朋友承担开发IRIS发动机所需的一半费用，他就将负担另一半。这是一个我们无法拒绝的提议。然后，史密斯动用私人关系，为我联系了时任福特汽车公司首席执行官的阿兰·穆拉利（Alan Mulally）。

在亨利·福特先生启动他的四轮汽车Quadricycle的112年后，我步入了福特公司全球总部，在其中一间会议室里做一次重要的陈述。在我讲完后，会议室的灯光亮起，坐在我面前的时任福特汽车公司全球产品发展副总裁德瑞克·库扎克（Derrick Kuzak）直截了当地问我："我为什么还要在一个内燃机项目上花钱？现在的情况很明显，今后10~15年，整个汽车产业都在向电动汽车的方向发展。"库扎克非常了解产品设计和开发周期，他也很清楚量产IRIS发动机将是多么复杂的事。随后，他再一次问我："我为什么要花几十亿美元来开发一款全新的内燃机？"

我磕磕巴巴地给出了我的见解，但显然，他没有接受。作为回应，库扎克向我展示了福特公司制定的今后10年的技术路线图。这份路线图显示，该公司将首先量产应用涡轮增压技术的"EcoBoost"系列发动机，并在恰当的时机投放应用电力驱动的某款产品。

看过后，我有些不知所措。

在那之前的18个月里，我不停地告诉别人为什么电动汽车不会成功，因为我认为汽车产业的竞争是更高效的内燃机的竞争。然而今天，福特汽车公司——正是那家在100多年前用内燃机颠覆了爱迪生的电动汽车梦想的汽车公司——却告诉我，未来是属于电动汽车的。

"今后 10 ~ 15 年，整个汽车产业都在向电动汽车的方向发展。"库扎克拒绝的话语回响在我耳边，这让我意识到了 IRIS 发动机的前景很暗淡。

这会是真的吗？我停下了与 IRIS 发动机有关的工作，决定去寻找答案。

我先回到约翰霍普金斯大学（Johns Hopkins University）拿下了博士学位，研究的正是全球汽车产业的问题。在撰写博士论文的过程中，我发现，对创造一个全新的、建立在电动汽车基础之上的交通运输体系而言（目前最积极的是美国、中国和日本这 3 个国家），科学、技术和政策缺一不可。瑞克·库扎克是对的，汽车的电动化确实蕴含着巨大的动量。

我自学了日语和中文，又花费的几年时间周游美国和亚洲，与汽车企业的高管们、汽车领域的科学家们和汽车记者们交流，到处参观工厂，与各种官员交谈……所有这一切都是试图找出，被认为潜力无限的电动汽车（尤其是在中国）究竟有多大的可持续发展可能。

不久之后，我开始认识到，全球汽车产业的规则的确改变了。它已不再是几个汽车巨头之间的竞争了，而是全球工业大国们在寻求对一个支柱产业的控制。这方面的战略和谋略不仅是由各国官员和工业家驱动的，更是由那些未曾期待的角色——核科学家、硅谷的大人物以及企业高管们——所驱动的。我意识到，这是一场全新的竞争，也可能是最新的一场伟大竞争，一场关于制造未来汽车的竞争。

碳时代的国家和市场

在这场全球性的、复杂的、涉及诸多方面的汽车创新的角逐中，衡量胜利者的标准不仅仅是市场份额的多寡、技术的先进性或者国家的权力强弱。虽然这些因素都在其中发挥作用，但这场竞赛还在协调经济增长与社会转型以及公共物品之间的关系。历史已经证明，在一场竞争中，参与其中的国家和企业是不能躺在过往功劳簿上的，因为竞争是如此激烈，稍有不慎就会落后。无可争辩的是，亨利·福特赢得了早期竞争的胜利，这一阶段的重点是如何将汽车大规模地商业化。而到了 20 世纪下半叶，来自日本的丰田汽车公司和本田汽车公司依靠高质量、高燃油经济性和高排放标准击败了福特汽车公司。不仅如此，从某种程度上说，日本汽车也赢得了美国消费者的人心。

今天的竞争与以往的相比，有着根本差别，这一次比的是，汽车怎样从以燃油发动机为驱动转变为由其他的动力驱动。目前的领跑者非常清楚，要在这场竞争中取得压倒性优势是确定未来的汽车在今后几十年中的发展方向。最终的胜利不仅取决于技术水平，还取决于一个国家的政策制定水平，以及它对政策工具与市场设计的理解。将公共部门和私人运营商成功结合形成合力，会是成功的一个标志。而运气——谈到这一点可能会令人惊讶——和诚实也会在其中起到一些作用。

路上的规则

我们正处在一个激动人心的时代的前沿。但对美国来说，要想顺利进入这样的时代，需要承认市场和政府之间的互利关系的强大潜力。

作为一名年轻的企业主，我并不欣赏美国政府在宏观经济、驱动创新中的重要角色。但我却发现，天使投资人、风险投资人和企业非常习惯于这种与市政府、州政府，更不用说与美国联邦政府了，打交道获取政策优先支持的模式。当企业家和企业开始进入这些行业时，政府不仅会提供"游戏规则"，还会更直接地为特定的人或公司量身定做游戏规则〇。通常，这种设定优先权与规则的过程，涉及选举时的承诺、肮脏的政治交易，以及出于好意的公务员群体识别项目是否具备可行性的能力。不管它是怎么做出来的，政策对许多，也许是大多数，社会变革创新的成功或失败都是至关重要的。如果想要参与到 21 世纪的竞争中去，美国就必须接受这一事实。

〇 事实上，法国之所以能成为第一批汽车发展的中心国家之一，就是因为其由政府出资建设的道路和工程学校的教学质量很好。

19 世纪和 20 世纪，对于进行基础设施建设，确保石油供应，发展新的产业（例如铁路），建造和扩展州际高速公路网络，发射卫星，以及创造和维护互联网等许许多多事情来说，国家干预都是必要的。在 20 世纪 40 年代，正是美国联邦政府在军需品等方面的大量投入带领着美国走出了大萧条，并迎来了发展的新纪元。而第二次世界大战后，最显著的经济变革并不是出现在美国这样相对自由放任市场发展的国家，而是出现在类似日本这样政府深度干预市场发展的国家。在日本，政府把公共部门和私营部门的资源引向那些特殊的"战略行业"。这种政府干预的做法，被称为"产业政策"。

但最终，即便政府在科研、基础设施和技术等领域的投入会推动私营部门的增长，产业政策也依旧在美国被大量地质疑，甚至是直接唾弃。像美国这样，对由政府驱动经济增长的概念有着强烈敌意的情况是个例外，日本、德国等国家则接受了政府在这一过程中的角色。在这些国家中，产业政策在推动诸如高端制造业这样的成长中的产业的发展过程中，发挥着重要作用。

美国现阶段对待产业政策的小心翼翼的态度，与其历史上曾做出的选择是不一样的，但却并非完全没有道理，因为成功地执行产业政策并不那么容易。经验显示，一国经济发展计划最好由这样的一群技术官僚来制订：他们对什么是全球贸易和经济增长的长期驱动力具有战略眼光。但问题是，很难找到一批有如此高战略眼光的公务员。要知道，即便是最聪明的、最专业的和最廉洁的分析师，也都难免犯错误。最重要的是，许多官员和机构都有着保守的倾向。但在一个对碳排放控制日益严格的时代，战略性的产业政策对美国维持其创新优势是至关重要的。其实，每一个国家都有自己的产业政策，区别仅在于是明确的还是隐含的而已。因此，现实的选择是，是忽视国家在现代经济中至关重要的作用，还是寻求战略性地运用政府力量来发展经济。

产业政策可以是战略层面的，也可以是战术层面的。例如，由于汽车业对美国的就业、技术活力和经济增长有着显著的作用，因此美国政府在 2008 年时为拯救它而出台过专门的政策。这就是战术层面的产业政策。而全球许多国家的政府，在认识到应对水资源缺乏、空气污染、对外能源依赖和 21 世纪的全球变暖问题后，都选择进行全面的改革。上述这些政策就是战略层面的。

这样的战略计划对那些基础设施密集或监管密集的产业有特别重要的作用，因为在这些产业里，人们可以预见到政府会发挥重要作用。这些产业包括电信业、计算机产业——其中涉及由政府支持的创新，如触摸屏、卫星导航；还包括高科技、资本密集型的制造业，比如国防、航空航天、能源和运输。在这些产业里，长期的、需要耐心的研发工作、投资和监管是至关重要的。那些战略性地应用产业政策的国家，将会在 21 世纪为自己赢得重要的优势。

过去，美国在卫星、半导体等领域使用过这类产业政策，而且也获得了巨大的成功。例如，美国在页岩气领域的成功。尽管还存在争议，但这方面的成功至少是一部分得益于政府支持的研究计划，以及对探测美国境内页岩气储量的补贴。它的持续成功是华盛顿制定的一项政策的成果，该政策意在使美国的家庭和企业能够持续获得便宜且充足的能源。

今天，我们继续从公共-私营创新项目——从苹果公司的 iPod 到廉价的电力——中获益，但这些是过去几十年的成功。现在的美国，在执行战略经济计划方面，已经落后于许多国际上的竞争对手。美国国民经济的未来如何，将由我们是否能够诚实地进行一项政治讨论——即是否愿意承认政府在推动增长及社会有益的创新方面的至关重要的作用——来决定。离开了战略性的和积极的政府支持，美国是不可能赢得电动汽车领域的竞争，也不可能赢得其他领域的竞争的。

市场失灵和马上的男人

除了促进经济增长及为创新提供基础设施之外，政府在现代经济中还扮演着另一个重要角色：阻止那些可能会对一个个体或公司有利，却伤害社会利益的行为。想在经济增长和维护其他社会利益间取得平衡，是一项艰巨的任务。

奥地利经济学家约瑟夫·熊彼特（Joseph Schumpeter）在哈佛大学讲课时坦言，在自己年轻时，曾"立志要成为维也纳最好的情人、奥地利最好的骑士和全球最好的经济学家"。随后他谦虚地表示，他得承认自己从没有实现过上述愿望。"唉！"熊彼特哀叹道，"作为一名骑手，我从没有达到一流水准。"

对于他制造浪漫的能力，世间没有相应的报道，但熊彼特无疑已成功地实现了第三个愿望。作为最好的经济学家之一，熊彼特最著名的观点之一，是资本主义制度"不停地从内部革新自己的经济结构，不断地破坏既有的结构，不断地创造新的结构"。他认为"创造性破坏"是"资本主义最根本的特征之一……它是资本主义的组成部分，也是每一个资本家都关注的。"在熊彼特看来，每一个企业的目标都是赢得"企业租金"（也就是利润），并在经营过程中推动创新。

当然，他自己也意识到这个经济学模型是存在缺陷的。在现实生活中，社会需要远比在经济学教科书要复杂。因此，即便市场会奖励某种形式的创新，被奖励的也并不一定是那些被社会认可的创新，哪怕这些创新是最重要的。

此外，市场并不一定会惩罚那些实施社会破坏行为的人。真正的市场往往在追求利润时也会产生显著的负外部性。当没有人会被要求为这种负外部性买单时，对创新的激励就不一定能够为社会提供最大的利益。这种情况被称为"市场失灵"，类似的情况在人类历史和全球经济史上出现过无数次。比如，温室气体污染有时就被称为"世界上最大的市场失灵"。如今，我们已经明白，必须改变现代经济中那些碳密集型产业。在 21 世纪，我们必须直面在温室气体污染这方面存在的市场失灵。对企业和国家来说，这种改变都是充满了机遇和风险的。

10 亿辆汽车

从全球范围看，电动汽车是更大的经济转型的一个组成部分。但如何激励这一转型还是一个谜题，因为购买一辆电动汽车并不会明显地降低另一名购买燃油车的买主所产生的负外部性；买电动汽车或许会给车主带来某种层次的满足感，但个体的行为并不会为他带来任何气候红利。

有统计显示，轻型车（含轿车、SUV 和皮卡）的尾气排放约占全部温室气体排放的 10%；而目前，全球汽车保有量大约在 10 亿辆上下。因此从理论上讲，每位购买电动汽车的用户，其无私的行为可以使全球温室气体排放减少大约一百亿分之一。但这些车主却需要负担更高的成本购买电动汽车，还得忍受电动汽车续航能力差的问题。从这个意义上看，我们就很容易理解对电动汽车的购买需求为什么如此有限了。

当然，驾驶电动汽车也有其他的利益。比如，其用电成本很低，换算成油价约合 1 美元/加仑⊖；而且，电动汽车的加速性能也很好。然而即便如此，由于全社会的各类基础设施在过去 100 年里都是围绕着亨利·福特的燃油车梦想而投资建设的，因此消费者现在要想选择电动汽车还要面对很高的障碍。

不仅消费者在选择电动汽车时缺乏信心，汽车制造商们也同样缺乏开发和制造电动汽车的积极性。如果是为了实现社会理想而投资开发电动汽车，那么汽车厂商们几乎不可能由此获得财务回报；而同时，这样的投资还会导致它们降低对排放控制和燃油经济性等领域的投资，可谓得不偿失。

因此，尽管人类作为一个整体能从更清洁的、燃油经济性更好的汽车，或者从实现大规模产销的电动汽车中获益，但单个的公司和个人却基本无法从每一辆清洁汽车或电动汽车中获益。

和电动汽车的情况类似，许多对全社会有益的技术发展，在过去几十年里，都遇到了这样或那样的瓶颈。抽象的社会收益和损害正日益体现在具体问题上，其中既有土地污染、水污染和空气污染，又有气候变化对我们日常生活和国民经济的影响。这些年来，自然火灾的破坏力越来越强，飓风的等级也越来越高，干旱越来越严重，洪水的破坏力也越来越大；另一方面，由于依赖进口原油，发展中国家要花费数万亿美元，而且这笔支出还在不断上升。

在以上自然、社会和经济因素的共同作用下，虽然电动汽车在历史上是一个失败的产品，但现在又成为不同国家追逐的对象。目前，为争夺电动汽车的未来的竞争——也为了统治全球市场的竞争——早已拉开了帷幕。

⊖　按车辆的平均燃油经济性指标推算（详见美国能源部的 eGallon 指标）。1 加仑 =
　　3.78541 立方分米。

内容的组织结构

本书由三部分构成。第一部分是介绍汽车电动化竞争的序章，介绍了汽车在美国，尤其是加利福尼亚州，简称加州、日本和中国的发展历史，以及电动汽车回归的前兆。它肇始于加州与霾污染斗争的故事，继而讲述了日本建立自己汽车产业的努力——这些努力最终使其取代了美国，成为世界汽车产销量王者和技术领导者；还讲述了中国在经过数十年后重返全球经济圈的努力，以及该国乘用车市场爆炸性的增长。

第二部分聚焦21世纪初的那段时光，讲的是日本汽车工业巨头和经济计划制订机构是怎样开发出一个新的市场的，中国的政治领导人是如何发展汽车工业的，以及美国是怎样保持飞速创新的步伐的。

第三部分说的是2008—2012年的金融危机是如何改变全球经济规则的，以及这场危机是怎么导致电动汽车在日本、中国和美国的发展之路走到尽头的。内容包括对美国的经济大衰退、美国汽车产业的危机、日本的核灾难，以及中国的竞争力危机的介绍。结论和后继描述的是在过去几年的进步，并介绍了自动驾驶汽车——这个行业一定会到达的未来——最新的发展。

这本书讲述了一个充满惊喜的故事。读完本书后，您能知道谁是赢家、谁是失败者，以及谁又是关键人物。这本书讨论的不仅仅是全球经济转型的事儿，还涉及残酷的现实、顽强的远见者，以及坚持己见到偏执程度的男男女女；它讨论的是我们是什么样的人，以及我们该如何驱动创新的故事。这本书说的是一个涉及三个国家（美国、中国和日本）的社会、政治、科技和经济愿景的惊人的社会转型的故事，正是这三个国家努力地利用改变的力量，引领着汽车产业的未来。

第一章
中国崛起和万钢的生态愿景

就像2008年在北京举办的第29届夏季奥林匹克运动会一样，2010年在上海举办的第41届世界博览会（简称世博会）也是一次盛会。在那一年的夏天，超过7200万人次的游客涌进世博会会场。为准备这次博览会，中国政府投入了40多亿美元，这笔投入还不包括新建的地铁线路和道路，以及城市景观美化和其他一些用于改善上海城市环境的费用。

世博会的中国国家馆采用的是"东方之冠"造型，外形酷似皇冠，其建造费用超过2亿美元，展出了诸多文化宝藏。与其他的展馆相比，中国馆独特的造型设计使它看上去就像是世博会的主人；它坐落在世博园区正中央，欢迎着来自全球各地的客人。

除中国馆外，其他展馆也很不错。在法国馆，价值连城的印象派油画作品被挂出来供游客欣赏；瑞士则在世博园区中建设了一条缆车道，让游客可以在上海大都市里享受空中之旅。此外，世博园区里还有一些企业出资建设的展馆，或提供了赞助。有的企业馆展示了未来使用的清洁能源；有的企业馆内有明星演出，他们或是引吭高歌，或是浅吟低唱，为观众表演。

即使是那些最不敏感的人，也能感受到这次盛会发出的信息：中国正在崛起，她需要受人尊敬和受到尊重，她希望世界能够建立一种新的秩序。

2010 年上海世博会的成功举办也是一个男人的胜利，他就是中国科技部部长万钢。整个园区的公共交通是零排放的，这是他的杰作。之所以要这么做，是因为中国那一年已经是全球最大的汽车市场了，而万钢想让他的祖国在全球汽车业的竞争中胜出。

万钢年轻时留学德国学习机械工程，毕业后进入奥迪汽车公司，并成为职业经理人。在回国后，他向中国最高领导层提出了这样一种理念：中国马上就能执全球汽车工业之牛耳。万钢曾公开微笑着表示：中国将会统治 21 世纪的全球电动汽车市场。这听起来就令人印象深刻。

在万钢微笑的背后，是中国打破对外国石油和西方技术依赖的坚定决心。最终目标是超越日本和美国，使中国能够对外出口汽车、输出技术，而不是正好相反。这种愿景是不可抗拒的。2010 年的上海世博会就是一个强有力的声明：中国加入到全球竞争中来了，中国还希望赢得竞争。

在这种大背景下，电动汽车迅速成为焦点，也是中国在技术领域取得领先的外在表现。意在实现园区内公共交通二氧化碳零排放的上海世博会，是万钢自2000 年加入上海同济大学任教以来一系列工程项目与前瞻性研究的顶点。

2008 年时，同济大学的"竞争对手"清华大学在北京奥运会期间也做出过类似的努力。但在上海世博会期间上路示范运行的新能源汽车的数量是北京奥运会期间的两倍多，而且技术覆盖面也更广，包括电动汽车、燃料电池汽车，以及使用超级电容进行快速充电的公交车。所有这些车型都处在商业化前期，这意味着它们更多的是用于科研用途，而非商品。但那时，中国并不需要处理发展汽车产业的诸多细节，也就是面对消费者可能涉及的技术性和经济性问题，以及商业计划等能够帮助产业发展的问题。看上去，万钢相信如有着足够多的助力，这些问题都会自然而然地解决掉。中国需要为上海世博会做的，就是宣告有无穷潜力，并宣告一个发展路线图和一个令人信服的故事。

美国通用汽车公司和其在中国的合作伙伴上海汽车集团股份有限公司（SAIC），负责在 2010 年上海世博会期间探索这一即将到来的愿景。作为中美两国最大的汽车制造商以及主办城市的杰出企业，这两家公司承受着巨大的压力。但它们成功展示了汽车工业正在面对的、华丽的、令人应接不暇的、变革型的未来。

它们认为，相较于之前存在过的汽车，今后行驶在中国大街小巷上的汽车将是体积更小、智能程度更高、速度更快、排放更清洁、乘坐更安全且更性感的。上汽-通用展馆内综合展示了上述所有元素。进入该展馆的游客在系上五点式安全带后，就可以看到 IMAX 巨幕上演的由计算机特技制作的电影，这将把他们带入到一个明亮而清晰的虚拟现实世界。

在这个虚拟现实世界里，电动汽车在街头快速行驶，街头没有信号灯，路上没有交通拥堵，甚至车里都没有司机。通用汽车公司和上汽集团做出的预测是，到 2030 年时中国将会建成安全、高效、零排放的交通网络。到时，车辆之间、车辆与外部环境之间，将会自动交互与交流。

在这个大胆畅想中的新世界里，一位盲人女孩可以坐进她自己的汽车里，舒适而又安全地在上海市内尽情地驰骋；一位交响乐团的指挥家，不用自己开车去上班，他可以在车里再检查一下自己的曲谱，为演出做最后的准备；也多亏了快速行驶的自动救护车，一位怀孕的母亲才能及时赶到医院。在 2030 年的世界里，整座城市就像一块巨大的瑞士手表一样精细地运转着。影片结束后，帷幕缓缓升起，露出一辆真实的电动汽车——看上去和电影里的一样，它也是自动地在展馆里行驶。这是相当壮观的场景。

对观众来说，这两家汽车公司所展示的 2030 年的场景是非常真实的，至少在他们再次看到上海的霾之前是这样的。在中美最大的两家汽车企业联手展示的世界里，天是蓝的，空气是新鲜的，未来的机器人默默地在高速公路两侧驱动着风力涡轮机。但当观众走出场馆，他们呼吸到的是有味道的空气，看到的是灰色的天空。

世博园内运行的电动汽车和公交车只能在限定范围内运行，这种限制就仿佛是在 2010 年时万钢构建的生态愿景与中国现实的界限。在真实的生活中，在路上行驶的大部分都是燃油车，无论是上汽集团的产品还是大众、奥迪或别克，都是以燃油为动力。事实上，中国的一亿辆汽车保有量的影响好坏兼半：在带来便捷的同时，中国大城市的空气质量与交通状况开始变差了。

毫无疑问，这就是为什么中国政府在 2009 年时宣布想要在发展和推广电动汽车方面进行弯道超车的雄伟计划的原因。万钢承诺，中国会在 2 年内推广应用 50 万辆国产电动汽车。

但仅仅过去 1 年，就已经有迹象表明，这个愿景实现起来非常困难；一些分析家也开始对这个计划失去信心。5 年后，其失败的轮廓若隐若现。这期间，中国的经济年增长率持续走高。中国拥有 13 亿以上的人口，还持有 3.4 万亿美元的外汇储备，并努力要在汽车技术的竞赛中"超越"既有的领跑者，并统治打造未来电动汽车的竞争。然而，尽管政府强力推动着中国汽车业向电动化发展，但该国的汽车巨头们却有心无力；中国是世界上最大的汽车市场，但其国产电动汽车的销量却不那么令人满意。事实上，在这场竞争中，中国只是在步履蹒跚地前进着。

超过大国

在国际竞争中能够做到后发先至无疑是美好的，这一部分是因为追赶的难度很大。现在，汽车产业已经融合了世界上最尖端的技术，因此当代汽车工业的复杂性不能被低估，在这个领域做到后发先至绝非易事。

在 20 世纪初，汽车是一种新鲜的玩意儿，还不够结实，对工作环境很挑剔；而且在当年，开车也是很危险的一件事。因此，100 多年前的一个合理的看法是，马是更好的交通工具。但仅仅过去几十年，情况就彻底改变了。第二次世界大战后，整合更先进的汽车系统对人所需具备的专业性要求，呈指数级增长。英国未来主义学者阿瑟 C. 克拉克（Arthur C. Clarke）曾经写下过这样著名的句子："任何足够先进的技术都与魔法没有区别。"这句话用来形容汽车再合适不过了，因为到 21 世纪初时，汽车的复杂性早就远远超出了普通人的理解范畴。

制造一辆动力够强劲、驾乘够安全、尾气够清洁，结实耐用且定价又足够经济，可以参与全球竞争的汽车，需要方方面面的专家。不仅要有大量工程师和物理学家的参与，还需要诸如流体力学、噪声控制、运动学、材料学等学科的专业人士；此外，对电气工程师和计算机科学家的需求量近年来也在快速增加。普通汽车需要使用大约 3 万个零件，涉及的专业领域从为车辆的控制系统编写源代码，到制造自动化生产所需机器人，再到开发先进的计算机辅助设计软件（意在让工程师不用再痛苦地手工绘制图纸）。目前，一辆豪华车约 40% 的成本是电气元件、车载计算机和软件等；在一辆车成功量产前，汽车企业可能要花 10 亿美元在编写车辆使用的各类源代码上。

不仅如此，制造现代汽车还需要更高的精确度。比如燃油喷射器和控制机构这样的零件，其尺寸精度是以微米计的，也就是相当于人类头发丝直径的 1/50。更重要的是，这些精密元件必须被设计得能承受巨大的使用强度，并被集成到一个密封件内；它们要和车辆一起运行几十万英里⊖，期间会被摇晃、被撞击，或被低温"冰冻"、被高温"烘烤"几十年。在此过程中，它们不能出问题，只要这些系统中有一个失效了，后果都会是致命的。

正因为当今的汽车和汽车产业是如此复杂，所以，尽管中国已有数百万名留学生在海外求学，期望成为明天的工程师、程序员和科学家，但事实还是很清楚，中国仍需要几十年才能达到全球标准。而现在，下一代汽车的竞争已经开始，那么中国为什么要重复过去的动作？为什么不把精力放在开发未来的汽车上，也就是电动汽车上？

"弯道超车"概念是强有力的、是感性的、是引人注目的，但也是空洞的，仿佛各种车展上展示的超现实主义的概念车，都是外强中干。

今天，中国已成为全球汽车大国，但她还缺少足够的专业人员，尚未成为汽车强国。她在技术领域的竞争中遇到了更小的、组织更好的、更灵活的对手；目前，领导全球开发未来的汽车，即新一代的电动汽车和自动驾驶汽车的，是美国和日本。但这场竞争现在还只是棋到中盘，因为中国并没有输给美国和日本。

在美国加州，虽然其总人口要远远少于中国的城市人口，但一群不知疲倦的人却花费了 20 年的时间与底特律做斗争，推动美国汽车产业进行电动汽车革命。

　⊖　1 英里 = 1609.344 米。

他们的努力得到了回报。2012 年，特斯拉汽车的 Model S 当选《汽车趋势》（*Motor Trend*）杂志年度车型；《消费者报告》（*Consumer Reports*）也表示，这是他们驾驶过的最好的汽车。完全由美国制造的雪佛兰沃蓝达（Chevy Volt）也被《消费者报告》评定为消费者满意度最高的车型，并长期在 J. D. Power 公司的消费者满意度调查中名列前茅。

在日本，电动汽车革命是由东京电力公司的核能工程师姊川文彦推动的，是他制订的计划推动了全球首款量产大众型电动汽车聆风（LEAF）的出现。当特斯拉摘走"全球最酷炫电动汽车"的桂冠时，日本企业已经在制造和推广普罗大众适用的电动汽车的竞争中走在了前列。2012 年时，日本汽车企业出产的电动汽车占当年全球售出的电动汽车总量的 3/4；到 2013 年，普通美国人已经能够一个月花不到 200 美元租一辆日本产的电动汽车了，而且给这款车充电的成本只是燃油车加油成本的很小一部分。

虽然上海世博会上通用汽车-上汽集团展厅内演示的是 2030 年的未来交通世界，但目前，这种交通体系在日本和美国已初现萌芽，已经较大多数人所想象的更接近现实。电动汽车和自动驾驶车辆的商业化，都已被提上了议事日程。

由燃油车升级到电动汽车和自动驾驶汽车，对人类提升运输质量、发展生产力等方面都将产生质变影响，并有可能成为继互联网之后对人类社会发展影响最大的社会转型。这就是为什么美国、中国和日本正在就今后的交通运输业展开白热化竞争的原因。事实上，不使用燃油的电动汽车，以及被《福布斯》杂志称为"产值上万亿的无人驾驶"产业，也就是通用汽车-上汽集团在世博会上展示的那样，已经触手可及。

当然，有竞争就会有输赢，因为一些国家和企业就是比对手发展得快。这一轮竞争的关键，部分是依靠一国汽车、电池和技术企业的成熟程度；当然，类似谷歌或日产汽车这样的产业巨头不会受此因素影响。另一方面，个人创新者、活动家、发明家和梦想家也是关键因素，他们也是本书关注的重点。但除此之外，竞争胜利也取决于政府在战略规划方面的角色，以及他们在这方面的能力，即如何执行政策，鼓励投资者、银行家、企业家和商人投资构建面向未来的经济，以及投资类似电动汽车这样的朝阳产业。

全球汽车工业简史

近百年来，就对全球经济的重要性和人类社会的变革而言，没有什么技术所起的作用能够和汽车相比。

汽车是在 19 世纪末 20 世纪初时出现的，最初是由自行车和马车生产商们制造的。当年，这些厂家们在框架结构的底盘上安装蒸汽机或内燃机，再配上车轮等零件组装出汽车。在最初的 10 年左右的时间里，使用电池驱动的车辆的产量，是要比使用内燃机驱动的车辆高的。彼时，电动出租汽车公司的车队行驶在美国主要城市的街道上，许多人致力于开发电动汽车，那时研发电动汽车的情景，就有些像 21 世纪初的互联网公司泡沫。托马斯·爱迪生（Thomas Edison）也在其中。他与同时代的许多人一样，都花费了 10 年左右的时间以及大量的资金，意在开发有竞争力的电动汽车。但是到 1910 年时，亨利·福特在竞争中胜出了。燃油车的优势较电动汽车着实是压倒性的。石油及其提取物，也就是汽油和柴油，其单位质量或体积能够提供的能量，比那个时候任何类型的电池提供的都要多；此外，燃油车的加油非常快；而且，尽管有一定的危险性，但汽柴油的运输仍是相对容易的。因此，在此后的一个世纪里，汽车的历史就是燃油车的历史。

约 100 年前，福特汽车公司每年能制造约两万辆 1910 年款的 T 型车；此后，这款车的产销量开始快速增加。到 1927 年，每 5 个美国人就拥有 1 辆 T 型车；而且那一年，有超过一半的美国家庭拥有汽车。即便是在 20 世纪 30 年代开始的大萧条时期，美国汽车的年销量也在 100 万 ~300 万辆之间徘徊。随着市场的扩大，企业间的合并重组频繁出现，到 20 世纪 30 年代时，全球汽车工业被三大巨头所统治：福特汽车公司、通用汽车公司和克莱斯勒汽车公司。

这三家公司都通过规模优势与技术先进性保证自己在全球范围内都拥有优势。由于它们的制造模式基本都出自亨利·福特的理念，因此通常被统称为"福特主义"。它们所采取的是这样一种模式：用同一种颜色生产一款汽车，这样可以保证它足够便宜、结实耐用，并且能尽可能多地适用于更多的人。其装配过程被称为"流水线作业"，即产品底盘在装配线上移动，旁边的工人们按工序将零部件装到底盘上，最终组装完成一辆量产车。

这种做法给福特汽车公司带来了巨大的好处，按一位学者总结的说法就是，可以"持续降低价格"。换句话说，福特公司进行的大规模生产为其带来了经济性，其成本优势是如此之高，使得该公司不仅能以非常有竞争力的价格把车卖给没什么钱的美国农民，也能在当年就卖到东京或上海这样的外国城市。

另一方面，福特汽车的竞争对手通用汽车公司同样也在进行大规模生产。然而，该公司在这方面的做法并没有前者那么专一。由于这家企业是由多家规模较小的汽车企业兼并重组而来的，因此使得它朝着大规模生产、差异化生产，并淘汰旧款产品销售新款车型的模式发展。这种战略，是由该公司的管理天才小阿尔弗雷德 P. 斯隆（Alfred P. Sloan Jr.）提出的，因此也被称为"斯隆主义"[⊖]。

除了在民用领域越来越受欢迎之外，和石油一样，汽车在军事方面也变得日益重要。在第一次世界大战期间，坦克等新武器、机动化的军事运输，以及其他军用车辆对于协约国取得胜利起到了决定性作用。在第二次世界大战（以下简称"二战"）期间，美国已经在机动化车辆竞赛中占据了主导地位。从这个角度看，日本和德国对美国宣战是极其不明智的，因为盟军的工业霸权是绝对的。日本、德国和意大利三国加起来，在 1938 年共制造了 43.7 万辆汽车；而那一年，仅英国就制造了 44.5 万辆汽车，美国更是制造了 350 余万辆汽车。

珍珠港事件后，美国进入战争状态，汽车工业旋即转型为"民主党的兵工厂"。在二战期间，克莱斯勒汽车公司是最大的坦克制造商；福特汽车公司和威利斯汽车公司共生产了 250 万辆军用车辆和 66 万辆吉普车。战争期间，美国汽车企业总共制造了 413.1 万台发动机（包括 45 万台飞机发动机和 17 万台船用发动机）、590 万门火炮和 2.7 万架飞机，这为粉碎轴心国做出了卓越贡献，也为 20 世纪后半叶的美国奠定了军事基础。

为保护在战争中有非常重要作用的汽车企业，美国联邦政府特工们进驻了这

⊖ 斯隆于 1918 年加入通用汽车公司，历任副总裁、总裁、董事长等职，他一手缔造了通用汽车公司的事业部制结构，带领该公司超过福特汽车成为全球最大的汽车制造商，他被认为是现代商业社会第一位成功的职业经理人。——译者注

些企业的总部，这使得当时精神已有些不太正常的亨利·福特误认为这些人是来谋杀他的。

二战结束后，美国国内对汽车的需求开始爆发性增长，而汽车的进一步普及又推动了美国的城镇化进程。直到拉尔夫·纳德（Ralph Nader）在 1965 年出版了《任何速度都是不安全的》（*Unsafe at Any Speed*）一书，汽车消费的持续增长才被抑制住。纳德在书中提出了现代汽车很危险的理论，在当时引起了轰动。这本书的出版标志着汽车厂商与监管机构之间关于安全性、经济性、排放和产品质量的一系列博弈开始了，这种博弈一直持续到今日，因为即便是在现阶段，修正纳德在书中列出的问题都不是件容易的事儿。[⊖]

从环境保护的角度看，汽车导致的最严重的问题是尾气排放。很久以来，汽车企业的工程师们并不真正了解发动机燃烧的实质，因此也就不清楚汽车尾气中的污染物是怎么产生的。由于发动机缸内燃烧过程并不可见，亦不可测量，因此控制排放就依赖于两点：一是技术水平的高或低，二是运气好与坏。从 20 世纪 70 年代开始，美国政府的监管措施强迫汽车厂商们用严谨的态度应对尾气排放问题。从那以后，在控制汽车尾气排放中的有毒物质方面，社会开始取得巨大进步，极大地改善了空气质量以及美国各地和许多工业化国家居民的健康。美国环保署（Environment Protection Agency，EPA）制定的排放标准是如此严格，以至于发动机专家讥讽地说，EPA 的真实意思是"就业保护署"（Employment Protection Agency），因为它制定的标准太严格了，不用担心汽车企业能够做到，因此其雇员永远不用担心因没事可做而失业。在加州，空气污染问题尤其严重，使得该州不得不设定了一个发展目标，旨在彻底禁售燃油车，不再让发动机排出尾气。该州的战略是让汽车电动化，也就是说，加州想要重新审视电池技术及其潜力。

在过去的 8 年中，电池领域的情况发生了改变，但就数量而言，大多数依然是铅酸电池，也就是说，依然是爱迪生那个时代用在电动汽车上的类型。在加州上路的第一辆电动汽车几乎完全是由铅酸电池作为动力源的；而在 20 世纪 90 年

⊖ 《任何速度都是不安全的》一书认为，通用汽车公司等汽车企业在设计产品时并不考虑安全问题，导致在发生交通事故时驾乘人员容易受伤或死亡。——译者注

代中期，能量密度更大的一种化学物质镍氢开始投入市场。这种化学物质的历史相当长，但从商业化角度看，其基础性突破发生在 20 世纪 90 年代，人们需要感谢的是美国密歇根州的企业家斯坦福·奥弗辛斯基（Stanford Ovshinsky）和他成立的公司"ECD 奥弗尼克斯"（ECD Ovonics）。

奥弗辛斯基出生在俄亥俄州，其父母是 1922 年移民美国的犹太人。他的父亲出生于立陶宛，是一个废金属经销商。奥弗辛斯基年轻时找到的第一份工作是当车工。他接受的正规教育并不多，只是高中毕业，但公共图书馆为这位天资聪慧的年轻人提供了别样的资源。奥弗辛斯基通过自学成才，这一过程培养了他作为知识分子的独立性，也让他成了一个追求完美的人。

在 20 世纪 70 年代第一次石油危机爆发前很久，奥弗辛斯基就发现过度依赖石油的美国经济存在着环境和地缘政治的危险。他与妻子一同建立了一个实验室，该实验室最终发展成为上市公司"ECD 奥弗尼克斯"。在这家公司的平台上，奥弗辛斯基发明了半导体、氢燃料电池、薄膜太阳能电池。凭借着这些成就，他被《经济学人》杂志称为"我们这个时代的爱迪生"。

从许多方面看，奥弗辛斯基和他的公司都是游戏规则的改变者。在汽车工业中，奥弗辛斯基影响最长久的贡献发生在电池领域。他从美国能源部（Department of Energy，DOE）申请到资助，用于开发自己的镍氢电池技术。较其竞争对手，ECD 奥弗尼克斯公司设计的大功率电池存储的能量更多，即它有着更好的能量密度，而且储能速度也更快。在 20 世纪 90 年代末到 21 世纪初那些年，每一种混合动力系统的基础都建立在 ECD 奥弗尼克斯的技术基础上。

与此同时，一些制造商（比如三菱）在开发锂离子电池，这种电池最初是埃克森美孚实验室的产物，但索尼公司在其便携式电子设备上开始了它的商业化应用。但当时，锂离子电池仍需要克服安全和性能方面的问题，用一位汽车企业高管的话说就是"老二八原则"：剩余 20% 的进步要花费人们 80% 的精力去推进。因此一直到 2005 年前后，锂离子电池仍未能统治电动汽车市场；而那时，它已经在便携式计算机、手机、便携式摄像机和其他移动设备上广泛使用了。

这种新一代电池对电动汽车而言，无异于是破局者。锂离子电池中有多种不同类型：锂锰氧化物、钴酸锂、磷酸铁锂等，尽管这些锂离子电池成本居高不下，而且能量密度也比不上石油。但是在强力政策推动下以及更多的研究和大规模生产的共同作用下，它们被预计能够满足全球日常公共交通90%的需要。大规模生产后，这些电池也具备成本上的经济性，尤其是考虑到与电价相比，油价是如此之高。

另一个对电动汽车发展的刺激来自混合动力汽车。高效率混合动力电动汽车的概念是，在车辆获取能量后将之存储在电池中，并将它供给驱动系统，最早在19世纪90年代就出现了。1977年，地球日的倡议者丹尼斯·海耶斯（Denis Hayes）写道："在物理学家的概念中，有效率的车辆是那种运行时无须克服摩擦力的车辆。在水平路面上以稳速行驶时，它不会消耗能量。用于加速的能量可以是在制动时回收的，爬坡时消耗的能量是在下坡时回收的。汽车制造商能够做到的比物理学家们能做到的，更接近设想中的理想状态。"

然而，让混合动力汽车从纯理论走进主要汽车厂商的实验室的，是一名政治家而不是科学家。克林顿任职美国总统期间有一个项目，是让美国能源部国家实验室体系的尖端科技能够与底特律的实际需求相结合。他制定推广的"新一代汽车合作伙伴计划"（Partnership for a New Generation of Vehicles，PNGV）致力于设计制造油耗低至80英里/加仑（百公里油耗约合2.94升）的家用轿车，将高效的柴油发动机与混合动力系统相结合。被这个计划吓坏了的日本汽车厂商则加快了这方面的研究，并取得了飞跃。

丰田汽车推出的普锐斯（Prius）和本田汽车推出的因赛特（Insight）两款混合动力汽车，都为我们提供了值得学习的技术指引。而普锐斯还开启了全球汽车产业的混合动力时代。

除了技术问题，这还产生了强大的"光环效应"，即让美国消费者认为日本汽车厂商比他们的美国同行更关注环境问题。在日本，这种效应也很明显。在普锐斯上市后，日本的大学毕业生首次将丰田汽车视为最理想的就业对象。2010年，普锐斯成为日本最畅销车型。2012年，丰田汽车以"普锐斯"混合动力汽车的产品品牌，导入了一系列车型。普锐斯的成功使该公司成为电动汽车驱动系统的代名词，也让全球消费者对电动汽车的看法重新回到正面。

对丰田汽车的竞争对手——无论是美国的、欧洲的，还是日本本土的——来说，普锐斯已经成为"绿色大妖怪"。它成为竞争企业无法与之竞争的工业标准，让这些竞争企业不自觉地处于自卑情绪当中。到2005年前后，丰田汽车的统治优势使得汽车企业的战略变成了进行激进的创新以便能够跨越混合动力技术和内燃机时代。

百余年前，亨利·福特是在一个小小的车库中组装起了自己的第一辆四轮汽车Quadricycle的。但到了20世纪末，在车库里进行制造的日子早已成为历史。如今，制造一辆世界级的汽车已是全球经济中最复杂的工业领域之一；仅仅是创建一条发动机生产线，就可能需要耗资20亿美元。先进的汽车公司拥有两大类工程师：一类致力于设计汽车，另一类则完全致力于如何优化制造汽车的生产线。对那些关注这个市场的新进入者，比如中国，进入将是一件富有挑战的事儿。对所有的汽车企业来说，推动技术的电动化都是艰巨的工作。

在竞赛中胜出

当前，全球正在构建新能源经济。未来，许多目前被投向化石燃料领域的投资和资本将会转投向新能源的制造和服务。因此，说人类正在开展面向未来的竞争并不为过。

今天，美国正面临着严峻的挑战，它要在一场激烈的竞争中确保自己的地位，而这场竞赛看上去是被崛起的亚洲大国主导着。太多的美国私营企业由于成为上市公司而受限，因为它们要优先确保季度财务报告好看，所以很多公司已经放弃了对支撑长期创新的基础研发工作。美国政府也没有做得更好，它被动作缓慢的机构和诸多政治争论所拖累。

要想在21世纪的经济中占有统治地位，要想赢得这场竞赛，美国必须改变，而显而易见的是，这种改变一定是政治化的。美国必须学会变得以目标为导向，战术灵活，并由长期的宏观经济趋势所驱动，而不是由短期的政治或财务利益所驱动。在很多方面，上述哲学并没有什么新鲜之处，但代表的却是对那些曾支持美国经济在20世纪绝大多数时候都很伟大的操作方式的回归。伴随着聪明的、战略性的领导，美国将能够再一次在企业家能力、创新和创造力上取得无与伦比的力量。尽管近期面对许多挑战，但美国并没有出局，仍有潜力来领导当下的和未来几十年的科技水平——这种力量有时候来自于意想不到的地方。

第二章
加州规则：一州如何撬动全球技术革命

1990 年的某一天，在美国俄勒冈州阿斯托里亚（Astoria）附近的某处，50 辆同一型号的军用汽车组成的车队沿着海岸线蜿蜒前行。这些车辆有着统一的标识，它们底盘低、车身宽大，造型充满肌肉线条，仿若汽车中的斗牛犬。

不远处，一个人以冷酷的眼神观察着它们，他还无声地走近了一些，以便更好地观察这些车辆。"看看它们，充满力量，像牛犊一样强壮。"这个人以浓重的奥地利口音自言自语道。正在近距离看着这些车辆的，是前世界健美先生和影星阿诺德·施瓦辛格（Arnold Schwarzenegger）。看上去，他很快就被这款车迷住了，或许是在看着这些车辆时想起了自己。

施瓦辛格看到的是美国军方的一款军车，其正式名称是"高机动性多用途轮式车辆"（High Mobility Multipurpose Wheeled Vehicle，HMMWV），通常被称为HMMWV，是由美国汽车公司（American Motor Corporation，AMC）在多年前为美军设计的，其民用版是人们熟知的悍马（Hummer）。不过直到海湾战争期间，驾驶它前行的美军的影像传回美国后，这种全地形车才真正被美国民众所熟知，其在美国人心目中的地位也迅速变高。

施瓦辛格到阿斯托里亚来是为了拍摄电影《幼儿园特警》（Kindergarten

Cop）。不过在看到这些车后，他给自己增加一项新任务：拥有一辆这样的车。经过漫长的谈判后，施瓦辛格成功地实现了自己的愿望，但因为种种原因，他拥有的全球首辆非军事用途的 HMMWV 并不能驶上公路；其中一个原因是它虽然没有配枪，但机枪炮塔还在，不符合民用车的技术规范。于是，施瓦辛格又花费了 10 万美元对自己的新车进行了改装，以适应法规要求，能够行驶在洛杉矶的路上。

施瓦辛格无意中帮助推动了一种新的商品车型的发展，HMMWV 被开发出了民用型号，被称为"悍马"（Hummer）。到 1993 年，只要花费 43 000 美元，人们就可以像施瓦辛格一样开着这么酷的车上路了。施瓦辛格酷爱的这种悍马车，是美国 20 世纪 90 年代"油老虎"车型的代表。但施瓦辛格没有想到，从第一次看到就爱上这款"油老虎"十几年后，他却成了电动汽车最强有力的推广者之一。

就在施瓦辛格看上 HMMWV 的同时，就在阿斯托里亚南 600 英里处，一群加州政府官员们正在设计一个项目，该项目最终让悍马退出了历史舞台，并推动着美国汽车产业不情愿地转向他们并不喜欢的发展方向。

在此前的几十年里，改善空气质量是加州政界优先级最高的事情之一。又因为加州是美国最大的汽车市场，也是世界最大的经济体之一，因此它的空气质量问题，不管汽车企业是否喜欢面对，也就迅速成为全球汽车产业的中心焦点。

加州空气资源委员会（California Air Resources Board，CARB），是加州政府内负责治理本州被污染的天空的专门机构。自成立以来，它用了几十年时间来迫使汽车厂商们设计、制造和推动那些被底特律或其他人称为"不可能实现"的汽车技术。该委员会或是哄骗，或是敲打美国的汽车制造商，让它们遵守自己制定的规则。加州空气资源委员会还经常鼓励底特律的日本竞争对手来做美国汽车巨头没有做到的事儿，帮助外国企业抄自己同胞的后路，只因为这些日本企业很愿意满足加州的排放标准。

但具有讽刺意味的是，恰恰是通用汽车公司——悍马汽车的制造商——而不是丰田汽车或日产汽车，最终证明加州政府想要推行的零排放汽车是现实可行的，并带动美国走上了发展电动汽车的道路。当通用汽车公司在 20 世纪 90 年代的洛杉矶车展上展示了一款性感的电动汽车概念车"冲击"（Impact）后，它们便使加州空气资源委员会拥有了应对大气污染物的完美武器。

这一切都肇始于一名1949年夏季从欧洲移民到美国的化学家，任教于加州理工学院（California Institution of Technology）的化学家阿里·哈根－斯密特（Arie Haagen－Smit）。

令人忧伤的霾

作为一名化学家，阿里·哈根－斯密特是世界级的。在20世纪30年代时，他就任教于哈佛大学，不过在1940年时，他加入了加州理工学院。他的兴趣是分析植物的化学成分：它们的气味、口感和治病的效果。

哈根－斯密特是非常典型的学院派人物，他粗犷英俊，招人喜欢。他对科学研究是非常严谨而保守的，也许他最重要的特质是对问题完整性和公平的追求。这种特质帮助他在自己的科学追求上取得了巨大成就。哈根－斯密特之前的科研成果可以列成一张长长的清单，包括葡萄酒、大蒜的风味成分；他甚至还研究过THC（大麻中的一种活性化合物）。不过他现在潜心研究的是菠萝，他一心想知道是什么让这种水果具备独特的味道。

在一个忙碌的早晨，哈根－斯密特忙于他的研究项目：从6000磅[⊖]菠萝中提取果汁。或许是他感到有一些超负荷运转了，因此即便还没到午饭时间，他还是决定走出实验室，休息一会儿。

不过这一天，当哈根－斯密特走出实验室想呼吸一下新鲜空气时，他闻到的——也许用"尝到"也无不可——是一种令人厌恶的味道。空气中弥漫的化学气味充斥着他的嘴和肺。他对此很反感，却又被勾起了好奇心。20世纪40年代时，霾这样的恶劣天气在加州南部地区已变得司空见惯，而且情况还在不断恶化中，这种糟糕的气象环境甚至杀死了他种的一些植物，但导致这种局面的成因却仍是个谜。斯坦福大学的研究者和加州各地的研究人员已经用了5年时间来探寻导致霾出现的成因，但一无所获。

⊖ 1磅＝453.592克。

于是，哈根－斯密特带着疑问去拜访了他的同事阿诺德·贝克汉姆（Arnold Beckham），两人开始讨论各种可能。当时有人猜测，霾的成因是人们在自家后院焚烧东西；也有人认为是在制造一种新生事物——女士连裤袜过程中产生的。但在讨论过程中，哈根－斯密特和贝克汉姆都不认同这种解释。贝克汉姆从自己的专业角度出发，认为哈根－斯密特能做得更好。

在探究霾的成因领域，贝克汉姆还有一位合作者路易斯 C. 麦凯布（Louis C. McCabe）。两年前，麦凯布先生被任命为洛杉矶空气污染控制局的第一任局长。理论上，他需要负责改善洛杉矶地区的空气质量。可现实是，尽管麦凯布有着很强的学术背景，有着近 50 位专职人员的团队，还有充裕的预算来解决问题，但不管是他还是其他人，都不知道空气中弥漫的霾是怎么来的。因为没有人确切找到过导致这种天气的真凶，尽管麦凯布个人怀疑当地的炼油厂在其中起到了不好的作用。由这种天气引发的政治问题已经开始发酵了。麦凯布与外界的蜜月期已经结束了：由于没有取得工作成效，他被当地媒体尽情嘲笑。

尽管还未能找出致霾的真止原因，但麦凯布知道，只要他能找到原因，并拿出一个理想的解决方案，他就依然能成为加州人民的英雄。麦凯布想要行动起来，但他当时并不想赞助那些探索导致洛杉矶空气质量问题成因的学术研究，尤其是那些费时很长、进展缓慢，还充满不确定性的学术研究。

因此，当贝克汉姆找到他，请他资助哈根－斯密特的研究项目时，贝克汉姆吃了闭门羹。因为这种研究可以持续几个月，甚至几年。不过在按照自己的主意做了几个月之后，麦凯布改变了自己的想法，因为他的模式不起作用。尽管他对于霾成因的演讲会得到许多人关注，但这无助于解决问题。

对哈根－斯密特来说，他对研究霾的成因感兴趣是与政治无关的，最大可能是为了满足自己的求知欲，部分也是因为看到自己种的植物受到了伤害，想找出解决方案。哈根－斯密特在开展研究时，没有任何现成的资料可供参考，但他还是设计了一个计划。

在某个起霾的日子，哈根－斯密特用一个巨大的风机将"帕萨迪纳市3万立方英尺[⊖]的空气"吹过工业制冷器。寒冷的空气被脱水后，其中的颗粒物沉淀下来，形成了几勺棕色的污泥。化学家分析了其中蕴含的元素，最终发现弥漫在加州空气中的是"有机过氧化物"。

正是这种"过氧化物"刺激了人们的眼睛，导致人们呼吸时有刺痛感；而产生这种物质的元凶，毫无疑问是汽车，因为哈根－斯密特得到的物质中蕴含的"烃"，并非连袜裤厂或橡胶厂生产过程的副产品，而是汽车发动机工作时未能彻底燃烧的汽油的产物。数以百万计的汽车将这种物质排放到大气中，在阳光的作用下，这些化学物被氧化并转化为过氧化物。

证据就在那里，无可辩驳！

对哈根－斯密特而言，他做到了自己想做的，接下来想做的便是回到实验室中，重新研究菠萝。但他的命运已经改变了，注定无法再安静地进行科研了。

当麦凯布的继任者，洛杉矶污染控制局的新任局长将哈根－斯密特的研究成果公布于众后，在社会上引起了轩然大波。各石油公司认为必须要反驳哈根－斯密特的研究成果，因为这对他们的伤害太大了。加州地区反对哈根－斯密特的企业赞助成立一个"斯坦福研究所"（Stanford Research Institute）来重新研究致霾成因。我们不清楚这个组织是否与斯坦福大学有关，但它对哈根－斯密特的研究成果和名誉进行了恶毒的攻击，指责他的研究过程过于草率，认为他的实验是不可再现的（因而不可信），他拿出的证据并不确定；还指责他的结论是盲目的，更糟糕的是，可能只是一种猜测。

对外界评价一向很淡定的荷兰人被激怒了。尽管哈根－斯密特对汽车没什么兴趣，也不想重塑汽车产业，但对于这种诽谤他不能置之不理，对造谣者他不能不加以惩罚。

哈根－斯密特拿出了确凿的证据予以回应，彻底摧毁了对手言辞的可信度。随着他研究的逐渐深入，这名化学家开发出了自己的公关天赋。比如，他就按自

⊖ 1 立方英尺 = 28.3168 立方分米。

己的理论造出了霾，并构建了一个实验室对外展示。人们发现，在其中的植物会枯萎；进入其中的人都能闻到那熟悉的气味，也就是过氧化物的味道。

通过自己的努力，哈根－斯密特逐渐成为加州与霾做斗争的标志性人物，甚至被称为"抗霾之父"。在加州此后几任州长的支持下，他建造了一系列卓有成效的实验室和研究机构，致力于了解和解决加州的空气质量问题。当"黄金州"政府将分散在各种机构中的应对空气污染的职能部门重组为"加州空气资源委员会"（CARB）后，哈根－斯密特教授被公认为是该委员会主席的不二人选。

不过哈根－斯密特并不适合加州空气资源委员会那种政治氛围，这并不是因为他不招人待见。他不是那种感情丰富的人，但人们喜欢他，政客们也喜欢他，甚至汽车企业——他的批评对象——也喜欢他。后者认为他是公平的、理性的，是可以合作的对象。只是没过多久，就有一些观察人士开始批评加州空气资源委员会的首任主席对汽车工业的态度过于软弱。

因此，当哈根－斯密特要求加州人必须花 35 美元为自己的车装上净化器以减少尾气排放污染时，时任加州州长罗纳德·里根（Ronald Reagan），也就是任命哈根－斯密特为加州空气资源委员会首任主席的那位州长，决定将其免职。这个消息传出后，舆论再次一片哗然。

虽然被赶出了加州空气资源委员会，但哈根－斯密特那时已创造出了一个新的学科——大气污染学。尽管就连美国联邦政府也认为加州的空气质量研究机构可能是全球这方面最好的，但最终，他转向为加州首席空气问题科学家的过程却输给了里根州长的自由市场意识形态。尽管在他的任期中，哈根－斯密特做出的上述决定并不过分，考虑到加州人民的健康危机，他的决定可能力度仍太小了，但哈根－斯密特的努力还是被意识形态问题所打断。对信仰自由市场的共和党人里根来说，强制性要求民众改造自己的车就意味着监管，这是"大政府"的行为。在里根的价值观里，他不能接受这一点。

不过，里根反对加州政府成为大政府的努力只是短暂的。当他于 1974 年卸任后，他的继任者带来了完全不同的理念。新任州长杰瑞·布朗（Jerry Brown）可谓子承父业，因为他的父亲帕特·布朗（Pat Brown）是里根前任。小布朗州长毕业于耶鲁大学法学院，喜欢冥想，抽过大麻，就像是政界的嬉皮士。杰瑞·布朗和里根完全不同，他对政府管制并不抵触。事实上，在小布朗州长任期内，汽车工业非常怀念哈根－斯密特任加州空气资源委员会主席的那段宽容、理性的时光，因为小布朗任期内的加州空气资源委员会太激进了。

改革：新主席带领加州空气资源委员会走向极端主义

在赢得州长选举后不久，杰瑞·布朗坐在他的办公室里问自己的竞选经理汤姆·奎恩（Tom Quinn）想在新一届州政府中担任什么职位。奎恩毫不犹豫地回答说，他想领导加州空气资源委员会（CARB）。那一年是 1974 年，布朗 36 岁，奎恩 31 岁，风华正茂的两人都有很强的意愿去改变世界。

奎恩在污染物控制方面没有什么科学经验，也没有什么从政经验。但他成长于洛杉矶，极度憎恶霾，他同样也担心孩子的健康会受此影响；此外，还有其他一些因素，促使他谋求加州空气资源委员会主席的职位。

直到布朗上任时，加州空气资源委员会的主席还不是一份全职工作，更不领薪水。但据与他同期担任该委员会委员的人回忆说："奎恩意识到，在那个位置上的人是有很大权力的。"或许因为看到了这一点，奎恩要求布朗不要仅仅将其任命为该委员会主席，而是要对加州空气资源委员会的定位进行一定调整。让加州空气资源委员会变成符合奎恩想法的一个政府机构，需要进行多次操作，尽管如此，他还是成功地做到了。

在就任加州空气资源委员会主席后，奎恩逐步将该委员会的职员替换成法律和技术专家，而且全都是激进的环保主义者。其中最重要的一人是时年 28 岁的玛丽·尼克尔斯（Mary Nichols），她是耶鲁大学法学院毕业生。尽管年纪不大，但她已经完成了一些了不起的壮举。最值得注意的是她曾起诉美国环保署，认为该署未能执行 1970 年开始实施的《清洁空气法案》的部分内容，这在当时曾是社会热点。

尼克尔斯对尼克松政府提起的这场诉讼背后所蕴含的极端重视环保的思想，成为奎恩担任主席期间加州空气资源委员会的模板。

但公允地说，重视环保是美国当时盛行的一种哲学，即便是尼克松政府提出的环保方面的议程也是非常激进的。事实上，在 1970 年的元旦，尼克松总统签署了《美国国家环保政策法》（National Environmental Policy Act），为美国环保署（EPA）的成立奠定了基础。他当时信心满满地宣布，20 世纪 70 年代将"绝对是美国人需要为过去还债的年份，我们需要恢复过去纯净的空气、纯净的水和纯净的生存环境。我们一定会做到！"

为实现这一点，美国上下，两党之间取得了许多引人注目的共识：需要解决一系列问题，为此要推进一系列的立法工作。在公众层面，1970 年的第一个"地球日"象征着美国对环境问题的承诺。那一年的 4 月 22 日，全美的环保组织、社区团体、高中和大学的学生们组织起来，清理公园、池塘与河流；也是在这一天，政界人士发表讲演，论述环境问题的重要性，鼓励人们并肩作战。

在美国，加州在许多方面都是当之无愧的领导者。但尽管如此，该州却出人意料地难以满足美国环保署的法规要求。并非是加州不努力，而是在加州的许多地方，地形地貌特征与大气条件使它较美国其他地方更难以满足美国联邦政府制定的清洁空气标准。

这一点在洛杉矶地区尤为明显。

洛杉矶被称为"天使之城"，但当地的气候环境并不由天使决定，而是由环绕着它的五座山决定。这五座山以圣徒的名字命名，分别是：圣安娜（Santa Ana）、圣贝纳迪诺（San Bernardino）、圣埃米格迪奥（San Emigdio）、圣加布尔（San Garbiel）和圣哈辛托（San Jacinto）。它们给洛杉矶带来的是广阔的盆地效应。地理位置的影响导致该市大气流动性差，海风吹来后就陷入了死胡同。即便是在工业时代之前，洛杉矶地区也会偶尔出现因空气受污染而出现的烟雾环绕的天气。而当人类将越来越多的化学物质排入大气后，情况就更糟糕了。在阳光作用下，这些化学物质相互起着化学反应，最终如同被调成了鸡尾酒一样，形成了霾。这就使洛杉矶在 20 世纪 50 年代至 80 年代期间，常年被霾所困扰。

所有这些就意味着洛杉矶会频繁地违反 1970 年颁布的《清洁空气法》（Clean

Air Act）。玛丽·尼克尔斯这样的环保主义者深知这一点，她准备使用新的联邦立法来实现自己的理念。

"身为一名清洁空气活动者，你需要在同一时间考虑多个问题。"尼克尔斯在多年后回想起当时的情况，"你必须在自己脑中，在自己心中坚定这样的信念，我们可以实现让天更蓝、空气更健康的目标，即便当时看上去是不可能的。《清洁空气法》看似蛮横且不可变通，但它却是实现这一目标的很好的工具。"

美国环保署时任署长威廉·拉克尔肖斯（William Ruckelshaus）当时已准备针对加州的实际情况，下调《清洁空气法》中设定的对加州而言是"离谱"的技术要求。他认为对加州而言，这些标准太严格了；而且要想达标，加州付出的代价会过于高昂。这将要求洛杉矶严格控制车辆增加的数量，并大大减少市民驾车出行的次数。

但尼克尔斯和她的雇主"公共利益法律中心"（Center for Law in the Public Interest），想要做到的不是打折扣，而是彻彻底底地清洁加州的天空。于是她们起诉了美国环保署，并获胜——美国联邦法院判决拉克尔肖斯署长必须执行法律规定，不得网开一面。

尼克尔斯的胜利意味着，署长大人要是不按法院判决就面临牢狱之灾。由此，他冷酷地告诉洛杉矶民众："在我的人身自由与你们的出行自由之间，我没得选，个人的自由胜利了。"

美国环保署建议美国联邦政府在夏季的几个月里，应将运往加州的汽油数量削减25%，这大部分削减都要落在洛杉矶地区。显然，这么做对加州的经济发展是不利的，对汽车厂商和石油公司来说也不是好事。于是，许多有着商业头脑的团体马上就开始对抗美国环保署。

而汽车制造商们觉得自己受到了围攻：考虑到那几年发生的石油危机，它们被要求在降低尾气排放的同时，还得提高燃油经济性。为此，它们在技术上的负担是惊人的。

技术强迫——"不可能完成的" 标准

只是，给企业施压的做法，非常符合加州空气资源委员会（CARB）的新思路。汤姆·奎恩的施政思路并没有让汽车企业喜欢上他，一点也没有。奎恩领导下的加州空气资源委员会给汽车制造商们施加了巨大的压力，强迫汽车制造商们提升技术水平，推动它们走向技术的极限。奎恩期望汽车厂商遵守他制定的规则，并惩罚那些失败者。与讲究循序渐进的哈根－斯密特不同，奎恩并不同情底特律。按照他一位前同事的说法，奎恩能够"直视着你的眼睛，微笑着，口气平静地拒绝你"。

的确，奎恩看上去喜欢有对抗的感觉，或许他也认为别人亦该如此。"你给汽车企业施加的压力越大，它们的表现就会越好。"他告诉一位记者，"我不认为政府（与企业之间）的友谊能一直持续"。

奎恩同时听取了汽车业的游说者和环保事业的倡导者的陈诉，辨别什么是可能的。他将这些人玩弄于股掌之中，发现他们之间的矛盾。他喜欢让汽车厂商颜面扫地，他也做到了许多次。有时，在汽车企业高管参会作证时，他会起草一份新闻通稿发给媒体，针对前者的言辞提出反对意见；其他时候，他会倾听几个小时，然后召集一次投票，接着就宣布休会。他对底特律精心打造的游说活动和公共关系努力没有耐心。

或许有人会认为奎恩在治理空气质量方面走得太远、太急了。他在讨论制定政策时并不考虑当时大的经济环境，看上去对底特律遭遇的困难也并不在意。在他担任加州空气资源委员会主席期间，来自日本的进口车数量激增，第一次石油危机极大地削弱了美国企业出产的利润最丰厚的大型汽车的吸引力。而美国汽车生产企业的问题还不止这些，在 20 世纪 70 年代早期，美国制造的汽车单车的平均缺陷数量超过了 24 个。

尽管美国汽车企业面临着艰难的生存压力，但奎恩还是试图让加州成为美国新的环境技术孵化器。对底特律来说，奎恩的举动可谓雪上加霜。

在当时经营处于风雨飘摇中的克莱斯勒汽车公司被发现其售出的 21 000 辆汽车未能满足加州 1975 年的环保标准后，奎恩强迫这家公司实施了代价高昂的召回行动。在另一起案例中，美国汽车公司（AMC）发布的数据称自己的排放水平是行业里最好的，但加州方面进行的测试证明其在撒谎，其产品不仅全部不合规，事实上还是行业中最差的。因此，奎恩指责这家公司犯有"重大过失"，对其罚款 420 万美元。尽管他将这笔罚款的 75% 用于改善美国汽车公司的检测体系，但美国汽车公司还是无法承受这样的打击。在其他一些因素的共同作用下，该公司并没有坚持太久，几年后就被克莱斯勒汽车收购了。

但奎恩的激进政策还是非常有效的。到 1980 年时，相较于里根任州长的最后一年（1974 年），克莱斯勒汽车旗下产品的尾气排放量下降了 93%，福特汽车方面下降了 46%，通用汽车下降了 29%。总体上看，1986 年款汽车的尾气污染物排量较 1974 年款下降了 89%。加州空气资源委员会新的技术推动型强制政策似乎起作用了。

竞争

美国环保署和加州空气资源委员会（CARB）的政策制定者们成功地迫使汽车制造商以较之前他们说过的可能性更快的速度和经济性发展和应用新技术。他们的政策让汽车厂商使用了类似三元催化器这样的新技术，它可以将汽车尾气中有毒的氮氧化合物、一氧化碳、碳氢化合物等转化为问题相对较小的二氧化碳和水。

曾担任通用汽车公司总裁、首席执行官的查理 E. 威尔逊（Charlie E. Wilson）曾有一句名言在不同场合被反复引用："对通用汽车有益的，就对美国有益。"当然，这是对他原话不确切引用，是断章取义；但即便如此，许多美国人脑中这句话也是根深蒂固的——可能是因为它表述了这家公司某些特性的重要性。但是在加州清洁空气危机中，这种印象开始松动。当美国汽车制造商不能或不愿满足新的排放法规时，加州政府决定它不再参照通用汽车来确定自己的判断了。加州空气资源委员会将目光转向其他地方来寻找一家汽车企业，作为自己的伙伴来验证其技术目标的可靠性；如果有必要的话，它不介意越过太平洋去日本寻找。

太平洋对岸的日本，其汽车工业虽然在几十年前还寻求从底特律的汽车巨人那儿寻找保护，但到 20 世纪七八十年代时，已经是不可小觑的力量。

在日本诸岛上，一群贪婪的竞争对手急于吞噬底特律的市场份额。在加州政策制定者的鼓励下，它们开始行动了，这些企业攻克了美国厂商说口中那些不可逾越的技术障碍。同时，加州的监管机构也开始意识到，对通用汽车有益的并不总是对美国有益；通用汽车的竞争力将会限制加州达成它自己的经济和环境发展目标。

第三章
日本的战略资本主义

在 20 世纪 70 年代，美国汽车制造商开始疲于应对数量激增的日本汽车的冲击。日本车在美国卖得好，不仅是因为它们便宜，更因为它们的质量好，甚至产品技术性能也都越来越优于美国车。而且日本汽车制造商不放过任何市场机遇——当加州政府或日本政府发布新的安全法规或者排放法规时，美国的汽车公司的第一反应是上前理论，甚至提起诉讼；但却总有一两家日本汽车企业会接受挑战，并找出应对方案。

美日汽车产业的竞争态势怎么会变成这样？要知道，在 20 世纪 50 年代时，日本汽车工业完全无法与底特律竞争，甚至都算不上一个陪跑者；但是到了 1975 年，对底特律来说，它已经变成了致命的威胁。那个时候，日本制造的汽车不仅质量比美国对手的要好，而且每辆车平均要比美国车便宜 750 ~ 1500 美元。之所以能做到质优价廉，因为在 20 世纪 70 年代的时候，日本汽车厂商的生产效率要比美国同行的高 40% ~ 50%。到了 20 世纪 80 年代，在美国本土市场上最畅销的 11 款小型车中，仅有一款是美国车。

在不到 30 年时间里，日本汽车产业就从废墟中成长为具备全球竞争力。它取得的成功代表着一种战略决策的成功，这个决策不仅保护日本汽车制造商在本土市场上免受跨国公司的冲击，还推动它们进入全球市场，并迫使他们参与达尔文式的优胜劣汰。最终，日本政府的政策制定者通过战略决策推动国内制造业达到了国际标准。

日本通商产业省和日本奇迹

要想对日本汽车工业曾经是多么差有个直白的了解，我们必须回到大规模生产的发源地美国。在美国的世纪（即 20 世纪），没有什么东西能像底特律的流水线生产方式那样辉煌、那样耀眼。对单个工人来说，流水线作业意味着连续的劳作；但对工业化社会来说，它意味着成功。流水线作业是亨利·福特的杰作，其关键要素在于"不停线"生产。大规模生产有时也被称为"福特主义"，能将工人和零部件如模块一样组合在一起，从而把人力和资本无缝、高效地联系在一起。从总体上看，它算得上是 20 世纪的工艺创新。

但是当福特汽车出产的黑色 T 型车跑遍美国时，汽车在日本依旧是个稀罕物。直到战争结束后，汽车才开始批量出现。

1923 年 9 月 1 日是一个星期六。在这个平静的上午，当东京人正按部就班地生活时，忽然，大地剧烈地晃动起来，地震了！倾倒的炉灶点燃了木质的房屋，在东京市内引发了大面积火灾；地震也使存储在横须贺港的油罐破裂，溢出的石油布满了整个港口，该港马上就成为燃烧的港湾。这场地震，史称"关东大地震"。

1923 年的关东大地震导致 500 万人无家可归，有近 15 万人死于地震，并发生了火灾等次生灾害，它给日本社会和文化都留下了不可磨灭的印记。东京作为一个城市，被重新设计。重建的东京布满了公园，它们的作用是在今后发生地震时作为人们的应急避难所；公共建筑也被建设得更加牢固，抗震等级更高。

而从现实意义上说，这场悲剧是日本汽车制造业的起源。和 1906 年旧金山地震时的情景一样，汽车在震后救援和重建方面发挥了重要作用。和马不同，车辆可以 24 小时工作。关东大地震后，日本进口了一大批福特 T 型车用于灾后重建。在应急需求得到缓解后，许多 T 型车被改造成公交车。它们能够在尚未清理好的城市废墟中行驶，既坚固又便宜。从经济学和实用性的角度看，福特 T 型车远胜于其替代物——畜力和日本本土厂商制造的货车和轿车。

日本的超越

随着日本经济的不断发展，其对汽车的需求也在不断增加。通用汽车和福特汽车公司在这个新兴市场中蓬勃发展，都在日本建立了组装厂，利用 KD[○] 件组装汽车，即把所有的零部件都在美国制造出来，运至日本再组装成整车。1934 年，这两家公司在日本组装并销售了超过 35 000 辆汽车。相对应的，所有的日本本土汽车企业加起来，当年也仅仅是售出了不到 1000 辆汽车。

为了能在与美国车的竞争中生存下来，日本本土汽车厂商需要不公平的优势。日本政府也设法照顾本土企业，颁布实施了《军用车辆补贴方案》，给予国产车以巨额补贴。以快进社（Kaishinsha）公司——日产汽车的前身——为例，该公司售出的每一辆汽车都有 1000 日元的补贴，而且购买者也有 1500 日元的补贴，另有每年 400 日元的维修津贴。换句话说，当福特 T 型车在没有补贴的情况下以 2200 日元价格销售时，快进社公司的国产卡车独享 2900 日元的补贴，此后每年还有政府发放的礼包。

从任何短期意义上看，这种做法都是不经济、非理想的。但这并不是问题，因为政府必须着眼长远。可以说，在 20 世纪 30 年代时，日本政府决定通过补贴发展本土汽车工业的决定，是政治和战略需要。

如果日本想要在某一天发展起自己的汽车产业，对本土汽车企业进行补贴是非常重要的。这一点对日本军方尤为重要，因为日本当时正在与太平洋的新兴超级大国——美国发生冲突。20 世纪 30 年代时，西方各国开始被迫放弃它们的海外殖民地，日本的刀锋达到了高峰。它的太平洋战略始于 1931 年 9 月，日军入侵中国东北地区，并在随后的 10 余年里，陆续侵入中国其他地区、苏联远东地区、东南亚各国和诸多太平洋岛屿。日本军国主义使用政治和暴力手段来推动在国内

○ KD 件指散装件。——译者注

外的发展。在这种情况下，日本军方并不想依靠外国进口的汽车建军。随着日军在军事入侵的道路上越走越远，它再也不能忍受依赖美国为其提供汽车的状态。

可是，以快进社公司为代表的日本本土汽车是无法与美国车竞争的。福特 T 型车当时在日本市场的起售价约为 2200 日元（约合 850 美元），这个售价，再加上其相对更好的产品质量，使其鲜有对手。只有在政府补贴的支持下，日本本土汽车才有可能与福特汽车相抗衡。但即便是依靠补贴，快进社公司也处于破产的边缘。

选择胜出者

有 3 家公司可作为日本汽车产业发展历程的代表：丰田汽车、日产汽车和本田汽车。其中，丰田汽车和日产汽车的历史更久，其生存与发展的故事可追溯到 20 世纪 30 年代时日本政府的产业政策。那时，随着日本和美国之间的关系日益紧张，日本军政府驱逐了外国汽车厂商，决定从本土汽车企业中挑选出它们的继任者。

丰田汽车、日产汽车和其他的一些日本早期的汽车制造商知道它们接下来的命运不取决于它们是否可以与福特汽车或通用汽车等外国公司竞争，而取决于是否能够打动帝国的官僚们，成为它们选定的发展对象。

丰田汽车

1935 年 12 月的一天，丰田利三郎（Risaburo Toyoda）独自驾车，沿着崎岖不平的公路，前往拜会位于名古屋的日之出汽车经销公司。忽然，在没有任何预兆的情况下，他驾驶的丰田最新款汽车抛锚了。"我们的车到底行不行？"他恼怒地叫道，整个人快要崩溃了。

那时，来自美国的通用汽车和福特汽车两家公司每年在日本销售数万辆汽车，在全球销售数百万辆，而同样生产汽车的丰田纺织株式会社则依靠着来自政府的补贴（其本质相当于救助）才能生存。丰田利三郎非常清楚，那些购买丰田汽车的顾客是"有支持日本民族汽车工业发展的情怀的人"。大家也都知道，丰田汽车的质量不理想，对买主来说，最好住得离修理厂近一些。

丰田利三郎时任丰田纺织株式会社的总裁，该公司正尝试着从纺织机厂商转型成为汽车厂商。丰田纺织是由丰田佐吉（Sakichi Toyoda）和他的儿子丰田喜一郎（Kiichiro Toyoda）创立的，而丰田利三郎是上门女婿，其岳父丰田佐吉毕业于东京大学，是一位不知疲倦的发明家，也是一位充满斗志的企业家。[⊖]

他建立的纺织公司已经运营了数十年。在这一过程中，丰田佐吉和丰田喜一郎结识了一些有实力的朋友，尤其是财阀三井物产的实权人物，后者在此后多次资助丰田家族。丰田利三郎就是三井财阀一位高层的孩子，他娶了丰田佐吉的女儿，并入赘丰田家，改姓"丰田"。这种做法在日本很常见。

在第一次世界大战结束后，丰田家族作为纺织机厂商的好运忽然来到了。这种好运并非从天而降的，而是因为在之前多年不断的失败和总结后，丰田一家明白了控制纺织机的质量的重要性，哪怕是机器上的一个小小的铆钉的质量，就更别提纺织所需的织线了。于是在当地织线的质量无法满足其需要后，丰田家族自己建了一个工厂。到20世纪二三十年代时，丰田公司出产的纺织机，从性能上讲已经是全球最好的同类产品之一，更重要的是比英国或德国的竞争对手的产品更便宜。也正因为如此，丰田家族才有机会对外输出技术。1929年12月29日，丰田佐吉作价10万英镑，将他的纺织机专利以技术许可证的方式卖给了英国的普拉特兄弟公司。正是这笔专利费支撑了该公司向一家汽车公司转型所需的费用。

与日本政府机构一样，丰田家族在进步和创新方面也有长远眼光。丰田佐吉死前给他的继任者留下了5条生活原则。除了鼓励他的员工"友爱""创造出家一般的温暖氛围"外，他还要求他们"通过无尽的创造力、好奇心和追求进步，保持在时代的前沿"。正是依靠这种精神，丰田利三郎的大舅哥丰田喜一郎，成功地建立了公司的汽车事业部。

⊖ 原文如此，但丰田喜一郎并未参与创建丰田纺织，是他而不是丰田佐吉毕业于东京大学。——译者注

与纺织机不同，汽车在当时真的是"时代的先锋"。丰田家族的男人痴迷汽车广为人知有一段时间了。他们想要买车、开车、造车。但为了把造出来的车卖出去，他们就不得不与福特汽车这样的对手竞争。尽管丰田喜一郎已到过美国多次，也潜心研究了大规模生产的艺术——他多次在福特汽车的胭脂河工厂（River Rough plant）的生产线边逡巡，在长夜里思考如何在日本重建这样一条生产线——规模带来的挑战是不可逾越的。即便对日本最大的、最有权势的企业来说，挑战美国的工业巨头也是疯狂的事儿。

对丰田喜一郎来说，竞争留给他的时间越来越少了。由于这个原因，该公司试图与通用汽车或福特汽车建立一家合资公司，这看上去是生存下来唯一合理的可能性。

日产汽车

另一家试图销售乘用车的企业是日产汽车，当时该公司的前景看上去并不光明。日产汽车的历史比丰田汽车还要长，该公司的创始人桥本增次郎（Masujiro Hashimoto）当时已进入大学读书，但参军入伍。他最终获得了日本农业与贸易部的奖学金，前往美国读书。在那儿，他认识到汽车是未来必不可少的东西。在回到日本后，他为日本军方设计枪支，不过在 1911 年辞职，开始追求自己的梦想，建立了一家汽车企业——快进社。

这家公司并没有足够的设备来制造自己的汽车，于是开始进口和维修来自英国的散件组装车辆。当快进社开始制造自己车辆时，这款车被命名为达特汽车，它是以公司的三个投资人——田健治郎、青山禄郎、竹内明太郎（Den, Aoyama, and Takeuchi）三人名字的首字母组合命名的，同时也代表着英语中"耐用性"（Durable）、"有吸引力"（Attractive）和"值得信赖"（Trustworthy）3 个词的首字母。最初的一年，该公司生产和销售了两辆汽车；和丰田汽车的情况一样，其早期的产品也是被卖给了仁慈的或者说好心的政府买家。

在此后的 15 年里，快进社汽车公司几经沉浮，这也带来了多次的并购和名称变化。然而渐渐地，该公司的商业模式回到了由日本军方补贴国产汽车的老路上。到 20 世纪 20 年代末，它出产的车辆不再叫"DAT"了，而是叫"达特桑"（Datsun）。在日文里，达特桑的意思就是"达特汽车之子"，但因为在日文中"son"的意思是"损失"，所以改用谐音的"sun"。

1934 年，快进社被财阀日本产业公司收购，更名为"日产汽车公司"。在两次世界大战之间的那些年，财阀是提供日本工业增长的支柱企业集团。但发展汽车产业所需的资金要求是如此之大，使得日产汽车也迅速陷入严重的财务危机中。该公司积极追求与通用汽车公司合资建立公司。即便是在财阀的支持下，日产汽车公司试图抵御美国汽车进口的努力也是徒劳的，因为这远超出它的能力范围。

尊王攘夷：赶走野蛮人

19 世纪末，日本国内的民族主义者面对西方国家的入侵，提出了以"尊王攘夷"为口号的政治运动，意在"保护天皇，赶走外来的野蛮人"。在 20 世纪 30 年代时，这一沙文主义再次走上历史舞台。

随着日本在亚洲的军事扩张，它与美国的关系日趋紧张。在这种大背景下，日本政府宣布要禁止外国汽车在日境内销售。这意味着对丰田汽车和日产汽车两家公司的拯救。这则禁令由日本工业与商业省（Ministry of Commerce and Industry，以下简称"工商省"或"MCI"）以毫无创意的《汽车工业法案》的形式颁布，从 1935 年 8 月 9 日起实施。"如此重要的一个产业，无论是本质还是外在，都被外国人控制着，是一种特别无法令人满意的情况。"这部法律称，汽车的生产，"无论是现在还是未来，无论是从名义上还是从实质上，都由日本人控制"。

这一法案的制定者是岸信介（Nobusuke Kishi），他此后出任了日本的贸易相，并在第二次世界大战期间的东条英机内阁中任军需相，战后出任日本内阁总理大臣。岸信介还是日本现任首相安倍晋三的外祖父。作为当时日本最著名的技术官僚，岸信介针对外国汽车以散件组装形式进口到日本再组装的局面，设定了高额进口关税（高达 50%）；他还推动发布了禁止外国公司与日本制造商合资合作的禁令。由他"选定"的汽车企业将会从被拒之门外的美国公司那里接管日本汽车市场。

岸信介的计划是选出两家汽车公司作为"选定厂商",其他的厂家将被淘汰出局。此举意味着没有一家企业能够高枕无忧。

为了抓住这次机遇,丰田喜一郎匆忙组织了一系列展览来展示其最新款车型。对他来说,1936 年 9 月 14 日一定是个好日子:那一天从日本工商省传来消息,丰田汽车与日产汽车一同入选了该省的选定名单。

最初,丰田汽车公司的名字用的是创始人的姓氏"Toyoda",但现在被改为"Toyota",这种片假名的拼写通常被用外语来表示。更名后的丰田汽车公司迅速着手巩固和日本政府的联系。与岸信介的初衷略有出入的是,五十铃汽车还是被纳入了"选定企业"体系,在战争期间继续为日本军方提供军用卡车。

1941 年 12 月 7 日,本是一个宁静的周日,但在这一天,日本的战争范围大大扩展了。这一天,日军发动了一次大胆的偷袭,攻击位于珍珠港的美国太平洋海军基地。在偷袭中,日军杀死了上千名美军士兵,并破坏了 18 艘海军军舰和数百架飞机。这次偷袭的目的,在很大程度上是试图消除有可能影响日本获取亚太地区资源的美国军事力量。此前几个月,美国已经开始限制日本获得珍稀资源尤其是石油——的途径。

战时普遍的物资短缺对日本的经济结构产生了深远的影响。战争期间,日本的工业品是由军需省控制的。由于物资短缺,日本的工业企业不可能按照福特主义来进行大规模生产,因为那要求有大批量的库存备件,它们鼓励进行大规模的被称为"准时生产"的同步和集成生产方式,这对库存的要求较低。日本的汽车企业也在生产汽车、飞机等军需品,乘用车生产被搁置了。到第二次世界大战结束时,日本的汽车工业已经彻底地军事化了,由于对机器的超负荷使用,其运营只能是勉力支撑。

东方的 "堡垒"

1945 年 8 月,美军向日本广岛和长崎两地投放了原子弹,加速了第二次世界大战结束的进程。美军投放原子弹和苏联对日宣战意味着,日本当时面对的军事形势极速地从绝望到灭亡。时年 8 月 15 日，日本裕仁天皇通过广播宣布向同盟国无条件投降。"敌方开始使用一个新式的、残酷的炸弹。"如果继续抵抗，他认为会"导致人类文明的毁灭"。虽然为阻止这份诏书被播出，东京当时发生了叛乱，但旋即被日本高级官员镇压。战争就此结束。

核武器给日本人带来的创伤，就像一把热刀子刺入日本。但它的出现也开启了全新的政治和经济时代，在这个新时代，日本成为世界上最富有的国家之一。

一开始，日本军政府解散后留下的权力真空被仪表堂堂的、夸夸其谈的，但基本上还是仁慈的道格拉斯·麦克阿瑟（Douglas MacArthur）将军接收。他被任命为驻日盟军总司令（Supreme Commander of the Allied Powers，SCAP）。麦克阿瑟从盟军总指挥部（Allies' General Headquarters，GHQ）处获得了行使控制日本军事、民用和经济未来的权力。麦克阿瑟的军事占领计划包括对日本进行大规模的去工业化，该计划将使该国在可预见的未来没有什么发动战争的能力，自然也谈不上制造汽车。但战争结束仅仅 3 周时间内，这种情况就发生了变化，因为盟军总指挥部意识到，卡车对日本战后重建来说是必要物资。因此，丰田汽车、五十铃汽车和日产汽车被允许恢复生产。

难以忍受的倒退

战后的日本需要一个重建战略，于是在 1949 年 3 月 13 日，日本政府将原有的商业与工业省（Minister of Commerce and Industry）、贸易厅（Trade Agency）、中小企业厅（Small and Medium Enterprise Agency）和工业技术厅（Industrial Technology Agency）合并，组成了新的通商产业省（Ministry of International Trade and Industry，MITI）。通商产业省（简称通产省）成为日本战后经济发展规划机构的核心。

通产省的职能之一是发展汽车产业，但在战后，日本汽车产业如同一潭死水。毕竟日本并不被允许生产汽车，即便只是卡车也不行。日本通产省想了许多办法来解决这个问题，比如，它试图通过讨好盟军总指挥部的美国人来重新获得生产本土汽车的权力。日本本土汽车企业，如丰田汽车公司和日产公司，也都渴望重返市场，但当时的美国有着其他打算，因此此事不在其考虑范围内。

即便是盟军总指挥部让步了，日本重返汽车业的前景也并不明朗。因为在当时，针对投资发展汽车业是否是个好主意，在日本精英阶层中爆发了一场激烈的争论。有一种说法认为日本不应该投资。盟军总指挥部和许多日本领导人认为汽车是一种奢侈品，大多数人都负担不起。对那些能够买得起汽车的人来说，所需的汽车完全可以进口。

其中一个有影响力的声音来自时任日本中央银行行长万田尚登（Hisato Ichimada）。他认为，日本发展汽车业没有比较优势，必须听从市场的引导。他在为日本最受尊重的财经日报《日本经济新闻》（Nihon Keizai Shimbun）撰写的一篇评论中这样写道："我们不得不遵循国际产业分工的原则。例如，在日本发展汽车工业没有多大意义。"为增强自己观点的说服力，他特别强调这样一个事实：丰田汽车、日产汽车和五十铃汽车的现金流都接近枯竭，没有一家公司看上去能开展汽车业务。

但是日本的政府官员们耻于面对放弃汽车业的前景。他们认为，"对日本来说"，如果没有汽车产业，"作为一个有文化的国家重返国际社会"，是"不可接受的"。

最终，日本通产省的情怀胜出了。日本政府准备开始再一次把外国汽车企业踢出本土市场，并发展自己的本土汽车企业。

再见，山姆大叔：再一次赶走美国人

1949 年 10 月 5 日，盟军总指挥部取消了禁止日本厂商生产乘用车的限制。但那时日本汽车产业当时已陷入严重困境中，然而不久后，朝鲜战争爆发了。

1950 年 1 月 12 日，在华盛顿特区的美国国家记者俱乐部，时任美国国务卿迪安·艾奇逊（Dean Acheson）就美国在东亚地区的军事部署问题发表了高调的、堪称决定了东亚地区当时命运的讲话。作为美国外交事务负责人艾奇逊解释说，美国的防御体系"应当且必须维持"能够防止苏联"沿着阿留申群岛到日本，再到琉球群岛"进行扩展。这条看不见的、坚不可摧的防线仍"将是菲律宾群岛"。这是作为美国当时外交政策的一个明确的声明。至关重要的是,其中不包含朝鲜半岛。

1950 年 6 月,朝鲜战争全面爆发。

日本的汽车制造商们被来自朝鲜战场的大量卡车生产订单所拯救。日本通产省的一位官员回忆,这些来自盟军司令部的订单是"从天而降的甘露"。到 1951 年时,日本的汽车制造商们再一次实现盈利;而这一次则几乎要完全归功于销售给美国军方的卡车。

但美国在东亚的存在并不全是布施。在美国人全面进驻日本后,通用汽车、福特汽车和克莱斯勒汽车的产品也全面进入。当年屡见不鲜的场景是,一个美国大兵和一个日本女孩一起,坐在宽大的美国汽车里,在东京或大阪的街头呼啸而过。日本的有钱人一般会买一辆美国产的新车,买不起新车的日本人则会买一辆二手车。通常,这些车都来自美国士兵。

要想重建它的汽车产业,日本政府将不得不再一次重塑竞争规则。"明确的政策工具并不总是可靠的。"一位日本学者写道。起步晚了就需要用新自由主义的方法来达到平衡,此举"有摧毁日本战后社会未定的可能性"。换言之,日本人不相信市场,他们想给汽车工业一个强大的推动力。

当日本通产省重获对汽车产业的控制权后,迅速制定了"禁止进口的政策"。从 1951 年起,日本政府还是对进口商品征收高昂的关税,最高的税率出现在大型汽车上,而这一类车辆基本都来自美国。关税政策推动着日本消费者购买更小型的汽车,而一系列外汇管制政策也支配着日本公司去进口什么样的技术。所有这些政策的目标很明确,就是保护日本汽车市场不受美国进口车的影响。

西进

在忙于把美国汽车制造商赶出日本国内市场的同时,日本通产省(MITI)还在觊觎美国市场,尤其特别关注加州的市场。日本想向美国出口汽车,而要做到这一点，日本的汽车厂商需要满足国际标准。在日本通产省促进汽车出口的全盘计划中，有一部分是关于给那些实现海外销售的汽车企业以丰厚回报的，主要办法是给它们低成本的途径以获得外汇和外国技术。

1957 年，丰田汽车第一次进入美国市场，投放了名为"丰田宝贝"（Toyopet S. Crown）的汽车，但该车给美国人留下了非常"蹩脚"的回忆，也使丰田汽车的美誉度在此后十几年里都没缓过来，即便是丰田汽车自己的高管都鄙视它。有一次，一辆丰田宝贝在进行横穿亚利桑那州的测试时抛锚了，使车上的两位丰田汽车高管滞留在荒漠一夜，冻得瑟瑟发抖，两人最终被该州州警救起。尽管市场表现糟糕，但丰田汽车公司更在意如何缩小其在质量和性能方面与国际水平的差距，而只有通过出口，丰田才能确定自己的车是否真的达到了国际水平。

虽然日本人并不想进口美国制造的汽车，他们却非常高兴引进美国的工业知识，然后使用它甚至改善它。事实上，此举直接导致了在此后几十年中，日本制造商相对美国同行有着关键优势。

日本对美国籍质量管理专家威廉·爱德华兹·戴明（W. Edwards Deming）的技术的热烈欢迎，与他在底特律的汽车制造商那儿受到的冷遇形成了鲜明对比。

在第二次世界大战期间，戴明帮助美国军方设计并实施了统计过程控制方法。战后，他尽全力想要让美国汽车制造商明白统计质量控制的精妙之处，但后者并不领情。1947 年，驻日盟军请他到日本协助进行一系列任务，从评估日本的营养需求到为该国即将到来的人口普查做准备。戴明与日本之间的契合度很高，于是当年年底，他就被日本统计学会授以首席名誉会员称号。这是二者之间长期的、卓有成效的关系的开始。在吸收戴明智慧的同时，日本人也在开拓他们自己的聚焦质量的一系列过程创新，甚至比戴明的更有效率。

有两个因素使丰田汽车能够脱颖而出成为早期的领导者。第一，该公司有拥有效率更高的、愿意实现自我竞争优势的工人。第二，丰田汽车对工会当时的激进主义做法的前景吓坏了，想要对新员工进行更严格的控制。

在 20 世纪 50 年代时，由于减薪、裁员等原因，丰田汽车劳资双方的冲突很严重；而彼时，日本的左派运动也开始显现它的力量。对在 1945—1953 年间任丰田汽车制造经理的大野耐一（Taiichi Ohno）来说，选择提高生产强度来提升产量是更好的做法。他开始了一系列改革。

在大野耐一着手改革之前，每一个工人通常是操作一台机器；但随着大野耐一调整了生产线布置形式，每个工人需要同时操作两台机器。随着产量的进一步提升，劳动力再次不够用时，他再一次完美地调整了生产线布置，工人三面都有机器要操作。通过增加自动化，并给予每一个工人更大的责任，大野耐一不断地提高着生产率。最终，丰田汽车的一名普通工人最高要同时操作17台机器，平均每人要操作5～10台机器，这个成绩是惊人的。在1950—1956年间，丰田汽车在没有多雇用一名工人的情况下，产量增加了5倍；同时，其产品质量也在不断提升，而且是明显改善。

丰田汽车和其他的日本汽车制造商，通过使用戴明提出的统计方法不断地测量成品，以找出并调整那些导致零部件质量问题的变量，并消除浪费。它们小批量地生产零部件，以最小化库存成本，并明确关注任何可能导致过程失控的缺陷。每一个单独包装的盒子只装上恰好够装一辆车的正确数量的零部件，以防止有零部件被遗漏。

美国人最终将这种技术称为"精益生产方式"和看板系统。日积月累之下，它们被称为"改变世界的机器"。这一新"机器"的效率是非凡的，它是对福特的流水线生产方式的显著提升。在它的帮助下，日本汽车企业如同获得了蒸汽的货运列车一般，快速向前，迅速追赶全球的竞争对手；在此后的40年里，这种生产方式看上去势不可挡。

到这个时候，日本汽车产业已经走过了很长一段路。

日本通产省的战略后撤

日本通产省（MITI）采取的政策并不局限于日本的汽车产业。日本总体经济都是猛增的。日本各界将日本战后第一次经济增长称为"神武景气"（"Jimmu Boom"），意即这是自日本传说中的开国之君神武天皇以来最伟大的经济增长阶段。

1953—1971 年间，日本的经济增长率是惊人的年均 9%。在当时，这一速度是全球社会进入工业化社会后最高的。日本民众对汽车的需求量连年高涨，通过阻碍外国汽车进口，日本通产省成功地使日本汽车企业从中收益，而不是美国或欧洲汽车企业。

日本政府在 1973 年取消了关税限制和对外国资本在日本国内投资的限制时，有人一度认为日本会被外国汽车所淹没，但事实却是日本汽车倾泻而出。与外国竞争对手相比，日本制造的汽车更便宜、更好用、更省油。到 1980 年，日本已超过德国成为美国最大的汽车进口国。目前，日本在出口到美国市场的外国汽车中占据 80% 的份额。事实上，现在是底特律需要保护。

第四章
无所畏惧的本田

当日本制造的汽车涌入美国港口，在美国的车道上行驶时，越来越多的日本人也购买和拥有了自己的汽车。汽车使日本国民能以前所未有的方式进行工作和旅行，但就像汽车成倍增加后的加州一样，空气污染亦随之而来。

20世纪70年代早期，东京居民被如同面纱一般笼罩在城市里的空气污染吓到了。因为彼时美国加州已经在找出污染源方面做了大量的科学研究，所以东京的居民们知道这种空气污染是什么。只是，即便早已开始寻找应对方法的加州政府，尚未能成功解决这一棘手的环境问题。这一方面是因为唯有进行发动机升级才能解决问题，而这种升级在技术上是很有挑战的；另一方面也是因为美国的汽车制造商们缺乏竞争压力，没有解决这个问题的动力。第一，底特律的厂商与美国联邦政府监管机构有着密切的联系，改革阻力很大；第二，汽车公司有一个坚定的信念：消费者们在购买汽车时看中的是车辆的造型、豪华程度和动力大小，而非排放标准的高或低。

但在日本，情况是不一样的。虽然丰田汽车和日产汽车在当年日本汽车业的地位与美国三大汽车公司在美国的地位一样，都是市场的统治者，而且它们的选择也和美国三大汽车公司一样，倾向于最低程度地满足加州的环境保护标准，以便能够出口即可。但在日本，除这两家公司之外，还有其他竞争者在蛰伏、在等待机会，这其中就包括当时不受日本政府待见的，但水平高到足以改变行业现状的本田汽车公司。

"战斗精神是我的本性"

本田汽车的创始人本田宗一郎（Soichiro Honda）在富士山脚下长大，他的父亲是一名铁匠，母亲是一名裁缝。从儿提时代开始，他就变得很叛逆，不愿意遵守其他人制定的规则。有一个广为人知的故事说的是他在小学时的叛逆行为。日本儿童的成绩报告单上要求定期盖上父母的签名印章。不过年少的本田宗一郎不认为这是必需的，于是他自制了一枚印章，并用它在成绩单上盖章。由于他制作的印章质量很棒，因此老师们都没有怀疑过他的印章是伪造的。于是，本田宗一郎很快就开始为他的同学们制造他们父母的印章。很快，年轻造假者的好运气最终都用完了。并非是他制作的印章质量不好，而是与他自己的名字都是对称的不同，大多数其他人的名字（例如铃木）在日文里并非左右对称的；于是有一次在刻字时，他没有考虑要反刻的因素导致露馅了。直到那次之后，父母对孩子的监督才又重新开始。

本田宗一郎只接受了最基本的学校教育，但却总能做出一些颠覆性创新。而且他善于煽动他人，也同样是一位对胜利有着无限渴望的一丝不苟的战术家。"我对自己能赢这一点，总是充满了充分的、不可动摇的信心。"他说，"战斗的精神……是我的本性。"他说到做到，在20世纪70年代，充满叛逆精神的本田宗一郎着迷于破坏当时日本汽车业的竞争均势，这种产业格局让在当时占统治地位的两家公司过得很舒服，但却不利于产业的发展。

本田宗一郎的事业起点不高，他创办的第一家公司是为丰田汽车提供活塞环的。但到了20世纪50年代初期，他开始制造小型摩托车。一位日本通产省官员回忆起他走进本田汽车公司车间时看到的那一幕：公司的创始人正穿着工服，焊着一辆玻璃钢材质的小型摩托车。

毫无疑问，小型摩托车是一种低技术含量的产品，但本田宗一郎却绝对专注于提升它的性能。即便当时还只能在低端努力，但他却清楚地给自己设立了大得多的发展目标：建造一辆能够与他拥有的捷豹和保时捷相媲美的世界级汽车。

本田汽车公司史诗级的旅程始于制造活塞环，最终造出了全球最好的赛车机器。以一个大胆的梦想开局，再逐渐地将其实现，这就是本田的方式。

曼岛 TT 摩托车赛

1954 年时，本田宗一郎告诉他的团队，他设定了一个大胆的目标。他说，本田摩托车公司要走出日本，去世界市场上证明，一家日本汽车制造商可以定义全球标准；而且是一次接一次地定义。为此，本田汽车公司要站上一个全球汽车技术爱好者都无法忽视的大舞台：曼岛 TT 摩托车赛。

通俗地说，这项赛事就是摩托车运动中的"超级碗"赛事。这场赛事是如此激烈，承受力稍差的人都无法接受。摩托车手们高速过弯，在山间道路上急加速，在英国乡间道路上甩出一道又一道完美的轨迹。

在 1954 年时，尚无日本车手或车队参赛，更不用说获胜了。但本田宗一郎却并未被吓倒，他说："我对我们的制造系统有着彻底的信心。"他认为自家公司的制造水平是全球最好的。"一丝不苟的照顾，要的就是紧固每一颗螺丝，承诺拒绝浪费哪怕只是一张纸……这些都会在你面前展开一条路。"

因此，从 1959 年开始，本田宗一郎开始组队参加这项挑战。最初，该公司被认为是一股挑战力量，但仅在两年后的 1961 年，本田公司就成为被挑战的力量。那一年，曼岛赛场上刮起了本田风暴，一辆又一辆的本田摩托车飞驰过曼岛赛道。在终点，旗手目瞪口呆地看着一辆本田摩托车撞线，接下来还是一辆本田摩托，第三辆依旧是本田摩托。那一年，本田摩托车公司不仅赢下了比赛，还改写了历史，它同时赢下了 125cc 和 250cc 两个组别的冠军。

本田宗一郎的预言实现了。

马斯基和 "市场缺陷"

本田宗一郎对自己和本田汽车能获得胜利有着持久的自信。正因为这种自信，他做出的选择最终都成功了，并没有成为企业或自己的负担。除了在曼岛 TT 摩托车赛已证明自己的实力外，赢得尾气排放标准的竞争是在更大的舞台上的另一种胜利的选择。

日本政府和国民对烟雾污染的反应要比加州激烈得多。在 20 世纪 70 年代时，日本已成为一个富裕国家，许多人相信他们能够承受以牺牲一定程度的经济发展为代价，来获得更清洁的空气。

在当时日本政府的一份报告中，烟雾污染的出现被描述为一种"市场缺陷"，是必须通过非市场手段加以解决的。日本政府认为，"（此前）将生产列为最高优先级事务，而将环境和其他因素放在从属位置上的产业政策，已经到了该进行根本改变的时候"。即便是日本的工会组织也同意这种观点；而它们的美国同行则只关心如何提高工人收入、改善劳动条件，其他因素都不愿意理会。

由此，两国汽车工业的竞争悄悄拉开了帷幕。

1971 年时，时任美国总统尼克松设立了美国环保署；日本政府也在同一年设立了自己的新的环境保护机构，由其负责设计和实施日本新的排放标准。在它寻找合适政策的过程中，该机构关注到了美国的《清洁空气法案》，并决定跟随美国的脚步前行。

在日本，美国于 1970 年实施的《清洁空气法案》被称之为"马斯基法案"，因为时任美国联邦参议员埃德蒙·马斯基（Edmund Muskie）在推动该法案的立法过程中起到了重要的作用。在满足本国新的排放法规之外，日本汽车制造商还有更大的激励来提高其产品的排放标准；因为满足高排放标准使它们更容易把车辆出口到美国市场，尤其是进入加州市场。彼时，美国已经是日本汽车出口的重要目标市场，要想获得市场，日本汽车制造商也必须要满足马斯基法案。

促使日本汽车厂商迫切需要进军美国市场的深层次原因有两方面。从外部因素看，失去美国市场的巨大商业机会是可怕的；从内部因素看，日本经济增速已开始放缓，这使得对美出口日益重要。一方面，20 世纪 70 年代爆发的第一次石油危机导致了日本国内出现通货膨胀；另一方面，日本战后第一次出现了经济下滑——在接连 20 余年的高速增长后，日本经济在 1970—1977 年间"仅仅"增长了 5.2%，还不及上一个 10 年平均增长率的一半。总体上，日本国内市场已不再像之前 20 年那样是繁荣的"发动机"了，因此必须要到海外市场去寻找新的机会。

受上述经济和环境目标的协同作用，日本政府迅速制定并实施了一些世界上最严格的污染标准。日本这些标准不是简单地受到那些由美国制定的标准的影响；本质上，它们就是一样的。

清洁汽车之赛

对于本田宗一郎而言，20 世纪 70 年代发生的种种变化对他和本田汽车来说是大好事。仅仅几年前，日本通产省（MITI）的首要工作任务之一就是阻止本田公司这一类汽车产业新贵的发展。从日本通产省的角度看，竞争是好的、是必需的，但由此导致的汽车业的散乱状态却是糟糕的。本田公司被要求，要么坚守摩托车业，要么通过与某一家日本汽车生产商合作的方式进入整车制造业。

但是，通产省应用行政手段"压迫"本田宗一郎，不允许他造汽车的做法在 1963 年失败了，翌年再次失败。本田公司成功躲过了行政当局的管制。1968 年，本田公司杀入乘用车市场。依靠一款设计优雅的名为"1300"的轿车，本田公司由此成为合法的汽车生产企业了。

对于本田宗一郎和本田汽车而言，在成功进军汽车制造业后不久，全行业就需要提升排放标准，这自然是最好不过的发展机遇。因为本田公司当时拥有全球最好的一批汽车工程师，他们来自其赛车团队。

赛车一直是本田宗一郎的激情所在，从 1964—1968 年，他一直沉迷于世界一级方程式锦标赛（F1）之中。不过 1968 年时本田车队的美国车手死于车祸后，本田宗一郎解散了整支队伍。此举使得本田汽车的赛车团队——其中有一些当年全球最优秀的工程师——需要新的挑战来证明自己。还有什么比完成一项外人认为不可能的工程壮举更有挑战性呢？

本田公司麾下最有前途的工程师之一，是时年 27 岁的樱井冈芳年（Yoshitoshi Sakurai）。在 20 世纪 80 年代时，樱井冈芳年通过率先使用先进的遥测和计算机控制技术，组建了一支具有压倒性统治力的 F1 车队，并由此永久性地改变了赛车运动。在他看来，这是一个可以与 F1 赛车运动传奇人物埃尔顿·塞纳（Ayrton Senna）相媲美的新系统。

"塞纳的大脑，"樱井冈芳年评价道，"可以估算出发动机的转速、变速器齿轮的位置、制动点和转向点所在。"在他看来，塞纳能够如此完美和高效地计算出一辆复杂的赛车的动力性能，因此可以将其运动时间精确到 0.01 秒。如果塞纳称可以把时间缩短 0.6 秒，那他就真能缩短 0.6 秒。既然塞纳是在赛车领域唯一的那个例外，樱井冈芳年便决定开发了一套计算机监控系统，让它来完成塞纳所能做到的那些任务。当然，这些都是后话。

在 20 世纪 70 年代时，由于本田公司的 F1 车队退赛了，樱井冈芳年的主要工作就变成了应对公司面对的环保挑战。

汽车制造商此前已经研究排放控制技术有一段时间了。比如丰田汽车公司就在 1964 年时创立了一个排放研究团队。在 1968 年时，丰田公司组建了一个完整的研发和开发排放控制技术的实验室。在 1965 年时，本田汽车公司组建了自己的空气污染研究小组，着眼于满足美国的排放法规。然而，由于日本计划在 20 世纪 70 年代实施的排放法规远比任何人期待的都要激进，因此赛车团队高素质人才的适时加入，给了本田汽车公司尾气排放控制技术的开发工作以巨大的帮助。

在"为我们的孩子留有蓝天"的口号的召集下，本田宗一郎亲自披挂上阵，带队开发新技术。"每一天，他每一天都会来实验室。"樱井冈芳年回忆道，"实验室里有 3 个设计师，3 个测试工程师，这是一个非常小的团队。"一开始时，本田宗一郎让他的团队成员天马行空地发挥创造力，于是这些工程师们想出了数十种降低汽车尾气排放的可能性。他们研究了完全不同的设计思路，从像风车一样旋转的燃气轮机到斯特林发动机等想象力丰富的方案，他们都考虑过。本田宗一郎甚至考虑过用完全不用石油，而采用氢气和酒精作为燃料的方案。

但最终，本田宗一郎还是决定脚踏实地地开展工作，他告诉团队成员，更改发动机总体结构或换用其他燃料的思路与方案是不切实际的和不经济的。一来，应用这些新技术的技术障碍太高了，当时解决不了；二来，本田汽车公司已在传统的发动机制造领域有着巨大的投入，转型的成本令人难以承受。因此，他要求研究人员将重点转回到传统的活塞式气缸和由汽油驱动的发动机的设计上来。

试验与恐怖

当时，几乎其他所有汽车厂商都假定，如果真有解决方案的话，那么最终的解决方案是对汽车尾气排放系统进行改进。但本田宗一郎告诉他的手下，他希望通过控制发动机气缸里的燃烧来实现他的目标。于是，樱井冈芳年和他的团队就把注意力集中在精益燃烧的技术方案上，他们相信这是唯一有可能满足美国最严格要求的新排放法规的技术方案。

该方案允许燃料在气缸内更彻底地燃烧，为此，它需要让汽油和空气在气缸内形成浓油气混合气，而不是像他们以及汽车产业的所有人之前使用的那样在化油器里形成油气混合气。为了实现这个方案，本田的工程师们在发动机的每个气缸里都设立了一个带气孔的隔板，将气缸变成了双腔燃烧室的格局。发动机工作时，先在副燃烧室点燃少量的浓油气混合气，然后再连带主燃烧室的薄油气混合气一同燃烧。

在想出这个创意后，他们距离取得胜利已经非常近了，可谓唾手可得，但在成功之前还有许多工作要做。但这时，他们的老板却不甘寂寞，捣鼓出一个大新闻，迫使他们不得不拼命工作。

本田汽车的创始人有一个令人不安的习惯：他总是先向公众宣布他的成绩，然后再告诉他的工程师团队，使得他们必须努力设法兑现他的承诺。"很多人都不喜欢他这个习惯。"樱井冈芳年回忆说，但顽皮的本田宗一郎却乐此不疲。

于是，在 1971 年 2 月 12 日，本田宗一郎在东京千代田区宏伟的经济团体联合会大楼召开了一个高调的新闻发布会。本田宗一郎宣布，他的公司已经攻克了排放难题，并对参会人员做出了一个大胆的承诺："本田汽车将会从 1973 年期生产满足 1975 年标准的汽车。"本田宗一郎没有在会议上发布任何技术细节，并且为了迷惑竞争对手，他把研发中的系统命名为"复合涡流控制燃烧"（Compound Vortex Controlled Combustion，CVCC）技术。显然，这个名字对其他人来说毫无意义。

在向公众宣布"任务已经完成"后，本田宗一郎出尽了风头。他又一次掀翻了日本监管机构的桌子，他可一直记得这些官僚在不到 10 年前曾试图消灭他制造汽车的野心，并且击败了丰田汽车和日产汽车，更不要说通用汽车和福特汽车。

但他的工程师团队却没有他那样的自信。

事实上，本田汽车许多工程师当时只剩下了愤怒和恐惧的情绪，因为没有人问过他们的意见，这项技术并没有准备好，没有全面测试过，更没有做好商业化的准备。事实上，该公司的研究是如此前卫，以至于 CVCC 技术用的是一台日产的发动机作为原型机，安装在一辆日产汽车上进行的测试。

本田宗一郎对此不以为然。他告诉手下："如果我问你们什么时候能完成，你们永远都不会告诉我，估计还没等你们给出答案，公司就破产了。"

为了不让老板出丑，樱井的团队只好加倍努力。在他们的努力下，本田汽车最终成功地按期实现了目标，超越了丰田汽车和日产汽车。这两家公司以及美国的汽车制造商，都被迫向本田公司购买相关污染排放技术，这为本田带来了巨额的收益。

即便如此，美国汽车企业仍不愿意承认自己在技术上落后了。多年后，樱井冈芳年清楚地记得，当年轻的自己被派往福特汽车公司帮助对方在其发动机上应用 CVCC 技术时，他想让福特的技术人员听听自己有多难。

"我试图让他们重新设计整个发动机，"他回忆道，"但他们不想从一个年仅 30 岁的日本人身上学些什么。"福特第一款应用 CVCC 技术的发动机，为满足排放标准而牺牲了动力——较之前的 100 马力减少 20 马力。于是，在福特先进工程部门的内部会议上，樱井冈芳年向与会的美国伙伴发起了挑战：他会花一个月时间重新设计福特汽车的这款发动机，福特先进工程部门的 40 位工程师也做了同样的事情。最终，双方要看看谁设计的发动机在满足排放要求的前提下能输出更多的动力。

樱井冈芳年没日没夜地进行着设计，他的那 40 位美国伙伴也如此。两个月后，新的发动机的原型机制作完成了，可以到测功机上运转了。福特工程师团队的原型机的动力输出达到了令人印象深刻的 95 马力，只比最初的目标略低。看上去，他们赢定了，只可惜樱井冈芳年的发动机输出了 125 马力。"第二天，当我早上 7 点来到办公室时，已经有 10 个人在等着要和我谈一谈了。"多年后，他回忆起这一幕时，仍然忍俊不禁。

本田汽车并非唯一一个解决了排放问题的日本企业，马自达汽车公司也同样做到了。但是该公司的方案是一个完全不同的发动机设计：转子发动机。世界上几乎所有的汽车发动机用的都是活塞式发动机结构，这种结构和子弹从枪管里飞出的方式一样：活塞好比子弹，而气缸就是枪管，子弹沿着枪管直线飞行，活塞也是如此；再通过与曲轴结合，对外输出转矩。本田汽车在这一轮技术革新中采用的正是这一种技术路线，也是当今几乎所有汽车的发动机都用的。但马自达的转子发动机却像一个三角形的轮子在中空的壳里翻滚。尽管发动机结构与其他企业完全不同，但马自达的设计也能够满足日本严苛的新标准。

越来越多的证据证明，小型的创新企业有时能够满足大公司认为不可能实现的标准，本田汽车和马自达汽车就是最好的例证：在国家的统筹安排下开展的良性竞争，推动其汽车工业的技术水平上升到一个新的高度。它出色地达到了目的。而这两家公司成功的直接后果，就是日本环境署要求所有汽车企业必须遵守严苛的 1976 年排放标准。

关于 1976 年环保法规的战斗

日本政府当年确定要在 1976 年实施的排放法规，较以往更加严格，尤其是对氮氧化物这种有毒排放物的控制方面；和之前一样，该标准也是基于美国标准设定的。日本的监管机构相信，美国设定的标准是科学的，日本汽车企业要想走出国门，就必须达到这一标准。

但事实上，在美国，这种技术法规的制定过程很大程度地被政治化了，在底特律引起了轩然大波。最终，美国联邦政府做出了让步，放弃了对氮氧化物排放的激进的标准设定。即便是加州激进的技术推动者也让步了，承认之前的政策的确不切实际。看上去，美国汽车厂商赢得了对此次技术讨论的胜利。

但在日本，关于此事的争论还在继续。

由于美国政府的改弦易辙，使日本既定的 1976 年标准看起来并不科学。对于是否要执行基于已搁浅的美国标准制定的法规，在日本产业界和日本社会中出现了一场激战。由于出口到美国的汽车已不需要再执行上述标准，因此丰田汽车和日产汽车希望无限期地暂停执行 1976 年标准。日本通产省也警告说，这些标准会导致失业潮，并将进一步损害该国本已开始放缓的经济。与美国不同，日本的政治保守派是与本国的学术精英紧密联系的，因此当该环保标准的实施与否变成经济问题时，日本通产省的建议通常是推迟实施。于是，日本通产省在博弈中胜出，1976 年排放标准被延后两年实施。

但日本也在改变中，日本通产省的做法已导致了日本社会一些阶层的怀疑和不满。对新一代有着环保意识的政治人物和民众团体来说，通产省对这种事关公共健康问题的干扰，是完全无法接受的。因此，通产省试图阻止清洁空气规则的尝试得到了闪电般的响应：在中央层面，日本国会特别设立的环境委员会对此提出了异议；在地方层面，川崎、东京、横滨、名古屋、大阪、京都和神户等市的市长联盟也表达了不同意见。

此次各界的反应之所以如此强烈，是因为日本通产省和日本工业企业在保护环境和公共健康领域是有不良记录的。在 20 世纪 50 年代时，一种名为水俣病的奇怪病症出现在日本熊本地区的一家化学工厂周边区域。最终，研究发现，水俣病的致病因素是汞中毒。对此，日本通产省和其他许多政府机构一起，都试图否认或忽视这样的科学事实：或是死于食用汞污染的海鲜，或是由于其他因素，水俣市附近的居民都出现了汞中毒的症状。就在同期，一种由镉中毒导致的可怕疾病骨痛病，也出现在了日本富士县境内。它被认为是三菱采矿和冶炼公司在附近开矿导致的结果。尽管日本通产省并不直接参与此事，但该事故确认了许多环保主义者此前的猜测，即工业资本家是非常愿意为获取利润而不顾同胞死活的。由此，1975 年时出现的环保排放纠纷被视为和之前的情况一样，即日本通产省罔顾本田汽车和马自达汽车相信尾气排放标准仍有提高空间的事实，以牺牲日本国民健康的代价，保护丰田汽车和日产汽车的利益。

不久后，事实就证明日本通产省和它的盟友犯了错误，丰田汽车和日产汽车赢得了战斗的胜利，但输掉了整场战争。冲突在 1975 年 9 月达到高峰，丰田汽车时任社长丰田英二（Eiji Toyoda）被要求以日本汽车制造商协会会长的身份出席日本国会的听证会。他在会议上说，监管机构应该放缓脚步。他辩解称，本田汽车和马自达汽车之所以能够达标，只是因为它们是在实验室里做出的，而在现实世界里是不行的。丰田英二当天的表演不尽如人意，他的解释被媒体、政界和环保团体所嘲讽。从外界对他的回应看，他遭遇了惨败，并引发了公关危机。

丰田英二的失败，是本田宗一郎的机会。就像鲨鱼闻到了水中的血腥味一样，本田宗一郎意识到更加严格的环保标准可能会给他以机会，使他在与丰田汽车和日产汽车的战斗中站稳脚跟。于是，本田宗一郎大力推进与排放有关的研究，并最终按期满足了 1976 年环保法规。

对于丰田汽车和日产汽车两家公司来说，这是一个惨痛的教训。在之前的竞争中，它们都认为自己高出本田汽车一头，但这一次，它们又被本田"痛打一顿"。

"贸易保护主义者的花招"？

日本汽车产业在环保问题上的反复和认知差异，也并非完全没有价值。在 20 世纪 70 年代末期，日本对汽车的尾气排放要求是如此严格，以至于经济合作与发展组织曾在当时的一份报告中提出这样的问题，这种要求是不是"贸易保护主义者的花招"？对此问题，该报告的结论也很明确：不是！其中的一个论据是丰田汽车和日产汽车两家公司对日本政府设立的排放标准是持强烈的反对态度的。

即便如此，按时满足严苛的环保法规要求，最终给这两家公司带来了巨大的好处。这些法规使得日本汽车企业在环保领域拥有了数以十年计的领先优势，包括那些曾经反对 1976 年标准的企业。这些所谓的"不合理的"严格标准，极大地提升了日本汽车企业对尾气控制技术的认识和理解，也使整个日本汽车工业在尾气排放控制技术方面比其他发达国家领先了 10 年以上。

而丰田英二在与环保主义者的交锋中的惨败，也教会了日本汽车制造商这样一个道理：即便通过阻碍环保政策能够获取一些短期收益，长期损害也依旧会发生。而丰田汽车和日产汽车两家公司尽管被本田好好地上了一课，但它们也因此有了收获：相较而言，在提高燃油经济性和排放标准方面走在政策制定者的前面，给公司带来的好处更大。

于是，当时间走到 1990 年，当美国加州决定开始推行新的全球排放标准时，日本汽车制造商早已严阵以待。

第五章
突如其来的"冲击"

20 世纪 80 年代初期，来自日本的竞争对手正在侵蚀美国汽车制造商的本土市场。丰田汽车一方面蚕食着美国的小型车市场，另一方面也在策划推出雷克萨斯品牌，向高端市场进军；得益于其车辆拥有先进的技术、更高的质量、低廉的价格和更好的燃油经济性，本田汽车也在一点点地抢夺着原先属于通用汽车和福特汽车的市场份额和销量。

美国汽车制造商陷入困局中。

正因为如此，当通用汽车于 1985 年并购休斯飞机公司（Hughes Aircraft）时，该公司立刻萌生出这样的想法：将航天技术集成到汽车上，借此重新回到竞争前列。对很多人来说，该公司的这个念头更像是自吹自擂，只是一种市场营销手段而已。但休斯公司副总裁霍华德·威尔逊（Howard Wilson）却真的制订了一个这样的计划，想要实现这种技术集成。

使威尔逊产生这方面想法的诱因，是那一年来自澳大利亚的一封信。

休斯公司收到的这份信函里，只有一份邀请函，没有文字解释，只是一份邀请休斯公司参加一场特殊竞赛的邀请函。对方要求该公司参加一场太阳能汽车的竞赛。参赛车辆全都是由太阳能驱动的，在这场比赛中，它们会在炙热的南半球苍穹下，仅仅依靠太阳能驱动，从澳大利亚北部城市达尔文出发，前往南部城市阿德莱德，横跨整个澳洲大陆。比赛没有什么具体的奖金，荣耀是其最好的奖励。

与本田汽车相仿，迎接挑战、参与竞争也是休斯公司基因的一部分。在被通用汽车并购之前的 30 年中，休斯公司都是美国与苏联之间的空间竞赛的一个重要环节，它为美国政府提供飞机、卫星和巡航导弹。因此，在收到邀请函后，威尔逊就想为通用汽车和休斯公司赢得这项荣誉。虽然他在汽车设计方面毫无经验，但轻量化材料、电子器件和太阳能板却是休斯公司拿手的。也正因为如此，他认为休斯公司还是有机会的。

威尔逊当年这一有些幻想成分的探索，事后被证明是一场让全球性竞争的发令枪。在这场竞争中，多国政府和众多汽车巨头投入了数千亿美元进行研发和投资。

从达尔文到阿德莱德

对通用汽车和休斯公司来说，要想有个能说明二者之间合作关系的象征，还有什么比赢得未来汽车大赛的冠军更好的呢？威尔逊相信，只要组建起合适的队伍，他们就一定能够成为胜利者。但有一个问题：他真的不想用任何来自通用汽车的工程师，至少不能是那种老派的工程师。威尔逊想，要像洛克希德飞机制造公司那样构建自己的"臭鼬工厂"○（Skunkworks），也就是公司内负责最先进项目的团队，以制造一辆由太阳能驱动的赛车。

威尔逊是"飞机人"，他想和拥有创造力的加州人一起工作，而不是与那些来自底特律等美国老工业区的思维僵硬的老古董们一起工作。他为此进行了一圈调研，发现每个人都推荐同一家公司：航空环境公司（AeroVironment），这是一

○ 这一绰号来源自研制 F-80 战斗机时代的洛克希德公司。因当时其厂址毗邻一家散发着恶臭的塑料厂，所以员工不得不带着民用防毒面具来上班。有工程师因对劳动环境表示不满而给自己的小组起了"臭鼬工厂"的绰号。在该公司，臭鼬工厂有着高度自治的管理模式，避免组织内部的想法、创意等被官僚主义所限制。——译者注

家由一群酷爱迎接工程挑战的技术狂人组成的公司。在说服他们加入自己的团队后，威尔逊飞到底特律寻求支持。

霍华德·威尔逊试图让通用汽车北美公司的老大接受他的计划，但后者坚定地拒绝了他。拒绝的理由也很充分：造一辆太阳能汽车在澳大利亚跑，与提高雪佛兰在美国本土的销量之间，有什么关系吗？

看上去，威尔逊要无功而返了。但是从北美区老大的办公室出来后，威尔逊决定再做最后一次尝试，他转身走进了通用汽车卡车和客车业务部负责人的办公室，这个事业部是该公司为了统一运营全球相关业务而设立的。在这儿，威尔逊转运了，他得到了 75 000 美元的资金开展可行性研究。这项研究最终演变成为一个成熟的太阳能赛车项目。

在他回到加利福尼亚后，威尔逊发现航空环境公司的团队已经冒出了好多创意。这不奇怪，因为该团队的领导者保罗·麦克格雷迪（Paul MacCready）是被美国机械工程师协会（ASME）誉为"世纪最佳工程师"的技术狂人。他不仅富有远见，还善于实现，其最著名的作品是制造了"蝉翼秃鹰号"（Gossamer Condor）人力飞行器，创下了全球人力驱动飞行的最远纪录。此后，他又制造了"蝉翼信天翁号"（Gossamaer Albatros）飞行器，实现了仅仅依靠人力驱动就能飞跃英吉利海峡的壮举。此外，他还制造了一系列使用太阳能的飞机和船只，每个作品都触及了人类创造力与想象力的极限。这些工作使他的团队在轻量化集成领域积累了丰富的经验，这些经验对赢得太阳能汽车大赛的胜利是必需的。但麦克格雷迪觉得，通用汽车-休斯公司的这个项目团队在工程领域还缺少一颗"大脑"——阿尔·科克尼（Al Cocconi）。

科克尼是电气领域的奇才，但他对于加入这个项目毫无兴趣。原因或许如一位观察者所言，科克尼并不是那种"团队成员"。不过经过多次协商后，他还是答应加入，条件是他要在自己的房子里工作，按照自己的时间工作，还要以自己的方式工作。

事实证明，这次妥协是非常有价值。科克尼马上就贡献出了一系列惊人的创意。当其他的电动汽车还在使用直流电驱动时，他制造了一款转换器，给车装上后，车就能够用交流电驱动行驶。简单地说，使用科克尼的这个转化器后，车重减轻了，车辆能跑得更快了。此外，科克尼还做出了其他的创新。在将高速交流电动机反转后，电动机就能实现发电功能了；这意味着在制动时，车辆能够收集到那些本来会被浪费的能量，并将能量充入车载动力电池中，以供日后使用。这也就是所谓的"制动能量回收"技术。

1987 年秋天，休斯汽车倾力打造的太阳能汽车已准备就绪，它被命名为"太阳射线号"（Sunraycer）。它有着平滑的表面、泪滴状的外形，车身被太阳能板所覆盖。在驶出达尔文市的起点后，"太阳射线号"静静加速并超过了其他 24 位对手，在此后的整场比赛中，再也没有其他车辆可以超越它。它以最高 60 英里/小时（约合 96 公里/小时）的速度从达尔文市跑到阿德莱德市，全程平均速度超过了 40 英里/小时（约合 64 公里/小时）。"太阳射线号"是百分百的美国造汽车，百分百的太阳能汽车，它击败了所有对手，在整场比赛中占据了统治地位，并最终以 5 天时间穿越澳大利亚，比第二名早 2 天达到终点。许久以来，通用汽车第一次为美国汽车业赢得了赞美与荣誉。

"太阳射线号"的这次胜利让航空环境公司觉察到一个发展机会，在霍华德·威尔逊的支持下，它们建议通用汽车继续向前迈进，在"太阳射线号"的基础上开发一款真正意义上的电动汽车概念车。

用"冲击"打破常规

"太阳射线号"的成功吸引了诸多媒体的关注，通用汽车公司时任首席执行官罗杰·史密斯（Roger Smith）非常受用这种被媒体簇拥的感觉。因此，即便在公司内部有反对之声，史密斯仍推动着航空环境公司的团队继续前进。于是，这个团队造出了一辆纯电动的两座跑车。

1990 年 1 月 3 日，史密斯开着他的最新玩具——电动汽车概念车"冲击"（Impact）——驶入休斯公司的展厅。"冲击"概念车的创造者本想以加州很有名的圣塔安娜风（Santa Ana winds）将这辆车命名为"桑塔纳"（Santana），但通用汽车公司的老大充分使用了自己手中的权力，将其命名为"Impact"。

对某些人来说,"Impact"这个词所含的"冲击""碰撞"之意预示着灾难,但对史密斯来说,这个名字预示着一场革命,意味着底特律将进入新的时代。"如果没有人用力拽他们,大多数工程师们的思维还停留在研发20年前的1971年款雪佛兰的那个时代。"史密斯如此解释他用"Impact"为这款概念车命名的动机,"我只是觉得现在已经是把他们拽出固有轨道的时候了"。

这款车在当年的洛杉矶车展上正式亮相。亮相过程很是惊艳:它悄无声息地驶入车展展台,也没有排放尾气,这是因为它根本就没有排气管。在车展现场,罗杰·史密斯吹捧这款车的能力足以"比现有的任何计划量产的电动汽车都要跑得更远、更快"。据其设计者介绍,这款概念车以55英里的时速行驶时,可实现124英里的最高续驶里程。史密斯在发布会上自信地宣布,通用汽车公司正在考虑将其商品化,"我们正在寻找它的用户,希望他们能够告诉我们,(对于这样一款电动汽车)他们真正需要什么"。

但世事难料。通用汽车公司计划进入电动汽车和太阳能汽车市场的大胆举动,触发了意想不到的转变。这种转变并非通用汽车找到的那些"冲击"概念车的目标消费者带来的;相反,真正被这款概念车冲击到的,是加州那群以提升技术难度为乐趣的法规制定者。

概念车带来的证据

1990年前后,加州空气资源委员会(CARB)正考虑在此后某个时间点在加州全境推动零排放汽车(Zero Emission Vehicle,ZEV)的可能性,而罗杰·史密斯在洛杉矶车展上的这番讲话看起来就像是在为这一概念背书。考虑到已经有了合适的证据,该委员会认为汽车工业已经准备走过内燃机时代,进入新的时代了。

通用汽车公司自豪地将"冲击"概念车展示给了来访的加州空气资源委员会的委员们,甚至让他们试驾了这款车。"冲击"确实给加州空气资源委员会的客人们留下了深刻印象。两座的小车当然无法取代多功能旅行车(MPV)或皮卡在美国人生活中的作用,但它足以取代日常交通出行用的车辆了。加州空气资源委员会的委员们相信，汽车科技已经准备就绪，只要政策制定者能向正确的方向上轻轻推一把，它就能进入新纪元。

具有讽刺意味的是，当时被认为可实现加州空气资源委员会的零排放愿景的政策，并非指向电动汽车或太阳能电池，而是甲醇。因为在加州，政府实施的清洁空气政策组成了一个全面的解决方案，其核心围绕着如何将汽车从使用汽油或柴油转向使用甲醇。

甲醇与汽油不同，这种液体燃料可以从几乎任何一种有足够多碳分子的原料中生产出来，如天然气、煤炭、木材，乃至城市垃圾。与汽油和柴油燃烧后会产生一系列污染物不同，甲醇燃烧后只会产生两样东西：甲醇和甲醛；相较于汽油，甲醇或甲醛都是环境友好型的物质。而来自美国航空航天局喷气推进实验室的一份研究表明，如果从燃烧汽油或柴油过渡到燃烧甲醇，烟雾排放可降低58％。对定位为加州清洁空气卫士的加州空气资源委员会来说，推广甲醇汽车取代燃油汽车，是值得它们去战斗的选择。

但是汽车厂商和绝大多数石油公司都憎恶这个想法。甲醇溶于水，而水会腐蚀汽车零部件和输油管。一旦切换到使用甲醇为燃料，为保证兼容性和耐久性，汽车厂商和石油公司将不得不重新设计车辆和燃料存储系统。

因此，当石油公司意识到这项规则后果的严重性后，它们一方面全力以赴地阻止其生效，另一方面则在寻找另一种解决方案。不久之后，它们就找到了燃烧后更加清洁的，并能够以可承受的成本生产出来的汽油和柴油。1989 年 8 月，大西洋富田公司（Atlantic Richfield Company，ARCO）发布了"重新定义的"汽油，这种新型汽油燃烧后的污染物远低于之前的燃油。它的出现大大降低了实施用甲醇替代汽油的必要性，但令人吃惊的是，政策制定者们仍坚定地推进着原计划。

无人关注：甲醇汽车、天然气汽车和零排放汽车

这是另一场激烈的争论，加州空气资源委员会（CARB）和支持清洁空气项目的社会团体在一边，汽车企业和石油公司在另一边。在这场喧闹之中，加州的政策制定者们安静地给即将实施的规程加上了一个新条款，他们制定了要求汽车

厂商们配置更清洁的汽车的时间表。按这张时间表，在过渡期内，低排放汽车将逐渐被超低排放汽车所取代。深藏在新条款中的要求是，汽车企业要制造出一种会挑战现代汽车工业本质的产品——零排放汽车。

这是巨大的挑战。通过对燃油的质量进行提升，并提高发动机的技术水平，厂家是能够造出"低排放汽车"的；而要想造出"零排放汽车"，就必须要对产品进行彻底重构，得基于太阳能汽车"太阳射线号"和电动汽车概念车"冲击"应用的那些先进技术。总而言之，新一代车型需要被电力驱动，这意味着车辆将不再使用燃油。

"这怎么会是问题呢？"或许这是加州政策制定者当时的想法。毕竟，他们不仅已经亲眼见到了通用汽车公司展示的电动汽车，他们还试驾过！不得不说，通用汽车公司那时对"冲击"概念车的推销工作实在是做得太好了，好到加州空气资源委员会并没有认识到，将电动汽车商业化的技术在当时并不存在。他们不知道的是，"冲击"的每一部分都是由它的设计者在航空环境公司的基地里手工制作出来的，而不是生产线制造出来的。而要想让它成为量产车，就需要把这款车彻底改造一番。确切地说，是重新设计一遍。

按照加州空气资源委员会颁布的规定，到 1998 年，在加州销售的新车中必须有 2% 是零排放车辆，而到 2003 年时，这一数值要提升到 10%。这个比例设定是一座令人畏缩的高山。但是相对于之前发布的引导使用甲醇的规定所引发的骚动，汽车企业这一次的反应看上去非常镇静。对此，通用汽车公司技术和能源情报总监克莱·菲利普斯（Clay Phillips）评价称："汽车企业都是大公司，它们是深思熟虑的，它们是技术驱动的，它们并没有被吓到。"当然，这只是它们最初的反应。其实，按一位曾参与与加州监管机构谈判的汽车企业高管的说法是，"（对于这条规定）没有人注意到它"。

关于愿景的一件麻烦事

究其原因，加州当年实施的项目实在是太激进了。加州空气资源委员会（CARB）这一次颁布的政策，是典型的"技术驱动型"政策。换言之，这项政策要求汽车厂商应用那些在当时并非真实存在的技术。尽管如此，人们也不得不承认，该项目的基本设计却是巧妙且聪明的。

加州空气资源委员会的这项新政从美国联邦政府那儿借用了许多复杂的工具，其机制设计涵盖了许多方面的内容，既有提高燃油经济性的要求，又有要求消除酸雨污染的要求。例如，它使用"积分"作为合规的一种模式。当一家汽车企业在加州售出一辆零排放汽车，该公司就会得到一定数量的零排放汽车积分，而积分的高低取决于车辆的性能指标。

从总体上看，加州空气资源委员会并不关心是什么公司在销售电动汽车，可以是一家公司卖出了所有的电动汽车，也可以是很多公司一起销售。然而，倘若某一家汽车企业没有在当地销售电动汽车，它就必须从那些在加州出售了零排放汽车的企业那里购买"积分"；零排放汽车销售的最低限值是与企业的市场份额挂钩的。而汽车企业被允许在强制性规定实施后的头几年中超量销售零排放汽车，并将相应的积分转结到后面的年度使用。

最后，零排放汽车强制管理规定并非对所有汽车企业都起作用，而只针对那些在加州境内年销量超过 3.5 万辆汽车的企业。在当时，符合条件的企业有 7 家：克莱斯勒汽车公司、福特汽车公司、通用汽车公司、本田汽车公司、马自达汽车公司、日产汽车公司和丰田汽车公司。

理论上，这项强制管理规定在技术路线上是中立的。但加州空气资源委员会非常确定哪种类型的车辆才是它想要和期望通过零排放汽车规定来促进发展的。该委员会想要促进的是类似通用汽车展示的"冲击"那样的纯电动汽车；对该委员会来说，这一类车辆才是真正的，也是唯一的"零排放汽车"。当然，许多人并不认同这个判断。他们争辩说，即便是依靠动力电池驱动的车辆，因为其使用的电力来源于燃烧燃煤或燃气的发电站，所以算不上是真正的"零排放"。一位能源专家将这类车称为"EEV"，即"总在哪儿有排放的汽车"（Emissions Elsewhere Vehicles）。

不过 EEV 的概念并没有被广泛接受，原因主要有两个。首先，除了燃煤和燃气发电外，电动汽车所用的电力还可以来自核电、水电、风电和太阳能这样的可再生能源。这意味着在空气污染和碳排放等方面，电动汽车变得更加清洁的潜力比燃油车要大。第二个原因是随着车龄的增加，电动汽车的车况不会变坏；但随着车龄的增加，内燃机的排放会变差。内燃机的这种特质对加州政府意味着，即便该州要求车辆必须定期进行尾气检测，但对任意一辆汽车而言，它的排放性能还是会逐年变差。然而另一方面，车辆的动力电池并不存在这个问题。事实上，随着越来越多的天然气、核能和可再生能源发电并入加州电网，随着时间的推移，电动汽车会变得更加清洁。

当然，电动汽车也还有其他问题。例如，铅酸电池是有毒的。但加州政府已经注意到了这个问题，并计划通过一个电池回收计划来应对这个问题。

也许加州的"低排放车辆和清洁燃料计划"中最聪明的制度设计就是，预计到自己的制度存在缺陷。加州的监管机构计划每两年回过头来审视一下自己之前的假设，以确保目标设计仍是合理的，并修正那些可能出问题的内容。换言之，加州并不期望第一次就把事情都做正确。

它们之所以会设计这样的机制，是因为该计划在政治上是没有争议的：政界人士不会试图废止它，至少在加州不会。"空气质量问题是两党都认可的，至少目前仍是。对它的政治支持是如此强大，以至于没有必要用其他动机或社会目标来打扰它。"加州大学戴维斯分校（University of California，Davis）教授，同时兼任加州空气资源委员会委员的丹·斯特灵（Dan Sperling）如此评价。与立法者在华盛顿常做的干扰政策不同，加州很奢侈地拥有正确制定政策的权力，然而这并不意味着这一过程是一帆风顺的，更不意味着这样一项强制规定会让加州空气资源委员会在底特律获得什么支持。

通用汽车公司时任首席执行官罗杰·史密斯希望他的电动车"冲击"能够改变世界，而"冲击"也的确对全球汽车产业产生了不可否认的冲击。但是从不同角度看，这款车造成的这种冲击可能是一场革命，也可能是一场灾难，而底特律倾向于从后一种视角看待问题。

第六章
加州空气资源委员会的撒手锏

底特律的汽车制造商们憎恶加州政府出台的与汽车相关的强制性规定，但它们别无选择，只能遵从。某位满是怨气的汽车企业高管如此回忆加州空气资源委员会（CARB），他说，它会"做它想做的任何事儿"。汽车制造商们认为，加州空气资源委员会出台的强制性规定野心过大，也过于苛刻，在实践中是完全不可行的。

汽车企业对加州空气资源委员会给出类似的刻薄评价是不可避免的。在汤姆·奎恩任该委员会主席期间，加州空气资源委员会的整体战略是建立在逼迫汽车制造商们应用更好的新技术之上的。于是在接下来的 10 年里，底特律对该委员会都有着深深的敌意。但加州空气资源委员会的影响力是国际化的，它又善于将自身优势发挥到最大化；正因为有它的存在，萨克拉门托才能在和底特律的战斗中始终处于上风。

底特律是国王

在底特律，汽车制造商们是国王；但是在加州，它们感觉自己成了导致该州环境问题的罪魁祸首。这种反差，使大多数美国汽车业的高管们在回顾他们与加州政府的斗争时，都带着不同程度的不满。埃瑞克·莱德诺尔（Eric Ridenour）就是其中一员。

莱德诺尔在通用汽车公司开始自己的职业生涯，然后转投克莱斯勒汽车公司。在那里，他如坐火箭一般被提升到了管理层。莱德诺尔是一个有着完美履历的底特律人：他在汽车城长大，他是家族里第一个考上大学的，并在密歇根大学拿到了机械工程学士学位和工商管理硕士学位；他有一座日耳曼风格的房子，他还拥有敏锐的工程思维。

在谈到当年与加州政府的斗争时，莱德诺尔用很官方的态度表达了自己的态度："他们总是聚焦于如何最小化加州和洛杉矶地区的不同污染物，这肯定是一件要去做的非常重要的好事情。"

对于莱德诺尔这样的人来说，不幸的是，加州政府的这种想法通常意味着对底特律的痛击。如果清洁空气政策是在密歇根州制定的，推动力量就会完全不一样，汽车产业将会在其中有更大的影响力。但是在加州，加州空气资源委员会并不关心汽车工业，其中心目标是清洁空气。

"它们并不关注那些做法会给汽车企业带来什么样的成本。"莱德诺尔酸溜溜地回忆道，"加州人并不真正在乎，因为成本增加在加州之外。"尽管莱德诺尔最终做出了惊人的转变，他转向发展电动汽车，成为电动汽车公司 UQM 的首席执行官，但他依旧厌恶当年与加州空气资源委员会的交锋，而且是非常厌恶。

有一项分析认为，"几乎没有汽车业高管认为加州实施的强制规定是项好政策，但对其的内部看法（因为无须公开）在某企业内部及不同企业之间都是不一样的"。一些高管确定地认为这项规定是政府过度授权，是一个糟糕的主意；但另一些则认为这可能是一个机会，一个使他们有可能在落后于日本竞争对手数十年后能够反超的机会。在这方面，没有一家公司的改革力度比通用汽车公司更大了，这家公司正在改变其形象并反思之前进行工程开发的方式，试图"重新定义自己"。

但相对于通用汽车公司这个庞大的企业帝国来说，这仅仅是一个应变的想法，而绝不是占主导地位的想法。不久后，事态逐渐明晰：要想满足加州的强制规定，技术难度就会显著增加，而且要增加预算。随着成本的增加，公司内部的不满也开始增加。

更糟糕的是，即便通用汽车一直在与加州空气资源委员会抗争，但不能回避的事实是，从某种程度上讲，是这家公司推动加州空气资源委员会创建了强制性标准。至少，该委员会是从通用汽车的某些行为上获得了这方面的灵感。

而且具有讽刺意味的是，通用汽车公司在 20 世纪 90 年代时一边与加州政府战斗，一边又努力地把自己的"冲击"电动车推向市场。

"无备选方案"：电动汽车的商业化

将通用汽车公司时任首席执行官罗杰·斯密斯在洛杉矶车展上发布的电动汽车进行工程再造以实现量产，并非简单的任务，因为"冲击"电动车并非是通用汽车公司按照量产车标准设计制造的，它是在航空环境公司中手工制造的。因此，该车没有广播系统，没有空调系统，也没有什么安全配置。要想实现量产，这款车就不得不变得更坚固且更舒适，以符合消费者的需求，而且那些在设计上超前的定制部件也必须重新设计。

在"冲击"从概念车变成量产车的过程中，它会变得更重、更安全但更慢。它的续驶里程会降低，成本也会增加。其中，非常确定的一点是量产后的"冲击"电动车的续驶里程会大大减少。这并非是因为通用汽车.之前作弊了，而是因为此前的续驶里程是该公司在位于亚利桑那州梅萨市的试验场中以一种高度优化的巡航速度得出的，而不是在真实的驾驶条件下得出的。"冲击"在接受测试时被精心调整过：为降低空气阻力，它的后视镜被拆除了，车身各处都进行了优化处理；为防止电池电量的不必要消耗，所有的电子辅助部件都没有连接上。因此，若想成功商业化，"冲击"电动车不仅需要提高车辆性能，其车价和所搭载的动力电池的价格也不得不大大下降。

罗杰·史密斯于 1990 年 7 月 31 日从通用汽车公司退休，因此他此前做出的承诺就需要由其他人来履行。但将"冲击"进行量产的想法是激进的，而且从商业角度看，也许根本就是不负责任的。

但这种想法也并不完全是坏事。各汽车公司很早就知道电动汽车能够引起媒体的广泛关注。1996 年，即距离最初提出要把"冲击"商业化过去 6 年后，通用汽车再次在洛杉矶车展上发布了 EV1。公众对这款车极感兴趣，对其亮相的报道所覆盖的人群，甚至超过了当年的"超级碗"赛事，这给通用汽车带来了巨大的曝光率。

和 EV1 的初次亮相带来的高关注度相仿，加州政府实施零排放车辆强制规定所引发的外界关注，在某种意义上可谓是壮观。但对汽车厂商来说，要满足这一规定带来的成本极高，于是它们尝试用各种各样的办法来攻击加州的监管机构，从质疑此举可能带来的环保效益，到用一种愤怒的语言直言不能简单地用强制性规定来推动创新。

当年，一篇尖锐的社论如此评价加州的强制规定："观察在政府工作的人可以看到一件有意思的事情，如果他们想让某件事发生，他们所要做的所有事就是设立一个希望目标，接下来通过一部法律，然后他们就认为它一定会发生。"《汽车周刊》（*Automotive Weekly*）则抱怨说："我希望，不仅仅是针对零排放汽车设定强制规定，加州空气资源委员会还应该设立一个规定来对付癌症。"

但是到了 1994 年，这项强制性规定就不再是玩笑了。支持汽车业的媒体的腔调已经从分析转为了讽刺，继而悲痛。"零排放汽车强制规定如此沉重地压在汽车厂商身上。"一位作者哀叹道。而通用汽车公司的一位新闻发言人则抱怨道："我们并不悲观，我们很现实。"即便在 20 年前积极应战高排放标准的马自达汽车方面也说，该公司希望能有一些"变通"。

加州是一个汽车厂商不得不参与竞争的大市场，它们不能舍弃这一市场。而看上去，汽车业的高管们、说客们和律师们都无法让该州不屈不挠的政治领导人接受这样的观点：他们提出的要生产有竞争力还能盈利的电动汽车，真的是超出了汽车产业当时的技术能力。

对汽车厂商而言，这一规定是恐怖的；但要是采纳汽车业的建议，则走向了政策监管的反面。埃里克·莱德诺尔如此回忆他当初与加州打交道时感受："我认为他们没有一种讲究平衡的视角。他们的视角不能算疯狂，他们的想法也并非不理性，但看起来要做很多工作才能实现。"

但是加州的政策制定者看上去并不想讲道理。"没有备用计划。"当时即将就任加州空气资源委员会主席的杰奎琳·谢弗（Jacqueline Schafer）说。不论发生什么困难，汽车企业都必须生产电动汽车以应对 1998 年的最后期限。

加利福尼亚和日本

尽管通用汽车公司已经开始启动整个过程了，尽管它已经在对 EV1 这款电动车进行商业化了，但该公司同时也在领导着汽车企业对加州强制规定的诉讼工作。和通用汽车这种看上去颇为矛盾的做法相比，日本汽车制造商却在很大程度上将达成加州的政策规定当作既成事实加以接受，并埋头于解决技术难题。

造成这种差异局面的原因是多方面的。首先，日本汽车业刚刚在美国境内遭遇了一轮令人不愉快的"攻击日货"运动，因此它们并不想太招摇。在 20 世纪 80 年代，日本汽车企业被美国国会修理了一番，许多日本车也被美国工会成员砸了。美国汽车工人指责日本汽车制造商摧毁了他们的工作岗位，并不公平地损害着美国的竞争力。这种情况一直延续到 20 世纪 90 年代，日本汽车企业开始在美国本土投资建厂才逐渐平息。尽管面对诸多责难，但美国仍是日本最大的汽车出口市场，而且日本人很清楚在这个重要的市场上，他们只是"客人"，因此他们认为最佳策略是努力做遵纪守法的现代公民。而且，在 20 世纪 70 年代日本本土发生的关于排放的战斗也教会日本汽车制造商一个道理，即与环保法规对抗并不是没有危险的，很有可能会出现消费者抵制日货的局面。

与此形成鲜明对比的是，通用汽车、福特汽车和克莱斯勒汽车等企业并不是美国市场的客人，它们是美国市场的缔造者。它们有权利，在它们看来，甚至是比其他任何人更有权利来抵制"黄金州"的强制规定。它们可不急着对加州空气资源委员会让步。

除上述原因之外，还有其他原因使日本汽车企业忽然在技术研发上变得那么激进。部分原因是，丰田汽车公司当时被克林顿政府实施的"新一代汽车合作伙伴计划"（PNGV）吓坏了。时任美国总统克林顿承诺，美国联邦政府将与美国汽车制造商合作开发燃油经济性低至 80 英里/加仑的"超级汽车"，它在拥有极低油耗的同时，还会有当代轿车应有的豪华配置。对日本汽车业巨头来说，面对一个真正高燃油经济性、富有竞争力的美国品牌汽车，是一种不寒而栗的前景。另一方面，本田汽车公司对此的反应却显得有一点点狂躁。这是一家从不回避挑战的公司，它似乎觉得美国人可以做到的事情，自己肯定也可以做到：只要是与内燃机有关，任何工程上的挑战，该公司都是可能实现的。

丰田汽车的"探月工程"

丰田汽车于 20 世纪 90 年代决定开发并成功推出混合动力汽车普锐斯的行为，可以认为一半是该公司积极进攻美国市场的"探月工程"，一半是应对美国政府与汽车企业联合开发高燃油经济性车型的防御动作。

前面我们提到过，在日本汽车企业于 20 世纪七八十年代成功逆袭美国市场后，1992 年开始执政的克林顿政府采取了更积极的姿态来提升美国的汽车制造业：他推出了一个由技术和政策一同驱动的计划——新一代汽车合作伙伴计划。

克林顿认为，将美国的尖端研究机构与汽车企业有机结合在一起，就好比通用汽车和休斯公司那样，可以重振底特律过往的辉煌。克林顿和他的副手戈尔（Al Gore），与汽车制造商们坐在一起共同为该行业的复兴奠定基础。

1993 年，克林顿设法让美国诸多国家实验室参与到与美国汽车厂商一起开发油耗可以低至 80 英里/加仑的全尺寸轿车的努力中来。这一努力就是新一代汽车伙伴计划（PNGV）。它的出现表明情况与过去完全不同了，现在是美国开始在其汽车制造业中执行积极的产业政策了。

克林顿主推的新一代汽车伙伴计划的报告书旋即被直接送至丰田汽车的董事会。在那时，日本企业是全球最好的汽车公司，因为它们把低价、高质量和好的燃油经济性结合在了一起。但即便如此，对于一个企业来说，又怎么能够与由政府支持的项目相抗衡呢？对一些丰田汽车的高管而言，这个消息仿若一场噩梦。

1994 年年初，丰田英二决定让公司的研发团队造出一个自己的"怪物"来。他告诉工程师们开始思考"未来的汽车"会是什么样的，它既要能够在资源匮乏的年代生存下来，又要能够降低二氧化碳排放。这个项目意味着要为 21 世纪生产一款全球车型，因此它的内部代号就被称为"G21"。回过头看，丰田汽车当年对美国新一代汽车伙伴计划的反应，对世界汽车业的影响大大深远于新一代汽车伙伴计划本身带来的影响。

2012 年时，G21 项目的负责人内山田武（Takeshi Uchiyamada）已升任丰田汽车董事长，但在 20 世纪 90 年代初时，他即便是在丰田汽车内部也是默默无闻的，甚至没有领导过一个开发项目组。事实上，由他来领导 G21 项目中也是一个奇怪的选择。内山田武当时的专长是谐波与振动，也就是降低车辆的噪声，增强其驾乘舒适性。然而，这位 NVH 专家却被指派了这样一个任务：开发一款价格合理的家用轿车，它的油耗要比当时丰田已以节油著称的产品再降低约 50%。

在审查了超过 80 项设计的技术障碍与节能潜力后，G21 项目组向丰田汽车管理层提交了混合动力的设计方案。

"有时，当你从老板那儿得到一个极端的任务，最好的解决方案是还给他一个极端的技术方案。"G21 项目组核心成员广濑克彦（Katsuhiko Hirose）回忆道。令人惊讶的是，他们得到的反馈却是公司管理层告诉他们就这么干。"我们当时的反应是：'这也太疯狂了'。"不仅如此，G21 项目团队在设计开发阶段被赋予了彻底的自由：他们完全不用考虑与丰田汽车已有的车型共享零部件或平台的问题。

开发团队当时设计的方案是把电驱动总成与内燃机结合在一起，由系统按照最有效原则决定使用某种动力源驱动车辆（电池单独驱动，或发动机单独驱动，或电池与发动机同时驱动）。内山田武还开始考虑一种极少被使用但却高效的发动机设计，这种设计采用的是被称为"阿特金森循环"（Atkinson cycle）的热循环，该方案下的压缩冲程比做功冲程短；如果设计得当，阿特金森循环允许发动机在做功冲程中从气缸内获得比传统的奥托循环（Otto cycle）更多的热能，因为在奥托循环下，压缩冲程和做功冲程时间一样。该方案的缺点是，为了提高效率而牺牲了功率输出。

此外，G21 项目组还采用了在通用"太阳射线号"（Sunraycer）太阳能汽车上使用的制动能量回收技术，以便将车辆在减速制动时产生的能量回收并存储在车载动力电池上。这个设计尤其适合走走停停的市内交通。

构建一套如此复杂的系统，需要耗费大量时间，但按照丰田汽车公司高层最初设定的 G21 的发布时间——1999 年，也就是抢在新千年到来前发布，看起来还是可行的。不过在 1996 年的春天，丰田汽车董事长丰田章一郎（Shoichiro Toyoda）和公司总裁奥田硕（Hiroshi Okuda）决定加速该项目，他们通知 G21 项目组要在 1997 年结项。这样一来，项目组总共只有两年半时间来完成一款全新车型的开发工作，而业界研发和设计一个新的车型通常需要 5~6 年的时间。

1997 年的最后期限几乎激起了丰田汽车工程师们的反抗，但公司管理层并没有退缩。即便丰田汽车的工程师们还没能彻底解决发动机的微处理器和电池的微处理器之间的交流问题——其故障表现是，汽车有时候就停在路上，怎么操作都不动，而在其他时间，它的动力输出又过于澎湃，G21 项目也依然按时间节点推进至量产状态。

到 1997 年 10 月，造型平庸的普锐斯结束研发，带着不少问题勉强地进入了量产阶段。和通用汽车之前推出的"太阳射线号"太阳能汽车、电动汽车概念车"冲击"和 EV1 等车型一样，普锐斯也是一个兼有汽车销售和市场营销作用的车型。最终，这两项目标都漂亮地达到了。与其他的高燃油经济性车型一起，普锐斯为丰田带来了"一家关注环境的汽车企业"的名号；它还将丰田汽车公司营造为业界无可争议的技术领导者。

事后，内山田武才理解丰田公司为什么要做出如此疯狂的决定：因为领导层希望能够借将在日本京都召开的联合国气候变化框架会议之机发布普锐斯。该会议的目的是达成一项具有里程碑意义的环境协议：在全球范围内减少二氧化碳排放，借此减缓全球气候变暖的速度。丰田汽车旨在构建低碳交通体系的 G21 项目对日本政府的工业领导地位而言，是一个重要的象征。

除了研发混合动力汽车普锐斯来作为公司应对"未来的汽车"的勇敢尝试

外，丰田汽车同时也在推进为满足加州零排放汽车强制规定而设计的纯电动汽车的工作。但是与普锐斯的开创性相比，为满足加州标准而开发的电动汽车则是一款业界非常典型的"合规车"，其设计出发点是沿着阻力最小的路径研发符合法规规定的产品。对普锐斯，丰田汽车的工程师则费尽心思地在一款紧凑型车里塞进去两个独立的动力总成。他们之所以这么做，就是为了给人以精神暗示，即便燃油经济性给人的印象更深刻。但为了应对加州的强制性规定，丰田汽车就不会特别在意了。实际上，他们只是采购了一堆电池并把它们装进了 RAV4 车里，作为一款 SUV，该车上有许多空间来安置这些电池。纯电动的 RAV4 按时进行销售，顺利达成了加州空气资源委员会设立的零排放汽车要求。

按当时的标准看，丰田汽车的 RAV4 是一款完全值得赞赏的电动汽车，但它并不是"登月"那个重量级的产品，也不是一个规则改变者。

不走不寻常的本田汽车

普锐斯横空出世后迅速成为环保人士的宠儿，也使丰田不重视发展电动汽车的行为在很大程度上被公众所忽视。另一方面，本田对工程解决方案的强烈关注，使得该公司再次受到加州空气质量资源委员会的喜爱。和之前一样，法规制定者想要推动汽车工业达到而不是超越技术极限。要做到这一点，法规制定者需要一家愿意探寻技术极限所在的汽车企业。"要做某件事儿，你通常需要找到至少一家公司愿意跟着你走。"加州空气资源委员会委员丹·斯佩林说，"多数时候，本田汽车就是那家公司。"

本田汽车公司与非政府组织、法规制定者、研究机构和其他利益集团建立了紧密的关系。借此，该公司找出了后者们在技术、政治和意识形态方面的诉求。这家公司是精明的，它密切关注着加州的市场，并致力于找出技术解决方案。本田汽车公司的领导者相信，它应该更多地关注工程上的答案，而不是挑战城市议会。基于上述原因，加州空气资源委员会深爱着本田汽车公司。

但在零排放强制规定颁布后，本田汽车公司的工程师们和其他人一样，也都是焦躁的。要满足这个规定，不仅成本高昂，而且富有挑战性。本田汽车公司毕竟是一家汽车公司，而不是一家电池制造商。尽管如此，该公司的实验室还是迅速投入工作，以找出解决方案。一旦他们计划要怎么去做，他们就一定能做到。因此，本田汽车公司组装了第一辆使用"先进电池"的电动汽车，使用的是镍氢电池；工程师们开始加班加点地工作，力求提升车辆性能并降低成本。本田汽车公司的管理层同样对其员工明确表态，他们在电动汽车项目上的劳动与其他任何事情一样，对公司的发展同样重要。

在通用汽车公司，许多 EV1 项目爱好者或是被边缘化，或是被降职，或是苦涩地离职。而在本田汽车公司，这样的人才是"受尊重的，及要被提升的"。本田汽车北美公司研发副总裁本·奈特（Ben Knight）回忆称，本田汽车公司宣称"我们欣赏挑战，我们欣赏学问，我们欣赏技术……相比而言，某些公司是无出路的人待的地方"。

当年，加州空气资源委员会已经给汽车制造商们分配了很有挑战性的工作，本田汽车公司则相当于老师的宠儿——它并不是仅仅达到最低要求就可以的，它还要尽全力应对"老师"的焦虑症。该公司不仅制造了一辆电驱动的汽车，同时也还做了其他事情，比如它开始了开发零排放发动机结构的可行性研究。

树木排放的污染都比本田车排放的多

当加州空气资源委员会（CARB）宣布其低排放车辆（low-emissions vehicle，LEV）规则时，要求汽车要产生的"标准排放"是零，这意味着没有氮氧化物，没有二氧化碳，没有未完全燃烧的碳氢化合物。绝大多数汽车厂商都认为，要做到这一点就意味着没有内燃机。但是，本田汽车公司拒绝接受这个逻辑。

20 多年前，当本田汽车公司刚刚进入汽车制造业时，它就勇往直前地超过了丰田汽车公司和通用汽车公司，实现了许多汽车企业表示不可能实现的排放标准。相似地，在加州设定了低排放标准后，本田汽车公司也设立了一个内部发展目标，要彻底从其尾气排放中消除标准排放物。对于加州的要求，其他汽车企业说的是"客户并不关注这个"。但加州空气资源委员会关注，所以本田汽车公司也关注。

作为结果，一个接一个地，加州空气资源委员会设定的"不可能的"排放标准被本田汽车公司的工程师们达到了。到 1996 年，本田汽车公司在美国投放的紧凑型轿车思域成为首款满足加州低排放标准的汽油车。同年，该公司还表示，自己能在两年内达到极低排放标准。对此，那些不怎么有雄心壮志的汽车厂商们暴跳如雷，因为它们知道它们这下必须跟着本田汽车公司的脚步向前走了。但这并非本田汽车公司前进脚步的终点，该公司还推动开发出了超低排放车辆，管理者接纳了它的观点："（汽车技术发展可以）继续向前！"

最终，本田出品的汽车的尾气排放是如此之低，以至于加州空气资源委员会的尾气排放实验室都无法测出其尾气是否不达标。在该公司成功做到这一点之前的 15 年，美国前总统罗纳德·里根曾说过一句广为引用的话："树木排放的污染要比汽车多。"在当时，这句话肯定是不对的。但现在，难以置信的是，本田汽车做到了。加州监管当局必须建立新的监测设施来监测从本田最先进的发动机中排出的尾气中的排放物。本田设计的一些发动机是如此清洁，以至于从排气管排出的气体要比实验室和自然环境都更干净。当然，二氧化碳排放还是一个问题，但本田已经实现了之前被其他企业视为不可能的事——一个零标准排放的内燃机。

像任何老师的宠儿变成了第一名的优等生一样，本田汽车公司也大大夸耀了自己的成就。"其他人反驳我们，"本·奈特回忆道，"我们优雅地解决了它。"

本田宗一郎先生于 1991 年逝世。但他一定会为此而感到骄傲，他的公司已经成为全球汽车业中最伟大的工程帝国之一。本田如今做出的汽车，在每一个方面，都比本田宗一郎年轻时买下的那辆捷豹轿车强。本田的零排放发动机是该公司创始人辛勤构建的工程师文化的又一项成就，该公司称之为"梦想的力量"。

抵制强制规定

可就算如此，在 20 世纪 90 年代，即便是本田汽车公司也没有能力可以推出一款真正能够与燃油车竞争的电动汽车。

当汽车企业真正开始制造和推广电动汽车后，技术上的诸多障碍引起了更尖锐的关注。同时，人们也逐渐认识到，加州空气资源委员会（CARB）之前发出的某些狠话，比如"没有备选计划"，只是一种姿态罢了。现在必须设立备选方案了，因为加州空气资源委员会要求得太多，确实超出了汽车产业的能力。于是，在立法者认识到汽车厂商无法达到1998年法规的规定后，他们让步了。

1996年，加州空气资源委员会同意将法规的生效日期推迟到2013年。但加州空气资源委员会仍希望此次的让步能从汽车制造商那儿交换到一些妥协。因此，该委员会决定到2003年时，汽车制造商们必须将它们在加州售出车辆的总排放量下降10%，而且不会对此设立过渡期；此外，汽车厂商在加州出售的车型还需达到美国环保署设立的2006年起实施的新的尾气排放标准，这比美国联邦政府的要求提前了3年。

尽管如此，加州的强制性规定还是就此失去了之前的威力。在1996年，加州开始实施更加复杂的规则，以替换之前一刀切式的强制性规定。新的规则允许汽车制造商使用差异化的零排放车辆"积分"来平衡应用不同技术和排放标准的车辆。

另一方面，对电动汽车要求的放松对汽车企业来说是福利，因为这给了它们额外的时间来准备能够在加州市场上销售的车辆。但其恶果是削弱了新法规的确定性。对汽车企业来说，这一次调整激起了它们去探知加州空气资源委员会的底线在哪里的欲望，这一诱惑非常巨大，既然加州空气资源委员会这一次可以改变强制性规定，那就存在其他的、更大的可能性，比如它们可以游说彻底废除它。

第七章
电动汽车已死，电动汽车长存

伴随着一系列技术驱动的规章制度的实施，加州变成了汽车产业内部创新竞争战的"原爆点"，这是全球监管者、驾驶者和技术爱好者等群体的好奇心的共同结果，虽然他们关注的内容大相径庭。

在1997年某个炎热的日子里，英国广播公司电视节目《Top Gear》的主持人昆汀·威尔逊（Quentin Wilson）坐进了一辆车开始做节目。来自英国的汽车业大拿威尔逊，这次漂洋过海来试驾的是通用汽车公司出品的纯电动汽车EV1。或许是因为EV1是通用汽车公司专门造出来满足加州零排放汽车强制性规定的产品，所以它与人们印象中的汽车有明显差别，其外形更像是泰诺药片——超大号的、金属质地的、装有玻璃车顶的药片。

最初，威尔逊的试驾之旅显得平淡无奇，于是在车辆显示其续驶里程还剩20英里时，他决定做一些改变。可能是为了省电，威尔逊关掉了车子的空调，然后开始大声抱怨他可能无法把车开回出发地了；他还危言耸听地表示，这辆车一旦抛锚在洛杉矶的穷街陋巷里，他就可能会被杀人犯盯上……最终，在他把车开回目的地土星停车场时，车辆显示其续驶里程只剩4英里。

试驾结束后，威尔逊的总结陈词是这样的："这可能是我生命中最紧张的一段旅程……电池糟透了，续驶里程太短。而且，如果你想买这样一款车，你的花费要高达 35 000 英镑。

威尔逊的心跳之旅当然只是表演。一些年后，《Top Gear》栏目组还会在试驾特斯拉 Model S 时做类似的事。但威尔逊想要传递的是这样一条信息：纯电动汽车 EV1 在能够符合更广泛用户需求前，还有很长一段路要走。

尽管威尔逊并不看好它，但对于一些加州人来说，EV1 可不仅仅只是一辆车而已。从技术层面看，它开起来很安静，它的续驶里程也是能够接受的，它的操控和加速性能，从 0 加速到 60 英里/小时只需约 8 秒，这在当时来说是达标的。但上述这些在它所代表的原始的象征性意义面前，都黯然失色。对 EV1 的支持者来说，它不仅仅是一辆车，还是一种理念的代表。它象征着这样一种承诺：美国汽车产业正设法结束美国依赖石油进口的时代，结束美国社会对化石燃料的依赖，并能够在快速发展的经济全球化过程中建立全新的、仍然勇立潮头的产业。

于是，当加州政府开始放松其监管力度时，通用汽车公司做出的让这类车"退出现役"的决定，很自然地就导致了一场舆论风暴。

是谁杀死了电动汽车？

在洛杉矶炽热的阳光下，一具没有生机的躯体被一块布紧紧裹住。不过这不是人的尸体，而是一台机器。几分钟前，一群电动 EV1 被停到了专门的停车场内，它们都被充满了电，可以开上公路尽情驰骋了，但它们再也不能动了。随后，它们被装到卡车上，送到通用汽车公司位于亚利桑那州梅萨市的试验场。在走完这段最后的旅程后，它们就在其前身——"冲击"概念车曾经进行路试的地方的不远处，被毫不客气地粉碎了。

数十名穿着黑色西服与裙子的加州人，面色阴沉地出现在 EV1 被粉碎的现场，这些富有的加州人是专程来悼念这批电动汽车的。活动组织者曾试图向通用汽车公司购买这些电动车，他们愿意为这批电动车支付 190 万美元，但该公司拒绝了他们的提议；因此，出席这场特别的"葬礼"是他们最后的抗争行为。这一幕，被收录到了纪录片《是谁杀死了电动汽车？》中，在美国引发了强烈关注。

事实上，被如此对待的不仅是通用汽车的 EV1，还包括丰田、本田和福特的电动汽车，它们都在新世纪的最初几年被拆解掉了。各汽车制造商为什么要粉碎它们最先进的民用车辆？这背后的事情引发了消费者最尖锐的对立和争论。

这场讨论中，支持发展电动汽车的一方，其代表人物是一位身材娇小的、红头发的女孩。她因在粉碎现场哭着给一辆 EV1 被拆解后形成的铁疙瘩献花而备受关注，她就是切尔西·塞克斯顿（Chelsea Sexton）。

17 岁那年，年轻的塞克斯顿走进了一家位于南加州的土星汽车经销商展厅买车。这是一位聪明、活泼、热情又漂亮的女孩，因此在她离开展厅时，她不仅拿着一套新的车钥匙，还得到了一份工作——她成为当时土星经销商体系中最年轻的店员。正因为自己太年轻了，所以塞克斯顿加倍努力地工作，以向经销商投资人证明自己。"一个年仅 17 岁的小姑娘来做汽车销售，你就必须要做双倍那么多的事，才会得到一半于男性销售的认可。"塞克斯顿回忆到。

到她 20 岁时，已有 3 年销售经验的她对通用汽车的电动汽车项目有了兴趣，于是要求加入 EV1 的销售团队。在经过一系列"美国偶像风格"的面试后，塞克斯顿成功入选。EV1 团队中的很多人认为，他们是一场交通革命的先锋，塞克斯顿也深深地爱上了自己的工作。这个年轻的团队一起工作、一起旅行、一起娱乐，所有的一切都是为了促进 EV1 的销售。他们一起度过了一段令人兴奋的时光。

因此，当通用汽车公司决定终止 EV1 项目时，塞克斯顿根本没有做好放手的准备。由于该公司终止了 EV1 项目，因此塞克斯顿失业了。但她仍为 EV1 工作，她的目标是让前雇主感到羞愧从而保留这个项目，至少也要保留这些车辆。她和一小群 EV1 的爱好者共同发起了一场运动，试图拯救通用汽车的电动汽车，以使其免于毁灭。

在她的努力下，许多人加入到这场运动中来，其中包括美国国家安全专家、前中央情报局负责人詹姆斯·伍尔西（James Woolsey），还有梅尔·吉布森（Mel Gibson）、丹尼·德维托（Danny DeVito）这样的影星，以及科学家、决策者、阴谋论者、环保工作者，以及喜欢电动汽车的很多人。这一团体的规模以令人惊讶的速度扩大着。

罪犯是谁

从个人角度出发，塞克斯顿认为，底特律的汽车公司从一开始就在破坏发展电动汽车的努力；而其他人的观点略有不同，认为也有另外的元凶。客观地说，在这些被指认的"元凶"中，一些确实破坏过电动汽车的发展，而另一些则是臆断的。

石油公司就被认为是元凶之一，因为加州的零排放汽车强制规定一经颁布，石油工业就开始发起各种讨论来反对电动汽车的商业化。它们支持的团体就曾提出了许多异议，但其中有一些是经不起推敲的。例如这种说法：推广电动汽车并没有考虑"社会公平"，因为穷人买不起。这种似是而非的提法，的确引起了那些捍卫社会公平人士的担忧，只是他们没有考虑过石油工业都做出过哪些不利于社会公平的行为。

在政治领域，美国共和党人越来越将沉迷于反对新的环保技术，反对在交通运输领域寻找石油的替代物。在美国国会，共和党人一再击退民主党人试图减少为那些购买如悍马这样的高耗油 SUV 车型的富人提供税收优惠的进攻尝试。通过这项优惠政策，那些购买最重的、燃油经济性最差的车型的人，最高可以享受 10 万美元的税收优惠。这项政策最初是为了帮助那些购买农用设备或购车用作汽车租赁用途的小企业主的，但后来却被用于购买悍马和其他大型 SUV。但共和党人就是不愿意做出改变。在行政领域，布什政府也在使用它的权力阻挠加州的零排放强制规定的实施。

此外，一些电动汽车领域的活动家也在攻击加州空气资源委员会（CARB），尤其是艾伦·劳埃德（Alan Lloyd），他曾在 1999—2003 年间任该委员会主席。劳埃德的职业生涯中有很长一段时间是在研究燃料电池技术，因此对业界关于氢动力汽车较纯电动汽车更有可能是汽车的未来的讨论，他持开放的态度。也正因为如此，劳埃德希望加州空气资源委员会能够把零排放汽车强制规定关注的重点从电动汽车转向更小众的氢燃料电池汽车。也因为这一点，他遭遇了全面抨击。

但更难以令人相信的是，曾经作为民用电动汽车商业化助产士的加州空气资源委员会，竟然改变立场了！当然，更精确的表述是，加州空气资源委员会正在重新调整它的策略。

在强制性规定颁布 10 年后，该委员会中的一些人也认为，应该将规则的关注点做一些调整了，这是因为有非常重要的证据显示它实施的强制性规定并没有达到效果。第一，虽已推广多年，但电动汽车的成本依旧那么高，续驶里程也还是个问题；第二，车用动力电池技术似乎也停滞不前，业界有许多对燃料电池的乐观看法（对燃料电池未来的看好，也有可能是华盛顿当局夸大其词的结果）。同时，该委员会内部的矛盾也有激化的趋势。长久以来，加州空气资源委员会内部一直都有分歧和不同意见，这很正常；但不正常的是，这些分歧竟然被泄露给了媒体和公众。

中立地看，加州空气资源委员会的确在过去的 10 年中犯过一些错误，其中既有技术问题，也有与不断增长的电动汽车爱好者的交流沟通问题。

首先，在 20 世纪 90 年代初的那几年，加州空气资源委员会在推动电动汽车发展方面走得太远，动作也太快了。接下来，当锂离子电池刚刚在市场上有所斩获时，该委员会却开始减轻对汽车厂商的压力。"你觉得你了解技术，你觉得你在科学领域是正确的，而普罗大众才只是刚刚知道而已。"玛丽·尼克尔斯在多年后评价加州空气资源委员会当时的工作说，"这种态度割裂了人们与电动汽车的情感因素，你不能这么做。"她认为，从根本上看并没有要谋害电动汽车的阴谋，它的失败是技术驱动的结果。

最终如何其实已不重要，不过对电动汽车被肢解这种状况，加州空气资源委员会看上去难辞其咎。

第八章
抓住中国的眼球

在加州空气资源委员会（CARB）退缩后，电动汽车在美国虽然并未死亡，但其发展势头的确没之前那么好了。尽管"黄金州"的电动汽车发展前景存在极大的不确定性，但有一件事是完全可以确定的：百余年来，汽车制造商们第一次严肃地对待电动汽车的研发和商业化问题。

通用汽车公司表示该公司已经在 EV1 项目上投入了 10 亿美元，而它只是参与其中的众多公司之一。它的许多同行都设计开发了纯电动版本的产品。比如福特汽车公司制造了电动版漫游者（Ranger）皮卡；丰田汽车公司开发了电动版RAV4，这款 SUV 在 2012 年时进行了升级，换装了来自特斯拉汽车的动力总成系统；本田汽车公司研发的电动汽车名字是 EV＋；日产汽车公司则发布了使用锂离子电池、续驶里程可达 125 英里的电动汽车概念车 Altra，并且还生产了一款超小型、造型充满未来感的两座跑车 Hyper－Mini。

当然，汽车厂商们并不是心甘情愿地制造这些车型的。它们之所以愿意这样做，是因为受到了来自加州空气资源委员会的明确的警告。

对通用汽车公司来说，通过发展纯电动汽车概念车"冲击"，它已经彰显了自己的领袖地位。但证明自己实力和价值的日子早已过去，由于电动汽车的市场并不大，因此竞争就不足以驱动汽车企业加快电动汽车的发展。在这种情况下，唯有政策，或者说唯有加州空气资源委员会，才是仅有的驱动企业进行电动汽车领域创新的力量。

该委员会的目的是给汽车厂商设立一个高要求，即为汽车产业设定长期的、清洁的汽车战略目标，但同时也允许企业在实践中有一定的灵活性，以便最大限度地将汽车厂商在这方面的潜力"挖"出来。加州的监管机构这么做并非完全是空想，因此加州空气资源委员会也没有设定那种最终会给产业带来毁灭性的打击，或者会导致不必要的惩罚的政策。但是，汽车厂商们的看法却恰恰相反，它们觉得加州空气资源委员会发布的零排放汽车强制规定就是惩罚性的、毁灭性的。这是该委员会不想要的结果。

在某种程度上，每一个汽车厂商都会与加州空气资源委员会拔刀相向，原因有如下三点。

第一点，美国当时还未出现明显的电动汽车市场，一些客户有兴趣不假，但愿意掏钱的并不多。丰田汽车北美公司的一位副总裁是如此总结这个问题的："有很多人对于电动版 RAV4 和普锐斯混合动力汽车都很有兴趣，但最终有 50% 的人选择了购买普锐斯，只有 1% 的人会为电动版 RAV4 花钱。"与此相对应的事实是，尽管丰田汽车公司花费了大量费用促销电动版 RAV4，但在它上市的第一周中，全美的丰田汽车经销商只售出了大约 50 辆。此后，该车每周的销量只在 5 辆上下。

第二点，每一辆电动汽车都是在汽车厂商提供大量补贴后出售的，这意味着企业每卖出一辆电动汽车就要损失大量利润。比如，许多人就相信丰田汽车公司在普锐斯上使用的镍氢电池是亏本买卖，而该公司之所以还要销售普锐斯，只是将这作为一种市场营销活动。而纯电动汽车所需的电池要更大、更贵，可想而知汽车企业的想法会是什么样。

第三点，当时发展电动汽车涉及的技术不仅仅是挑战，并且不是通过努力就可以克服的。比如适合现代纯电动汽车的锂离子电池，虽然其能量密度较之前的电池有巨大增加，但并没有发展成熟，还没到商业化应用的时期。

一方面是加州空气资源委员会坚持要推动电动汽车发展，另一方面是汽车工业决心抵制其发展，二者之间的公开对立就不可避免地出现了。

而此时，在地球的另一侧，一位名叫万钢的奥迪汽车工程师正走上历史舞台。

革命之路

与日本不同，中国此前并没有真正建立起自己的本土汽车工业。中国汽车工业几乎所有的技术都来自海外。它最早制造的卡车是基于苏联的莫斯科斯大林汽车制造厂生产的 4 吨军用车辆 ZIS 150 开发的，而这款车又是借鉴福特汽车早年的车型而来。

在 20 世纪 60 年代，当日本正疯狂地巩固其汽车厂商在规模和技术方面的竞争力时，中国则其在内陆地区按照苏联的标准建造汽车工厂，以应对来自外国的军事打击。

20 世纪 70 年代，中国启动经济改革后，北京汽车工业集团与处于挣扎中的美国汽车公司——悍马和吉普的制造商——合资结成制造伙伴关系。这次合资开启了更多的中外合资公司来临的时代。这种制造伙伴关系——外国厂商提供汽车技术和制造经验，以换取中国市场——统治着从 20 世纪 80 年代到 2010 年前后的中国汽车市场。外国公司担心过合资会使它们的中方伙伴获得技术，但中国市场的潜力实在是太大了，于是它们仍一个接一个地来到中国。

随着改革的推进，中国开始由计划经济走向市场经济，许多地方政府开始兴建自己的汽车企业，其中有一些是建立在老式的苏联工厂基础之上的。但这些工厂的产品并不合格，早期的柴油汽车的发动机只有一个气缸，而那时美国或欧洲已用上六缸机、八缸机，乃至十缸机，这种车排放的是黑烟，被称为"墨鱼车"。同时，中国市场的规模也没有达到大批量的水平。2000 年时，中国生产的汽车总量略少于西班牙，后者当年生产了约 60 万辆。但是到了第二年，中国汽车的销量就开始井喷了。

中国加入世界贸易组织是一个重要的转折点。世界贸易组织其本质是一系列国际贸易协议，世界贸易组织将会禁止其他国家歧视中国的出口商品，作为交换，中国也有义务承诺减少自己对外国商品设立的进口壁垒，并推动其他多种经济改革。这些措施使得中国成为对外国直接投资非常有吸引力的目的地，来自美国、日本、欧盟的投资人于是将大量资金投入到中国经济中。

关税的大幅度下调迫使中国国内的汽车厂商降低产品售价，以便能够与进口汽车抗衡。对中国本土厂商来说，降价不是好事，但却引发了意想不到的好处：降价对销售的刺激作用并不是线性的，价格上的一次小小下调就引发了销量的激增。当某一家企业将售价降低20%后，下个月它的销量就增加了900%。2002年，中国宏观经济增速是非常健康的9.1%，但汽车销量却飙升到惊人的37%。

从2002年开始，中国汽车市场容量快速增加。银行贷款政策为企业提供了低成本的资金，使得中国汽车制造商，尤其是大型国有企业，能够以极低的贷款成本筹资新建工厂。其结果是，中国在制造能力上快速跟上并超过西方国家，成为新的世界工厂。

虽然中国的水泥、钢铁和汽车的生产能力，甚至其市场规模，都超过了西方国家，但它的技术并未跟上。在中国制造和销售的汽车，几乎都是由西方国家的企业设计的，并在其中外合资企业中制造。中国本土企业需要发展美学审美眼光，以及控制产品质量与运营供应链的智慧，还需要发展测试产品耐久性与强度的专业能力，以及数十项其他的相似能力。

上述的能力和技术中没有哪一条是可以买到或自己琢磨出来的。高质量的汽车是结合专业设计、完美的工艺以及大量外包供应商合作的产物。数以千计的离散元素被整合在一起，每一次都必须完美。这是隐藏在日本汽车制造体系之后的天赋，是它们在全球取得成功的关键。中国在这些方面都有所欠缺。于是，中国领导人开始听到这样的抱怨：中国汽车工业大而不强。

那个时候，万钢已在德国求学和工作了10年之久，但他的心已经开始回到了国内。他之前曾多次率领奥迪公司的代表团到中国，奥迪公司在中国的市场表现也非常好——一辆黑色的奥迪汽车已可作为中国精英阶层的名片了。

当年的中国正处于转型的边缘，这一次的转变将会产生长远的影响。在之前的 20 年里，中国多次试图发展其落后的汽车产业，而万钢想要加入到这一过程中去。对中国来说，总是依赖从日本或西方国家引进和购买技术，是一种天大的耻辱。

因此，万钢认为有一件更大的事情要发生。

赶超：万钢的成长、教育和工作

万钢的行业洞察力、个人魅力、机智和与生俱来的"敢想"的意愿等因素共同作用，使他成了中国的科技部部长。他是数以千计的中国工程师中的一员，他们到国外学习工程技术，并深入到西方先进的汽车企业中。这批工程师为中国的科技发展做出重要的贡献。万钢是其中的一员，但他看上去具有一些与其他人不同的、无形的特质：他有本事化腐朽为神奇。

万钢的青少年时期正处"文革"中，他同数百万年轻人一样，从上海去往一个没有电力和像样的道路的农村，一待就是 8 年。而他在此期间努力实践着电气工程、基础设施和发动机技术。他帮助当地建立了一家医院，并组装了一台发电机。万钢和他的 20 位同伴一起，用自己的双手为所在的农村构建了一个电网。

万钢还凭一己之力制造了一个具有特殊用途的设备：拖拉机。他在一个工棚里花费了很长时间拆卸和组装拖拉机的内燃机。这就是他的教科书、他的导师和爱好。在农村的那些年，他除了了解发动机方面的知识，还掌握了怎么样在一无所有的情况下制造出一些东西。这对一位志向高远的工程师来说，是一项非常有用的技能。

"文化大革命"结束后，万钢回到上海，考入同济大学读书。在研究生阶段，他前往德国，在克劳斯塔尔工业大学就读，学到了一些世界上最先进的汽车课程。当他毕业时，万钢收到了至少 6 家汽车企业的工作邀请，包括梅赛德斯－奔驰、宝马汽车和大众汽车等公司。不过他选择了奥迪汽车公司——所有有意招揽他的企业中规模最小的一家。但正因为小，所以能够给他更多的成长机会。

最初，万钢在奥迪汽车公司的车辆开发部工作。但这家公司在员工职位晋升方面有一个不成文的规定：如果你想晋升，就必须有在不同部门工作的履历。于是后来他转入了涂装的一个项目组，这个团队每天要为 2000 辆车实施涂装。尽管涂装听起来很简单，但其实不然。万钢所在的团队使用了最先进的机器人，这些机器人应用了最先进的环境友好型技术，因此不仅引起了奥迪汽车公司管理层的注意，更引起了德国和其他国家政治家的关注。

随后，万钢晋升到奥迪汽车公司的中央规划部门，这给了他全面了解该公司总体生产过程的机会。奥迪汽车公司的生产线使用了 1400 个机器人，每 62 秒可以制造出一辆汽车。这条生产线堪称现代的工程奇迹。

在全球最有活力的一家汽车公司的核心部门，顺利地晋升到中层职位后，万钢开始在德国的母校克劳斯塔尔工业大学任客座教授，并成功地保留了在奥迪汽车公司的职位。

此时，中国汽车市场的消费热潮就要来了。随着中国汽车社会进程的推进，一系列棘手的社会、经济和环境问题也出现了，正如日本和美国所经历过的那样。石油进口量会急剧增加，空气质量会恶化。事实上，中国庞大的人口基数意味着这类问题只会比其他国家更严重，这是不可忍受的。

2001 年的一天，当万钢被要求接待一个中国政府的代表团时，改变其命运的转折点到来了。万钢既是大学教授，又是企业管理人员，还是中国人，由他主持接待高级别的中国客人，是一个水到渠成的选择。他此前曾多次扮演过类似的角色。但这一次接待任务的结果，却比任何人想象的都要大。

时任中国科技部部长的徐冠华，早就开始寻找一个潜在的解决方案，以应对前述的中国由于机动车保有量增加而带来的一系列问题，也就是当时困扰万钢的问题。万钢在陪同徐冠华的过程中，抓住机会向徐冠华介绍了他认为可以解决中国即将出现的"汽车病"的计划，以及解决技术落后、石油进口、北京的空气污染问题和气候变化等有关问题。该计划的关键是，中国应该设法越过内燃机阶段，想办法超越西方国家，构建全球最先进、最清洁的汽车产业。

考虑到中国正在重化工业化的经济，石油进口、对外技术依赖，雾霾和气候变化等，都是巨大的挑战。万钢提出，电动汽车足以解决上述所有问题。

对徐冠华而言，万钢是一个有说服力的角色：他在海外多年，还在德国汽车工业的核心部门工作。万钢告诉徐冠华，他在工作中注意到，其他国家已经开始研究用动力电池驱动的车辆来替代燃油车。他还说，在世纪之交时，中国的石油消耗量是人均每年消耗一桶，而在像日本这样的发达国家，这一数值是 15 桶，美国更是超过了 20 桶。如果中国也达到那种水平，意味着仅需 1 年就会把中国已知的全部可采原油储量全部消耗掉。

或许他的计划中最有说服力的部分是，中国届时将有机会与全球竞争者处于同一起跑线上。奔向电动汽车的全球竞赛才刚刚开始，如果中国迅速而果断地抓住机会，它就有机会加入竞争，避免再一次陷入技术落后的境地。

徐冠华和其科技部的同事绝大多数都是工程师出身，万钢确定这些人能够理解前述的环境挑战和资源限制。

以荣耀替代耻辱

很快，徐冠华便安排万钢向中国的领导层汇报他的想法。万钢的内心此时正燃烧着强烈的、止不住的热火。他明白，如果他表现得当，那么只需要很短一段时间，他就将有机会推动中国历史的进程。

那天以后，万钢匆忙回国了。一个广为流传的故事版本是，他还没有找到下一份工作就回国了，回国后只是临时住进了他母亲在上海的房子里。但现在回想起来，此举更像是已经做出了一个决定——事实上，是很多决定。

时年 49 岁的奥迪汽车公司工程师回国后立刻被安排在同济大学任教授，并负责一个发展先进汽车技术的政府项目。基于万钢对于汽车产业的战略眼光，中国领导层做出了发展更快速、更便宜和规模更大的"新能源汽车"的决定。通过大量的资金和政策支持，中国电动汽车的发展开始起步。

有一点是显而易见的，汽车产业必须依靠政府支持，也就是需要产业政策。自亨利·福特年代开始，就没有一个国家的汽车工业在没有某种程度的政府干预的前提下发展并具备国际竞争力的。

美国的创新政策是建立在联邦研究与发展、安全标准和燃油经济性法律、环保监管政策，以及故意削减公共交通数量、道路和其他与汽车有关的基础设施建设，还有持续干预中东地区局势以获取廉价石油等因素基础之上的。日本政府做的则是引导技术发展方向，控制外汇汇率，并向其汽车厂商提供贷款，这些都成功地帮助了日本企业赶上并超过了美国这个竞争对手。类似的事情，在欧洲各主要经济体和韩国也都发生过。

但这种努力是很容易犯错误的。比如，以行业整合之名，日本的政策规划者差一点就把本田汽车公司拒之于汽车生产企业之外。一旦发生这种事，就会对日本汽车产业在排放和燃油经济性等方面参与国际竞争造成巨大伤害。在世界的另一端，巴西要求汽车必须本地化制造的政策，导致该国出产的汽车非常昂贵，质量又差。同样，电动汽车"弯道超车"的想法是超过而不仅仅是赶上，这又给这种挑战增加了新的维度。

但是中国人知道，政府和市场有很大的潜力产生转变，在之前20年间他们已经见证过了这样的转变。世界是变化的，中国有机会在这种转变中做先锋。

中国已经站在了关系到下一个，甚至可能是最后一个大竞赛的起跑线上。他们希望，如果自己跑得足够努力，就有可能取得这样一种胜利：以荣耀替代耻辱，洗刷前一个世纪的屈辱。

从这一点看，发展电动汽车的战略可以一试。

第九章
海归、航天飞机和氢经济

在 20 世纪的最后几十年中，加州空气资源委员会（CARB）曾成功地刺激并推动了全球在汽车尾气污染控制方面的革命，其具体做法就是为汽车企业设定它们必须达到的尾气排放标准及时间。在零排放汽车强制规定之前，尽管绝大多数汽车生产厂商每回都表示标准不可能实现，但加州空气资源委员会设定的标准却次次都能顺利实施。只是现在看起来，新世纪前后的电池技术发展真的还无法满足纯电动汽车使用的需要，该委员会此前屡试不爽的强行推动的做法这次也行不通了。

因此，在实施了近 10 年的技术驱动政策策略后，加州的监管机构开始考虑实现清洁汽车终极目标的其他可能性。这样一来，虽然"黄金州"实现零排放汽车的目标仍然存在，但实现它的路径却变得不清晰了。不过，尽管萨克拉门托方面已经对其零排放法规有了一些战术性调整，较之前放松了许多，但其零排放汽车计划还在以惯性影响着全球经济，对推动国际汽车产业向前发展起到了强有力的继发效应。在这些效应中，没有什么比它施加给日本和中国的竞争者的作用更重要的了。

全心全意

在 21 世纪最初的几年中，加州政府还是全球汽车产业发展范式中最重要的、可见的推动力量，是推动全球汽车产业竞争向前的力量。因此，当加州空气资源委员会在 2001 年决定放松对零排放车辆强制规定的实施要求，允许汽车生产企业用更高燃油经济性的车型来代替电动汽车时，人们原本期待的是该决定会让汽车工业休整一下，尤其是底特律的汽车企业，以更好地向前进发。但是汽车厂商并没有接受加州空气资源委员会的新政策，它们反而猛烈地回击。

汽车企业的管理者们认为，这是一次永久性结束加州这一惹人厌恶的强制规定的好机会。通用汽车公司领衔了对加州空气资源委员会的诉讼，但一位联邦法官拒绝了它们的诉讼，理由是通用汽车公司不能提出还没有生效的规定对自身造成了伤害。于是该公司撤诉，开始等待这项规定生效，以便再次起诉。

2002 年 6 月，通用汽车公司赢得了对加州政府实施的零排放汽车强制规定的诉讼胜利。从短期看，该公司的此次胜利是卓有成效的。但实际上，此举是很典型的对美国汽车工业有百害而无一利的行为。它在战术上是有效的，但却非常鲁莽，而且造成了这样一种副作用——许多对通用汽车公司而言重要的支持者都对它产生了疏远感。

从优化季度财务回报的角度，或者从仅仅一个产品开发周期的角度看，通用汽车公司起诉加州零排放车辆计划的努力无疑满是优点。毕竟，基础设施是一个问题，汽车企业已有的、围绕着内燃机构建的厂房设备的投资是极大的，而从零开始对电池等设备再进行有关投资实在是太费钱了。此外，从技术层面看，可用于汽车使用的电池的体积太大，会使车辆变得很笨重。

在上述因素的综合作用下，作为一个创新产业，电动汽车在当时成为"超前技术"的代名词，也就是还没有找到市场的技术。对企业来说，"前沿技术"是那些正在进行商业化的技术，企业往往都避免率先使用前沿技术，而宁愿等待，直到市场被证明是存在的再行动，它们宁肯争取成为"强有力的第二名"或者"强有力的跟随者"。因此，"超前技术"的商业化前景可想而知。

对通用汽车公司而言，该公司之所以致力于对抗加州空气资源委员会，其底层逻辑是认为加州空气资源委员会的许多政策是导致丰田汽车公司和日产汽车公司等日本企业在过去很多年里实现扩展，削弱其市场份额的主要原因。该公司忽略了零排放汽车强制规定是有许多实际好处的，比如它有利于实现企业的技术多元化，还是应对 21 世纪研发体系及新的交通体系的设计的投资；同样重要的是，它是与普罗大众有关的话题。

尽管电动汽车还没有实现大批量销售，但是电动汽车无污染，可以帮助美国摆脱对外石油依赖的想法是非常受欢迎的。在开发出"太阳射线号"太阳能汽车和 EV1 电动汽车后，通用汽车公司一度被视为创新型的美国公司，但它拆解 EV1 等行为又使其很快变成了"扼杀了电动汽车"的小人。而这一次它与加州空气资源委员会的高调战斗，则进一步固化了该公司在许多美国人心目中的负面形象。

当丰田汽车公司在混合动力领域投入巨资时，底特律还依靠着悍马、凯雷德（Escalades）、萨博班（Suburbans）等高污染的、高油耗的大型车，以及一些电动汽车来保证自己的利润。因此通用汽车公司与加州空气资源委员会的诉讼，被认为是一种赤裸裸的保护其商业模式的伎俩。美国的汽车厂商被视为麻烦的一部分，而不是麻烦产生的结果。对此，亦有有识之士感到后悔，例如一位通用汽车公司的高管在数年后就这样评价当时的行为："我们不想依靠工程师，而是想依靠律师解决问题。"

2003 年时，美国加州空气资源委员会与汽车制造商在另一场诉讼中达成和解，再一次延后零排放车辆强制规定的实施时间，并进一步弱化了该规定，允许用更少的燃料电池车辆作为纯电动汽车的替代物。

对于通用汽车公司来说，情况越来越好了，但对美国制造的电动汽车来说却并非如此。事实上在那段时间里，美国每一件与发展电动汽车有关的事看上去都彻头彻尾地错了。

用电自由

影响电动汽车发展的情况并非仅出现在加州。在华盛顿特区，美国能源部及其附属的各个国家级实验室也做了同样的事情。

在布什总统任内，前任总统克林顿主导的新一代汽车伙伴计划（PNGV）被弃如敝屣，取而代之的是一个完全不同的野蛮计划："自由汽车"，而它是更大的"自由计划"项目的一部分。

在遭遇"9·11"恐怖袭击后，布什政府将"自由"这个词异化为任何支持他的政策的行为。为了"自由"，美国政府可以入侵伊拉克和阿富汗，可以减税，可以改变一个研发项目的重点。对行政机构来说，支持"自由"同样重要，因为布什总统早已明确了一点：如果你不为了"自由"，你就是反对"自由"。

美国能源部的官员们不愿意被划分到错误的"自由"那一边，于是他们赶紧设计出了一种新的方案，以免自己的项目在潜在的预算削减中落选。在克林顿政府时期，鼓励发展混合动力汽车和电动汽车的原因看上去是不言自明的：因为从实现环保目标，到降低对石油的需要量，再到提升美国汽车制造商的竞争力，这么做是有用的。但是现在，美国能源部被迫在四个"自由"的基础上捍卫它的汽车研究成果。其中两个还是相对有争议的："免受污染物排放影响的自由"，以及"免受原油进口依赖的自由"。

在过去一些年里，第一个目标常被称为"环境政策"，现在它成了一种"自由"；第二种"自由"则是美国联邦政府常说的"能源独立"政策的另一种说法。因此，称它们为"自由"，只是用布什政府的话语体系重新表述了一次而已，没有什么新鲜的。

但另两种"自由"则生动地阐释了布什总统概念中的"自由汽车"是怎样表达了这届政府在看待能源和交通运输政策问题上的特定视角的。

其一是"让美国人民拥有选择他们想开哪种车的自由，想开到哪儿就开到哪儿的自由，以及想什么时候开就什么时候开的自由"。这是一种文字游戏，意在反对加州提出的零排放汽车强制规定和鼓励电动汽车发展的政策。首先，零排放汽车强制规定以及要求更高燃油经济性的其他规定，被视为政府试图告诉公民们他们应该开什么样的车。其次，电动汽车的续驶里程短就意味着会抑制美国人民"想开到哪儿就开到哪儿"的"自由"。最后，开电动汽车的人需要花很长的时间充电，这就是对"想什么时候开就什么时候开"的"自由"的侵犯。在布什政府看来，如果美国人都想要开油耗高达 8 英里/加仑的悍马，就有必要配齐所需的加油站，并让他们买到这款车。

最后一种"自由"是"可方便快捷地、可负担得起地获得燃料的自由"。毫无疑问，这又是对电动汽车慢充问题的挑战。这是对汽油价格会始终在低位的判断，而要想让油价处于低位，则毫无疑问要与"自由汽车"计划拟实现的"免受原油进口依赖的自由"对着干。

整个"自由计划"项目就是个文字游戏，而且许多子项目之间是对立且格格不入的。实质上，所有这些"自由"都意味着美国联邦政府的研究项目要从车用动力电池和混合动力系统上移开，转而越来越多地关注提高内燃机的燃烧效率，以及促进氢燃料电池发展的长期目标。

这种转变给了电动汽车爱好者诸多心痛的理由。最明显的是，整个程序都是建立在支持化石燃料基础上的，因为内燃机依靠汽油或柴油驱动，这基本上就意味着要用石油；而燃料电池用的是氢，这是可以从天然气或煤炭中提纯而来。这种改变还可以在"新一代汽车合作伙伴"计划（现在是"自由汽车"计划）的组成成员的变化中得到证明：前者的成员是汽车企业；而到 2005 年，后者的成员已经扩展到了埃克森美孚公司（Exxon Mobil）、英国石油公司（BP）、壳牌石油公司（Shell Hydrogen）和康菲石油公司（Conoco Phillips）。

对于阴谋论者来说，这种变化是最好的话柄和理由。一些人认为将石油企业包括进去对该项目是幸事，另一些人则认为这是邪恶的阴谋。后者认为，让石油公司加入汽车业燃油经济性改善的研发努力中，就像让狐狸进入鸡舍一样。

万钢和中国的海归们

华盛顿向燃料电池汽车的政策转向，给全球汽车制造商和研究机构传递了一个非常有误导性的信号。没有人想逆技术潮流而动。

在中国，发展电动汽车的计划势头变得缓慢而不确定。在万钢向中国的最高领导层汇报之前，中国的科技部已经在该国南方的南澳岛上启动了一个电动汽车试验项目，有一个电动汽车车队正在运行，以收集数据。只是这个项目很难被称为"中国的"电动汽车研究项目。因为车队里的绝大多数车辆都是进口的，是用于满足美国加利福尼亚州标准的外国汽车，但也有一些中国国产汽车。

此外，位于北京的清华大学里也有一个 16 座电动客车的车队正在运行。但制造客车要比制造轿车容易很多。第一，客车有更多的空间来容纳电池，这意味着对电池能量密度的要求无须那么高，对设计的要求也不需要那么精细；第二，客车的运行线路是固定的，速度也相对较低，这使得它在工程上不需要考虑续驶里程问题或驾驶条件问题。这就是中国当时在电动汽车领域所能做的一切。

万钢有个更宏大的想法。

进入新世纪后，中国惊人的经济增长吸引了大批留学生回国（在中国将这些人称为"海归"）。这些人在中国汽车产业的现代化进程中起到了关键作用；到目前为止，其中最具影响力的海归之一，正是万钢。

某种程度上，万钢的海归故事是非常有代表性的。他出国学习汽车工程技术，毕业后在一家外国公司谋到了一个技术性的岗位，获得了很好的声誉。

但当万钢回国后，他的故事就和典型的海归的经历大不相同了，他走上了从政之路。他向中国最高领导层所做的"新能源汽车"项目的汇报，与中国的技术驱动产业发展的政策相契合。在他的愿景中，汽车应该被调入中国孵化关键前沿技术的项目——"863 计划"。这是一个他可以在此后几年大展身手的舞台。

"863 计划"

"863 计划"的全称是"国家高技术研究发展计划"，但大多数中国人将其简称为"863 计划"是因为它发轫于 1986 年 3 月。当时，中国四位顶级科学家王大珩、王淦昌、杨嘉墀和陈芳允向国家提交了题为"关于跟踪研究外国战略性高技术发展的建议"的报告。这份报告的结论是：中国的技术已经严重落后于西方国家。

这个并不令人吃惊的评价对当时的中国来说还是很尴尬的。于是，中国国务院对关键工业领域设定了积极的科研和商业化项目，这其中就包括生物科技、机器人、深海勘查、光学，以及汽车业。

"863 计划"的一个关键目标并不是发展新技术，而是在不依靠外力的基础上发展它们。为此，中国在科研者、大学和企业上投入了大量资金，在头 20 年的投资达到近 500 亿美元。

尽管最初的目标是促进中国的科技进步，但没过多久，"863 计划"也成为中国国力进步的象征。

2003 年 10 月 16 日清晨，中国"863 计划"皇冠上的明珠——神舟五号载人飞船从太空返回，成功地降落在内蒙古草原上。神舟五号在绕地轨道上 21 小时的旅行使中国成为历史上第三个独立掌握载人航天技术的国家。当返回舱舱门打开时，身着太空服的航天员杨利伟热情地笑着。一面红色的国旗在他雪白的航天服上，构成了国家自豪的图片。"我感觉很好。"他之前在太空中这样对他的妻子和任务指挥人员说。

某些同样的精神也在激励着中国的电动汽车项目。汽车是实实在在、技术密集型的产品，能够作为体现工业化国家的技术和水平的标志。中国想要出现在汽车技术的前沿，就必须掌握底特律、慕尼黑和东京的潮流与趋势。

寻找"替代物"

在 21 世纪初，在关注到美国政府对燃料电池的痴迷，中国汽车界开始对这项技术产生了浓厚的兴趣，并不知疲倦地开始研究。2003 年，万钢在接受某次采访时说："中国对石油的使用率正逐年增加。据统计，每年大约有 40% 的石油被用于交通运输领域。"在谈及燃料电池技术时，他补充道："我们可以找到一些替代能源。如果找到了，我们就可以节省下那一部分能源，还可以保护环境。"

对于燃料电池的缺点，万钢表示是成本。但他预计，燃料电池的成本可能只会比标准内燃机的成本高大约 20%。

但实际上，燃料电池高于内燃机的那部分成本远不止 20%，这使得它的绝大多数支持者都受到了冲击，只是这其中不包括万钢。2003 年，万钢从同济大学新能源汽车工程中心主任升任到同济大学副校长；此后不到一年，他又升任同济大学校长。

此时，在日本和美国，发生了一些了不起的事情。人们发现汽车业真正有前途的根本不是燃料电池，依然是动力电池。

20 世纪 90 年底推出的第一代丰田普锐斯是一款造型平庸的车型，其动力性不好，销量更差，或许被造出来更多的原因是用于满足技术好奇心。很自然，它在市场上很难引起消费者的注意。但是这款不幸的小车在 21 世纪初被重新设计了。新一代的普锐斯更大、动力更强，造型也很独特，并且符合空气动力学要求。重新设计过的普锐斯仿佛在说："我和你们都不像，因为我代表着未来。"它的销量也要放量增长了。

当第二代丰田普锐斯登陆美国市场后，反响很大。北汽新能源汽车公司首席技术官 Frank Liao 回忆道："它引发了一场轰动。"随着混合动力汽车销量的增加，尤其是汽油价格的不断提高，汽车产业的未来忽然就明朗了：这不会是燃料电池汽车的年代，这不会是电动化的年代。丰田汽车的豪赌得到了回报，因为汽车产业就要进入混合动力汽车的时代了。

第十章
疯狂的姊川文彦

当中国汽车企业在试图找到技术突破口时，当美国汽车厂家在与加州空气资源委员会（CARB）较劲时，日本的汽车公司正在关注如何保持自己在产品质量、价值和技术等方面的领导优势。

日本的汽车公司对与政府对抗的事情没兴趣，尤其是在美国。于是当美国汽车厂家在和政府斗法时，丰田汽车、本田汽车和其他的日本汽车企业则坐在一边，以最被动的观察者的角色看着它们的同行。当布什政府的"自由汽车"计划实施后，日本汽车企业非常高兴地开始研究燃料电池技术。但每一家日本汽车制造商在技术领域都有着自己的独门秘籍，它们因而无须利用"自由汽车"计划来驱动自己的研究机构。他们开始研究燃料电池技术，只是为了能够跟上当时的汽车趋势而已。

比如本田汽车公司，前文说到过，该企业是加州空气资源委员会的宠儿。这并非是贬义词，因为作为一家发动机公司，它具有极高的专业性，不管加州空气资源委员会何时扔给本田汽车公司一个技术挑战，本田汽车公司的工程师们都会勇敢地站出来，把一切挡在他们前进道路上的障碍都移走。他们始终都会勇往直前，除非他们确信某一前景真的是毫无可能实现。

在加州，本田汽车公司在混合动力汽车市场上甚至击败了丰田汽车公司，本田汽车公司的混合动力汽车 Insight 在美国的上市时间要早于丰田普锐斯。只是从根本上说，本田汽车公司的核心还是专注于建造世界上最好的发动机。在发动机领域，没有一家公司能够在质量、技术和价值的结合方面，与本田汽车公司相媲美，丰田也不例外。

又比如丰田汽车公司，已成为混合动力汽车时代的领导者。在许多事件的共同作用下，该公司成功地从一个过程导向、注重价值的汽车生产商转变成了世界先进动力总成领域的技术领导者，也是全球汽车产业界最受尊重的公司之一。得益于这一点，丰田汽车公司一直是媒体的宠儿。而且很快地，它颇为自得的协同驱动技术，也就是混合动力汽车普锐斯使用的技术，将会被用在该公司的其他车型上。

单纯从技术角度来看，日产汽车公司并没有特别之处，但在某种程度上，该公司是"性能"的代名词。它的旗舰车型是"天际线 GT-R"，一款甚至都没有在美国市场销售的传奇赛车。日产汽车天际线系列（Skyline）车型的最高车速很高，高到离谱，并不省油，因此该公司并未被视为环保领域的冠军。尽管如此，同为日本汽车厂商，日产汽车还是从丰田汽车、本田汽车头顶的"环保光环"处受益。丰田和本田得到这个光环，是因为它们在燃油经济性、排放和混合动力技术方面的开创性成绩。

每一家日本汽车企业都有自己的特点、专长和独特的企业基因，但很多美国人习惯于把它们都混为一谈。客观地说，这些日本汽车厂商确实在一些方面是相同的。第一，在 2000 年前后，它们对开发电动汽车都没什么兴趣；第二，它们对与加州的监管机构对抗的兴趣更少。因为这些企业很清楚，自己在环保领域得到的信任是很宝贵的，而类似的对抗只会损害这种信任，得不偿失。

在日本国内，日本汽车厂商在被问到是否要发展电动汽车时，许多时候是以另一个问题反问的："我们真的需要电动汽车吗？要知道，普锐斯的油耗已经达到 40 英里/加仑⊖，甚至 50 英里/加仑了！"

⊖　在美国，衡量汽车油耗的单位为英里/加仑（mile per gallon，MPG），即 1 加仑油能行驶的英里数，该数值越大说明油耗越低。1MPG 约为 235 公里/升。

2001 年，之前的数十年里一直推动日本汽车产业发展的日本通商产业省（MITI）被一个新的机构——经济产业省（METI）所替代。为推动混合动力汽车的发展，经济产业者为其提供了高额补贴。当然，考虑到补贴标准是按照丰田汽车公司生产的混合动力汽车的技术标准设定的，所以这相当于是在补贴丰田汽车公司。事实上，丰田汽车公司在这一领域已经如此领先于其他厂商，使得汽车业其他竞争者的任务变得非常简单：那就是紧跟上丰田汽车公司。

简而言之，在没有类似加州空气资源委员会这样的监管机构的强制推动下，看上去很确定的一点是，日本不可能会发展电动汽车。

但有一位日本工程师并不认同这种可能性，他就是姊川文彦，就职于日本最大的电力企业和核能供应商——东京电力公司（Tokyo Electric Power Company，TEPCO）。

他之所以不认同，可能是因为他并不是在汽车企业工作，而是在一家能源企业工作。推动姊川文彦思考在日本发展电动汽车的可行性的动力，是这样可更好地在日本发展核能。

尽管日本社会中的很多人以一种怀疑的，甚至是敌视的眼光看待核能，但姊川文彦不一样。在核能领域，他看到了解决日本能源安全问题和环境保护问题的路径。经过几十年的发展，核能已是日本电力系统中不可或缺的一部分。而姊川文彦认为，对核能的应用还能更进一步，尤其在交通运输领域潜力更大。

但即便是东京电力公司，也不可能独力推动这个愿景实现。要想更多地应用核能，需要得到日本社会各个阶层和各种利益相关者的支持才行，这其中就包括中央政府官员、工业企业和地方政府官员，尽管普通民众也是重要的一环，但他们是那种注定很难影响的群体。不过，在姊川文彦的愿景里，只要方法得当，上述群体都可能赞成他的想法。他设想的关键，是开发使用核能的汽车——电动汽车。

一旦电动汽车成为主流，姊川文彦推断，他就可以说服那些对核能利用持小心谨慎态度的普通民众，让他们知道，依靠国内的核能要比依靠来自海外的石油更可靠：日本进口原油主要来自中东国家和俄罗斯，前者的局势不稳定，后者则与日本有领土争端。

对姊川文彦而言，有一件事儿是不容置疑的：混合动力汽车不能让他的梦想成为现实。因此，尽管日本正在推进混合动力汽车革命，尽管胜算很小，但他还是决定设法在日本推广电动汽车。这是个大胆的想法，大胆到难以让他人接受，他的同事们都称他为"疯狂的姊川文彦"。

福岛核电站长长的影子

但在日本，发展核能并不容易，因为原子弹。这导致日本民众普遍"谈核色变"，他们排斥与核有关的一切事物：他们不喜欢核弹，不喜欢核航母、核潜艇，他们也不喜欢核电，但姊川文彦不同。20 世纪 70 年代爆发的能源危机使姊川文彦拥有并坚定地拥有这样的理念：只有核能才能让日本免受中东产油国的影响。

作为一名核工程师，姊川文彦毕生都充满热情地进行原子能研究。他的学业、事业，乃至他的家庭生活都贯穿着这种激情。当然，在他还是个年轻人时，就意识到日本的核能利用机构需要找到创造性的方式来与民众沟通，将核能的优点让普通大众知晓。为此，他们需要进行艰苦的战斗。

姊川文彦在东京电力公司（TEPCO）的第一个岗位是在日本东北部福岛第一核电站工作，负责核反应堆和核燃料的安全工作，为期 3 年。该核电站的反应堆是老式的⊖，缺少一些新核电站具有的安全设计，但这并没有烦扰到他。

事实上，姊川文彦喜欢在福岛工作。这座城市很小，充满乡土气息，周边都是农场和稻田，这让他回忆起自己长大的家乡。在日文中，这种场景有个专有名

⊖　福岛第一核电站是 1971 年开始运转的，它与其他 20 世纪 70 年代投入使用的核电站一样，都面对一个共同的问题：应对严重事故的措施比较薄弱。这是因为当时主流的看法是，发生堆芯熔化和放射性物质大量向环境释放这类严重事故的可能性很小，不必把预防和缓解严重事故的设施作为设计上必须的要求。——译者注

词："田舍"（inaka）。姊川文彦很好地适应了这种田舍生活，并在福岛结婚生子，抚养孩子们在福岛核电站的影子下成长。但最终，姊川文彦被召回东京本部，新的岗位职责依然是关注核反应堆的安全，负责管理公司各个核电站。

核电站的工作原理可以简述为：核反应堆通过核裂变产生热量，正是这个过程中放出的热量推动电站发电。输出的电能点亮繁华市区的灯光，让办公楼有电可用，让工厂的生产线启动。不过，这些核反应堆也并不是有百利而无一害的，它们发生核裂变反应时的能量如此巨大，如果失控就将会摧毁文明。它们是美丽的、非线性的，也是可能失控的。

在 20 世纪 80 年代，核反应堆的安全问题是个热门话题。因为在 1979 年，美国宾夕法尼亚州哈里斯堡（Harrisburg）附近的三里岛（Three Mile Island）核电站险些发生事故，其反应堆在失控前的最后一刻自动停堆。但这也警示人们，利用铀发电是有着潜在的、巨大的风险的。虽然没有人在三里岛事故中受伤，但危机期间反应堆距离失控造成故障和灾难仅一线之隔。而如果说三里岛核电站造成的只是恐慌，那么乌克兰切尔诺贝利核事故的后果则是致命的。1986 年 4 月发生的切尔诺贝利核事故证明，核能是可以摧毁生命和财产安全的，并使核电站周边区域世代被污染。

而在日本，应用核能时的安全问题还受另 3 个外部因素所威胁：地震、台风与海啸。

地震、台风是日本社会生活的一部分，因此就像日本的房屋在建造时要特别考虑这两个自然灾害一样，日本的核电站在建造时也不得不考虑它们。但此外，还有一个与地震有关联的威胁，如果地震在大海里发生，就会引发海啸。但海啸问题并没有被置于所有因素之前，毕竟，具有毁灭性威力的海啸发生的可能性实在是太低了，罕见到人们不自觉地忽视了它。不过在东京电力公司建造的核电站附近，日本还是修筑了海堤来应对这些有可能出现的灾难。

尽管日本坐落于地震高发地带，但该国还是大规模地应用核能，并为核设施配备了很高的安全等级。受益于此，在过去几十年中，日本既没有遭遇三里岛那样的恐慌，更没有遭遇切尔诺贝利那样的真实危机。其核部门只在 1999 年发生过一次铀处理事故，导致 2 名工人死亡，并使约 400 人受到低剂量的核辐射。毫无疑问，这是一起严重的事故，但并未打破所谓的且已经渗透到日本核文化中的"日本核设施是绝对安全的神话"。

然而，对本国持续增长的对核能依赖，许多日本人还是有着很矛盾的心理。2008 年时，只有约 40% 的受访日本民众支持核能，但同时也有近 80% 的人相信核电站宽松的安全措施会让其成为恐怖分子的目标。尽管民众对核能的态度并不明朗，但日本的核能依赖率仍会按计划持续增加，即从 2010 年的 25% 增加到 2030 年的 50%。

对姊川文彦来说，这种增长是好事。而在日本，核能的地位还在进一步提高，因为越来越多的技术官僚开始像姊川文彦一样，认为核能非常重要。而在东京电力公司内，核能的地位也是高高在上。于是，尽管日本对先进环保技术有着浓厚的兴趣，但日本的能源机构还是更愿意发展核电，而不是利用可再生能源。"他们更喜欢核能，讨厌可再生能源。"日本经济产业省的一位高级公务员如此看待日本对低碳能源的选择。

东京电力公司的电动汽车项目，是确保核能能在日本能源机构中处于更中心位置的努力的一部分。即通过使用正确的技术，日本民众最终喜欢东京电力公司，不再担心核能，并学会喜欢核能。这在很大程度上也是姊川文彦希望得到的结果。

轿车、卡车与船只

2001 年时，49 岁的姊川文彦被一个学术性的技术问题所困扰。他当时正在准备一份要在美国佛罗里达州好莱坞举行的核领域会议的论文，论文题为"ABWR－2 型反应堆适用的内部间距格状设计结构"。虽然在积极准备会议论文，但姊川文彦那时考虑得更多的是一个创业的想法。他认为，如果东京电力公司继续扩大核电站的装机容量，那将有助于向日本国民展示：核能是解决日本包括能源安全与气候变化在内的更大范围的能源问题的解决方案。

核能的发展自然会得到那些传统上就对电力有依赖的各种产业部门，但这还不够，要想在日本更好地发展核能，姊川文彦还需要找到更有价值的支撑点。从某种程度上看，交通运输业是日本能源安全最后一个要解决的领域，因为要想驱动汽车、船和飞机等交通工具，日本就还得依赖全球原油市场，姊川文彦想到了该从改变这种状况入手。于是，他向自己在东京电力公司的上级提出了一个大胆的变革性建议：由公司领导日本汽车产业的电气化转型。

"我不是一个电池专家，"事后他回忆道，"但我能说出电化学工业正在发生哪些进展。"锂离子电池的开发和商业化在美国和日本已进行了 30 年，但在 2002 年时，它也只是刚刚达到满足汽车业需要的临界点。

在此之前，从百余年前爱迪生开发电动车的那个年代到通用汽车电动汽车 EV1 的开发，电动汽车使用的都是铅酸电池，每千克可以提供约 40 瓦时的电力。它的下一代产品是镍镉电池，但镍镉电池并不比铅酸电池好多少；而改进后的镍金属氢化物电池则较铅酸电池有了很大提升，每千克输出约 80 瓦时的电力。在它之后获得发展的锂离子电池，其储能能力就发生了飞跃，每千克输出电力在 160 瓦时左右，也就是 4 倍于铅酸电池，2 倍于镍金属氢化物电池。

除了能够把电池领域的技术潜力聚集起来之外，姊川文彦也知道东京电力公司有足够的能力把日本工业界各种各样的利益相关者集聚起来。这种能力还具备可持续性，足以将汽车企业、电池企业和电力公司组织成一个生态体系，并将之整合到更大的交通时态体系中，推动电动汽车能够茁壮成长。

"在其他公司里尤其是跨国公司，这种疯狂的建议是绝不可能被接受的。"姊川文彦对此有着清醒的认识。但是在东京电力公司，他的提议被接受了，但没有人愿意主动接手和主导这个新项目。最终，姊川文彦被任命来负责此事。

姊川文彦的看法是锂离子电池会改变汽车产业的游戏规则，而其他的核工程师们则认为他犯了一个大错，这就是其他人称他为"疯狂的姊川"的原因。但他坚持自己的看法，因为吉田博明（姊川文彦在三菱汽车的一位朋友）之前告诉过他这方面的概念，而锂离子电池被越来越多地用在消费类电子设备上的趋势也坚定了姊川文彦的信心。汽车，他认为是合乎逻辑的下一步。

对东京电力公司而言，电动汽车给核能开拓出了新的、广阔的市场前景。如果日本经济产业省的规划者们能够相信电动汽车是可行的、有前景的，他们也同样会以各种各样的理由来支持这项技术发展。比如，安全的、清洁的核能可以替代数以千亿美元的原油进口；又比如，电动汽车也能够帮助日本汽车制造商在 21 世纪继续保持产业领导地位。

处于困境：在加州之后的日本电动汽车产业

在最初的一两年，姊川文彦的项目看上去根本不成形。他独自工作着，大部分时间被用在研究电池上或者与寻找潜在合作伙伴上。他的一些项目进展看上去稀奇古怪，比如他自行制造并完成了一辆显得丑陋的电动汽车原型车 An1。这辆车可以被视为姊川文彦开始制造电动汽车的第一步。但是姊川文彦的热情是不可阻挡的，即便他看上去已被全行业冷落了。

导致这种局面的原因，部分可归结为日本的汽车厂商和监管者们都认为姊川文彦发展电动汽车的时机是错误的。

绝大多数汽车公司决定发展电动汽车的根本原因，是为了应对加州在 20 世纪 90 年代发布的强制规定；而随着加州空气资源委员会放松了对电动汽车的强制规定，许多研发项目也就随之下马了。各汽车公司转而将精力集中在以"组合方式"来满足加州标准，即投放超低排放汽车、混合动力汽车，及极少数的燃料电池汽车和电动汽车。

此外，由于加州的规定中最严格的那部分的作用对象是大规模厂商，因此规模较小的企业（如三菱和起亚）就缺少研发电动汽车的动力；对大公司来说，它们则更关注如何"废掉"加州这些惹人厌的法规。

从东京电力公司的角度看，相对于核能而言，汽油和燃料电池是一种不那么清洁和安全的能源。但当该公司开始对外传播这个观点时，它们发现公司正逆潮流而动——无论是华盛顿、萨克拉门托，还是丰田汽车、本田汽车、通用汽车和宝马汽车，乃至于日本经济产业省，全都将注意力集中于开发混合动力汽车和燃料电池汽车。一大批政府基金被投放在氢动力研究上，根本没有人关注电动汽车。

"两巨头"：打倒丰田汽车和本田汽车

姊川文彦要克服的，不仅仅是巨大的技术难题，还包括现任技术领导者们的反对，因为这触动了他们的既得利益。在日本，这个群体可以被缩减为两家公司：丰田汽车和本田汽车。也就是说，致力于发展混合动力技术的公司和致力于发展内燃机技术的公司。

日本的第一大和第二大汽车制造商不仅是基于未来开发的燃料电池技术的研究、发展和推广活动的所在地，也是已实现商业化的动力总成技术的守护者。东京电力公司（TEPCO）的一位雇员将它们称为"两巨头"。丰田汽车有自己的绿色大妖怪——普锐斯，是全球最佳的混合动力汽车；本田汽车有世界上最好的车用发动机技术。两家公司都想保持自己的领先地位，如果它们不加入，或者更糟糕，如果它们决定反对电动汽车，那么日本经济产业省是不可能会支持东京电力公司发展电动汽车的行为的。

在日本汽车业，丰田汽车公司是以狭隘的思维定式而著称的。该公司的全球总部位于爱知县丰田市，距离名古屋约 90 分钟火车车程。在日本古代，这里被称为"三河国"（Mikawa），是德川幕府创立者德川家康（Tokugawa Ieyasu）的老家。用一位丰田汽车公司的高管的话来说，这一遗产的重要性可被归结为两个词：保守和稳定。

因此，对于保守的丰田汽车公司而言，混合动力汽车已经是其一反常态的勇敢冒险了。而日本经济产业省为了使之在成本上能够与普通燃油车竞争，还为该技术的普及提供了 10 年的财政补贴。但尽管日本经济产业省提供了支持，丰田汽车公司也还是在其混合动力平台上投入了数十亿美元，而在其混合动力汽车最终能够盈利之前，该公司其实一直都在损失利润。

所有这些都指出一个问题：丰田汽车公司已经冒了风险，该公司已经投入了巨资，它在竞争中已经胜出，现在是它收获回报的时刻。而日本经济产业省也在丰田汽车公司的冒险行为上投入了资本，因为其为混合动力的普及提供了丰富和持续的补贴。因此在面对发展电动汽车的可能的前景时，丰田汽车公司采取了其底特律同行之前常用的策略：在美国和日本，该公司都积极反对发展电动汽车。它敦促美、日两国政府要把重点放在"可持续发展的现实选择"上，换句话说，就是要发展混合动力汽车。

从某种程度上看，丰田汽车公司是正确的。电动汽车是一个长期愿景，就像混合动力汽车在20世纪90年代的定位那样。混合动力汽车是能够立即应用的、经济性很强的解决方案。为了让日本经济产业省认识到发展电动汽车的可行性，姊川文彦需要整合伙伴资源和技术资源来挑战"两巨头"，以及经济产业省的偏见。电动汽车要想成功，东京电力公司和它的合作伙伴就需要让电动汽车实现批量生产；但如果没有一家主要的汽车企业——当然如果有更多则更理想——加入计划，它们就不可能在可预见的时间里做到这一点。

从加快扩大生产的角度看，姊川文彦知道丰田汽车公司是理想的合作伙伴。该公司在开发电动汽车方面的兴趣是有历史渊源的。

早在20世纪二三十年代丰田汽车公司尚未独立时，丰田纺织公司就投入了大量资金开发电动汽车。在那时，日本严重缺少石油是非常明确的事实，而丰田佐吉推测将汽车电动化会是很好的长期投入。事实上，丰田佐吉当年就设立了一大笔现金奖励，鼓励个人或公司开发出更好的车用动力电池。他自己也总是开着本公司的电动原型车去上班，这样的原型车共有6辆。在盟军占领日本初期，日本企业被禁止生产乘用车，但电动汽车不在禁止名单上，这是一个漏洞。所以丰田汽车等日本汽车企业就开发出了使用铅酸电池的乘用车。彼时，丰田汽车剥离了自己的电动汽车业务单元注入电装公司（DENSO），后者制造并出售续驶里程可达121英里的电动汽车。1949年时，日本制造的电动汽车的数量超过了汽油车。但是在那一年，朝鲜战争爆发了，铅的价格高涨（对于制造子弹、迫击炮和电池来说，铅都是必需品），故使丰田汽车公司制造电动汽车的成本急剧增加。同时，盟军总司令部也解除了禁止日本企业制造汽车的命令，于是日本汽车制造商重新开始生产燃油车，电装公司也最终放弃了电动汽车业务。20年后爆发的石油危机再一次刺激了日本企业在电动汽车领域的研究，只是随着国际油价的回落，这种兴趣也随之减弱。

但是对丰田汽车公司来说，其真正的比较优势来自于在开发混合动力汽车过程中获得的成功。丰田汽车公司懂得如何设计和制造电池、逆变器与电机，并懂得如何将它们集成到汽车中。尤其是，混合动力系统中让电池和电机协同工作的控制系统是非常复杂的。

但对姊川文彦的计划而言非常不幸的一点是，丰田汽车公司对此毫无兴趣。事实上，该公司的利益正好在电动汽车的反面。日本政府的基本观点是支持由丰田汽车（或本田汽车）认可的近期愿景和中期愿景，也就是发展混合动力技术，并在今后 10 年中造出更多的混合动力汽车，开发出更好的内燃机；而燃料电池技术则是应对长期愿景的技术解决方案。这种愿景与核能无关，也与东京电力公司无关。

但电动汽车是另一个完全不同的故事，不仅是因为发展电动汽车能够允许核能急剧扩张，还因为它们可以增加发电站在非高峰时间段的利用效率。当电灯和其他的电器夜间不再工作时，电动汽车能够在夜间充电，从而起到"削峰填谷"的作用，因此它可以让东京电力公司售出更多的电力，而不需要建更多的昂贵的发电站。

姊川文彦的这种看法并非完全是自私自利的，他仅仅是没有完全接受丰田汽车、本田汽车，以及美国对外贩售的"氢经济"的概念。他认为，燃料电池技术在成本、基础设施、储氢，以及氢气的无碳生产过程等方面都存在障碍。事实上，在汽车业界有这样的笑话："氢是未来的燃料，它一直被认为是未来的燃料，它的确是属于未来的燃料。"

汽车工程师笑着说这个笑话，尽管他们试图推翻氢的前景。然而，日本经济产业省已经向日本汽车研究所和汽车企业投入了大量资金，在日本的高速公路和城市街道上建造加氢站，构建氢能汽车适用的基础设施。到 2004 年，日本在境内建成了 10 个实验性质的加氢站，但燃料电池汽车仍需要投入数以百万计的资金。而在如此不利的成本状况下，其他国家并没有因此而给日本以照顾。

寻找日本的赫拉克勒斯

任何试图挑战丰田汽车公司和本田汽车公司以及日本经济产业省的汽车厂商的下场都不会好；任何汽车厂商要想成功建立一个可行的电动汽车体系的行为，

都是可与古希腊神话中赫拉克勒斯（Hercules）完成的壮举相比的那一类"不可能完成的任务"。因为对这些企业来说这样做的结果只能是两个，一是白白花钱，损失利润；二是招来仇恨，招惹日本最大的两家汽车厂商。除此之外，似乎不会有别的收获。

但姊川文彦的幸运之处在于，除了丰田、本田外，日本汽车业还有日产汽车——该国第三大汽车、全球第六大汽车企业，还有铃木汽车和三菱汽车。前者在汽车产业界只是个比较有特点的企业，但是三菱财团在工业界、化学产业、机器人产业和技术领域，都堪称巨头。此外，日本还有其他小一些的公司：斯巴鲁汽车、五十铃汽车、马自达汽车、川崎摩托车、雅马哈摩托车和 UD 重卡。与两巨头相比，这些企业并不是大玩家，却也都有世界级的汽车制造能力。

东京电力公司和姊川文彦发现，斯巴鲁汽车和三菱汽车是能够支持他们的企业。

如今，大多数人都以为日产汽车是国际汽车业界发展电动汽车的先锋，但事实上首先打破僵局的是斯巴鲁汽车和三菱汽车两家公司。它们并非是基于满足加州监管法规的要求才决定发展电动汽车的：它们在加州的汽车销量较小，并不在满足加利福尼亚零排放汽车强制规定的要求之列，因而无须生产电动汽车。加州的强制规定只对通用汽车、福特汽车、克莱斯勒汽车、丰田汽车、本田汽车和日产汽车等公司起作用。

这两家公司之所以愿意发展电动汽车，是受到一系列复杂的制度因素驱动的，包括技术野心，想要以此为契机扭转近期公司经营失利的状况，强化自身竞争力的冲动，以及对成为汽车电动化的先锋，获得一个与众不同的公众身份的渴望。当然，这两家公司中也有人致力于开发电动汽车，他们驱动着公司做出在这一领域进行投资的决定。

在三菱汽车公司，吉田博明（Hiroaki Yoshida）是出了名的狂热的电动汽车支持者。他从 1994 年起就看好电动汽车的潜力，并在 20 世纪 90 年代时基于该公

司旅行轿车"自由人"（Libero）打造了一辆电动汽车，给它取名为"Libero[○]
EV"——一个没什么创意的名字。

这款车的性能不能算好，其短短的续驶里程、长长的充电时间和诸多技术问题让创造者吉田博明时常感到"尴尬"。即便如此，他也没有放弃自己的梦想。很快，吉田博明和他的团队就造出了全球第一辆插电式混合动力汽车（PHEV）的原型车"战车"（Chariot EV）。这辆车使用的锂离子电池可独立驱动车辆行驶60 英里，同时还有一台发动机用以给电池充电。"战车"的设计初衷是应对美国加州的零排放汽车强制规定，但由于该州政府此后放松了这一规定，因此三菱汽车就没有再推进成本高昂的 PHEV 的量产进程。

然而，尽管加州政府放松了要求，吉田博明并没有放弃自己的梦想，他在这方面的热情有着持久的生命力。在公司的支持下，他在三菱汽车研发中心的测试场进行了一次测试，创下了电动汽车 24 小时最远行驶里程的世界纪录：通过间隔地行驶 70 千米后快速充电 20 分钟的方式，他开发的电动汽车在一昼夜的时间里行驶了 2142.3 千米。吉田博明想向世界证明，电动汽车充电的障碍及续驶里程问题是可以被克服的。

只是在 21 世纪之初，吉田博明也知道推进电动汽车项目是不现实的。事实上，这么做只能是激怒公司高层的行之有效的手段。当时在市面上，没有一款电动汽车能够为汽车企业带来利润，而且在可预见的未来似乎也不会有哪款电动汽车能做到这一点，因此三菱汽车的管理层可没有心情把钱花在他那昂贵的爱好上。而吉田博明不准备再在公司内推动电动汽车的量产，不过他也成功地为开发电动汽车保留了相当大的一部分研究预算。

于是当姊川文彦告诉吉田博明，东京电力公司想推动电动汽车成为主流产品，吉田博明就把他的预算重新用在了姊川文彦所需的电动汽车上。他们合作的这个项目并没有向上申报，这是一个可以颠覆性产业格局的秘密项目。当然，做到这一点的过程是一场艰苦的战斗。

○ Libero 是三菱中级轿车蓝瑟的五门旅行款，蓝瑟轿车在我国的东南汽车公司国产，但 Libero 并未引进我国生产。——译者注

当吉田博明的团队开始接触电池和电机企业，要求其为自己提供配套服务时，他们得到了吉田博明此前在三菱汽车公司内部所受的同样的怀疑。日后，负责领导三菱汽车电动汽车商业化工作的和田健一郎（Kenichiro Wada）回忆道："我们拜访了许多供应商，但绝大多数的回复都是：'抱歉，我们对此没兴趣。'许多人告诉我：'现在是混合动力汽车的时代，不是电动汽车的。'"

面对拒绝，吉田博明的团队没有退缩，他们继续寻找供应商，直到制造原型车所需的零部件都备齐了。"幸运的是，汤浅株式会社（GS Yuasa）和明电舍株式会社（Meidensha）[○]同意了，他们告诉我，'好吧，看在你求过若干次的份上，我们愿意给你提供试制件。'不是量产件，仅仅是试制件。"多年后，回想起这一幕的和田健一郎依然怒不可遏。

即便只是得到了试制件，这个结果也依然是鼓舞人心的。新技术使电动汽车的水平有了极大提高，最重要的是，换装锂离子电池后，试制车的续驶里程大大扩展了。但另一些零部件，例如更强力、更高效、更紧凑的、使用稀土制造的永磁电动机也开始设计了。这类电机可以装在电动汽车车轮上，从而使驾驶舱的空间更大。吉田博明和和田健一郎相信，新的电动汽车将有能力改变市场格局。

在给新研发的电动汽车概念车"马驹"（Colt）装上最后一个零部件后，吉田博明和他的团队决定是时候采取下一个关键步骤了，只是这一步对他们来说还有一些实质性的威胁。他们编造了一些理由邀请吉田博明的上司，时任三菱汽车产品研发总经理合川哲路（Tetsuro Aikawa）来"马驹"概念车进行测试的研发中心。在走向试验场的路上，吉田博明装作不经意地建议合川哲路测试一下他们新设计的"马驹"电动汽车。对这款车，后者显得有些吃惊，但他没有立刻发表看法。事实上，这款电动汽车已经激发了合川哲路的兴趣。

"汽车公司里一般都有这么两类人，"姊川文彦回忆道，"工程师和热爱驾驶的人。"合川哲路就是后者，当他坐进车内，轻踩油门，"马驹"给他以平顺但快

○ 汤浅是电池生产商，明电舍是电气设备生产商，这两种设备对电动汽车至关重要。——译者注

速的起动作为回应。

当合川哲路从车里下来时，三菱汽车是否需要一个新的电动汽车项目的问题已经解决了——三菱汽车需要！对该公司而言，电动汽车提供了一个超越的路径，使之能够超越丰田汽车在混合动力领域的统治地位，也能超越本田汽车在发动机领域的统治地位。同样重要的是，电动汽车可以为三菱汽车提供当时急需的，能够被全球媒体关注的正面故事。

一辆"荣光之车"

2003 年时，三菱汽车的境遇并不好，该公司当年净亏损 13 亿美元，而且它的合作伙伴戴姆勒－克莱斯勒公司拒绝再为这家正在走下坡路的公司注入更多的现金。然而，这只是该公司所有问题的冰山一角。

"三菱汽车在近 10 年中一直处于各种丑闻中。"2004 年时，《纽约时报》一位汽车领域的专栏作家曾这样评价这家公司："在日本本土，它收买黑道势力掩盖自己的产品缺陷；在美国，它虚报销量，而且其位于伊利诺伊州的工厂也爆出性骚扰丑闻。一度提升过其销量的汽车融资租赁业务，现在也开始烦扰这家企业。有分析师认为，预计会有 10 亿美元的贷款要被计提成损失。"

此外，还有另一个问题：三菱汽车的产品大多都燃油经济性较差。它与丰田不一样，后者全系车型的燃油经济性从 25 英里/加仑到 46 英里/加仑不等，而绝大多数三菱汽车的油耗在 20 英里/加仑上下，其在美国市场销售的车型中仅有一款的油耗达到 25 英里/加仑。

1999—2004 年间，三菱汽车的股票价值下跌了近 90%。仅仅一年内，三菱汽车的兄弟企业——三菱重工、三菱商事和东京三菱金融集团就两度向该公司注资，每次约 50 亿美元。对三菱汽车来说，改变的时机已经成熟了。

为了摆脱公司的负面形象，三菱汽车希望能证明自己可以承诺做到降低碳排放。增加车辆的燃油经济性是一种解决思路，发展电动汽车是另一个可行性。于是，三菱汽车决定加入东京电力公司（TEPCO）组织的联盟。不久后，时任三菱汽车首席执行官的多贺谷秀（Hideyasu Tagaya），曾经的内燃机狂热崇拜者，兴奋地宣布该公司开始设计电动汽车，这一使用轮毂电机驱动的产品最终被命名为iMiev。

但毫无疑问，虽然东京电力公司成功地让三菱汽车和斯巴鲁汽车加入了自己的计划，但它们如果想要获得成功，还需要获得来自日本经济产业省的支持。正如丰田汽车公司之前在发展混合动力汽车时，不能离开经济产业省长达10年的补贴支持一样，这个新组建的联盟显然也需要来自政府的财税和政策支持。它们想要投入大量资金新建电池工厂，做大量的研发工作，以及增加其他许许多多的新基础设施。

即将成为现实的电动汽车

为了获得日本经济产业省的支持，发起一场对电动汽车时代即将到来的讨论是十分有必要的。之所以要这样，是因为东京电力公司、三菱汽车和斯巴鲁汽车公司知道它们要想实现自己的目标，就必须取得学术界、产业界和其他领域的专家们的认可，后者是日本经济产业省平时制定政策的智库成员。游说活动要想有效果，就需要拿出可感知或可体验的证据来反驳来自丰田汽车公司和本田汽车公司的反对者，证明当时汽车业界的主流看法与趋势需要改变。在它们能够把它们的战术层面的行动交给日本经济产业省之前，三家公司组成的联盟需要得到其供应商的认同，并拿出样车来证明自己。

在上述问题或多或少地被解决后，东京电力公司、三菱汽车公司和斯巴鲁汽车公司对它们能够找到的每一个支持者展示了其电动汽车原型车。三菱汽车公司展示的是"马驹"，斯巴鲁汽车公司的原型车名为"R1e"。每一辆车看上去都很棒，处理得很好。政府官员、技术官僚，甚至是来自美国汽车工程师学会的代表都被邀请到公司的试验场来测试它们。为了顺利使电动汽车产业商业化，东京电力公司向斯巴鲁汽车公司一次性订购了100辆汽车，首批车辆在2006年交付使用。

它们展示的车辆改变了许多人对电动汽车的看法，其中就有神奈川县知事。

这位官员在此后实施了日本最激进的电动汽车补贴项目。

梦想中的机器

当时被广为接受的观点是，电动汽车在技术上和经济上都是不切实际的，东京电力公司、三菱汽车和斯巴鲁汽车公司组成联盟，意图消除这种观点。它们取得了一定的成效。2006 年时，神奈川县知事松泽成文充满自信地认为汽车工业的未来——电动汽车——即将来临，而自己已经开拓了它的道路。

神奈川县首府横滨是距离东京只有很短火车距离的港口城市，是日本的主要城市之一。身为该县行政长官的松泽成文（Shigefumi Matsuzawa）是一名坚定的环保主义者，对技术充满热情，也是斯巴鲁的电动汽车 R1e 最早的用户。

"当我还是个孩子时，"他在自己的博客中写道，"电动汽车只是个梦想，只存在于科幻小说中的未来世界。但得益于技术进步，这些梦想正在变成现实。"他认为电动汽车在人类与全球变暖的战斗中发挥着重要作用，"这些电动汽车将有潜力成为环保的王牌"。

事实上，松泽成文知事那一年已经开过两辆电动汽车了，都是由新一代锂离子电池驱动的。一辆是纯电动超跑 Eliica，它是由位于东京的庆应义塾大学教授清水浩设计的，这个特别的名字是英文"电动锂离子汽车"的意思。

清水浩教授是一位对电动汽车充满热情的、聪明有活力又有些古怪的人。Eliica 是他打造的第二款车，第一款车 KAZ 完成于 1998 年。Eliica 较 KAZ 更动感，但它们在结构上有许多共同之处。清水浩对自己的智慧结晶很是自豪，认为"远胜于特斯拉的"。Eliica 是由锂离子电池供电，有 8 个轮子，动力输出高达 648 匹，0~60 英里/小时加速只需约 4 秒。尽管当年的《汽车与驾驶员》杂志称之为"梦想机器"，但许多人认为它实在是太难看了。不过它确实很快。"许多人都是在开过 Eliica 之后改变了自己对电动汽车的看法的。"清水浩回忆道，"在经过 3 秒的强劲加速后，他们就改变了自己的看法。"

但是 Eliica 激进的设计、高昂的成本和显得滑稽的外形特点，使它仅限于能够引发人们的好奇心，毕竟设计得既离谱又不实用。

在同一年的 9 月，松泽成文知事试驾了斯巴鲁 R1e。这款车看上去与 2012 款菲亚特 500 有些像，但它只有两个座位。虽然它的续驶里程有些短，只有 50 千米，但对松泽成文来说似乎很合理。9 月，松泽成文宣布，神奈川县会与日本经济产业省一起发起对电动汽车的一系列补贴政策，以帮助电动汽车产业能够顺利地在日本全境启动，并使神奈川县成为日本国内发展和推广电动汽车的领导者。他在博客中写道："我想让神奈川县创造政策，使我们能够在推广这些环境友好车辆方面起到带头作用。"

松泽成文、他领导的地方政府、他所在的城市，以及神奈川的工业基础，都使其变得与日本电动汽车项目密切相关。之所以这么说，并非是因为神奈川在技术上有热情，在政策上先行一步，而是因为它是日产公司的所在地。

召集官员们

神奈川县知事松泽成文的转变对东京电力公司来说是一个巨大的胜利。和松泽成文相仿，许多日本经济产业省的官员也参与了同样的试乘试驾，他们的印象也同样是电动汽车不再是科幻小说中的事物。

尽管丰田汽车提出了抗议，但日本经济产业省还是决定召开一系列研讨会来重新审视它关于电动汽车的经济、科技和消费者的逻辑。它组建了一个委员会用于审查相关的问题，其中的官员来自于工业、研究等不同部门的机构。2007 年，该委员会建议日本经济产业省支持纯电动乘用车的发展，并公布了一份详细的支持电动汽车发展的路线："面向 2010 年的新能源汽车战略。"

日本经济产业省设立了推广电动汽车的目标，并与产业界一同讨论该如何设立补贴政策才能达到这些目标。基于这个计划，日本财长批准给该项目以专项资金，并将其作为更大的预算的一部分提交日本国会审议。这个问题并没有在日本国会遭遇党派辩论。因为该项目是建立在理性的、明确的政策分析基础之上的。

在日本，这种项目被视为是公务员的职责，通常不认为其中涉及政治因素。

如果说有什么区别的话，那就是日本的政治家们可以推动经济产业省在支持日本先进制造业发展上采取更多的措施。

步入主流

日本经济产业省对电动汽车的鼓励是非常慷慨的，其设置的补贴能够冲抵购买一辆电动车相较于购买燃油车增加的成本的一半（最高可达 100 万日元，按 2010 年汇率，超过 1 万美元）。再考虑到日本的高油价和相对廉价的电价，看上去购买和使用电动汽车的经济性不再是个问题。当三菱汽车的 iMiev 电动汽车最终上市时，日本经济产业省提供的补贴使得购买该车的支出从大约 48 000 美元降至约 35 000 美元。这种补贴铺平了日本电动汽车行业稳定发展之路。

东京电力公司与三菱汽车、斯巴鲁汽车组成的联盟开始将注意力转向应对电动汽车商品化过程中需要面对的严峻挑战。在三菱汽车公司，发展电动汽车的项目被交给了和田健一郎，一位有着汽车内饰设计和电子产品集成工作背景的经理。iMiev 电动汽车是他第一次全面负责一款车的整体开发工作，但他一开始并不乐意。"为什么会是我？"和田健一郎向吉田博明抗议道，"我要是把事儿搞砸了怎么办？我之前从没有做过电动汽车开发。"吉田博明的回答显得有些无厘头："没事的，公司之前确实没有开发过电动汽车。但这也意味着，如果你犯了错误，没有人会知道的。"

到 2007 年时，三菱汽车的"马驹"电动汽车原型车的开发正顺利地推进，一点点走向量产车。对这款车，《汽车趋势》杂志羡慕地认为是"很可爱"，这个评价名副其实。2011 年，三菱汽车的电动汽车量产车被取名为"i"，并登陆美国市场。而那个时候，斯巴鲁距离完成其电动汽车"Stella"的开发工作只有 1 年时间。

此时，日本第三大汽车公司日产汽车自信地大踏步进入电动汽车领域，既因为由东京电力公司、三菱汽车和斯巴鲁汽车推动的电动汽车发展计划验证了电动汽车的前景，又因为日本经济产业省提供的补贴吸引了它。

不是第一个：日产汽车加入联盟

日产汽车公司的历史非常悠久，不过它现在并不是一个典型的日本企业，因为作为日本最大的汽车公司之一，该公司的负责人却是一位在巴西出生的黎巴嫩人卡洛斯·戈恩（Carlos Ghosn），戈恩于 1999 年执掌日产汽车公司的消息传出后，在日本商界引起了轰动。最初，日本人不知道该如何接待他，甚至还闹出过笑话——当日产汽车公司的新任首席执行官戈恩首次出现在东京车展舞台上时，现场响起的音乐却是葡萄牙语歌曲《来自伊潘那玛的女孩》的旋律。

戈恩是被法国雷诺汽车公司任命为日产汽车公司首席执行官的，这是两家汽车公司结盟协议的一部分。戈恩接手时的日产汽车规模臃肿、效率低下、管理不善，还背负着 170 亿美元的债务，每个人都知道公司需要大刀阔斧的改革。因此，有些人猜测戈恩赴日本上任之前被要求做那些不得不做但又不能被公司日本籍高管们做的事情——削减预算，砍掉不必要的业务，将这家陷入困境的日本公司变成具有国际竞争力的企业。

戈恩有没有被要求那么做，外人无从得知，但他上任后的确计划削减 21 000 个工作岗位，并将日产汽车公司的产能降低至少 30%。"我们别无选择。"戈恩告诉他的日本同事，"失败不在我的考虑范围之内。"

彼时的戈恩并不考虑环境问题。混合动力汽车、电动汽车和其他环境友好型产品的发展计划都被他无情地砍掉了，他还抨击丰田汽车公司不断地向只会带来亏损的混合动力汽车投资的计划。尽管如此，当他取消掉日产汽车公司的电动汽车发展项目时，却出人意料地保留了锂离子电池研发团队。"当我和那群工程师接触时，我真的被他们的热情所感动。"戈恩说，"他们认为电动汽车项目是可行的，也是公司能够负担得起的。我当时对此没有什么头绪，但他们的激情给我留下了深刻的印象。"

日产汽车公司的技术水平不如丰田汽车公司，其盈利能力也不如后者，尤其是当它涉足混合动力汽车领域时，但这也是该公司愿意冒险制造适合普通人使用的电动汽车的原因之一。丰田汽车公司已经在混合动力汽车的竞赛中胜出了，而要想造出有竞争力的混合动力汽车，日产汽车公司就不得不向前者购买技术许可证。"我们是有可以与丰田汽车竞争的混合动力技术的，只是它不那么经济。"日产汽车公司的一位高管在 2011 年时承认与丰田汽车有差距。但得益于戈恩实施的改革举措，到 2007 年时，该公司还清了上百亿美元债务。

此时的日产汽车公司，需要一个新产品增强自身影响力，需要一个路径可以超越丰田公司的普锐斯。

相较于三菱汽车公司和斯巴鲁汽车公司，日产汽车公司可以调动的资源规模巨大。2007 年，该公司与日本电气股份有限公司（NEC）合资成立了汽车能源供应公司（AESC），后者将为日产汽车公司正在开发的"领先的环境友好型、经济实惠家用电动汽车"提供动力。在美国，这款车的名称是"聆风"（LEAF）。

日产聆风宣称自己是"全球首款量产型主流电动汽车"，这种说法并不准确，事实上，斯巴鲁汽车公司和三菱汽车公司的同类产品领先了它好几年。但就发展的规模、宣传的力度和推广的范围而言，日产汽车公司的确比三菱汽车公司这样的小公司强太多。

日产汽车公司的市值约为 360 亿美元，大约是三菱汽车公司的 5 倍。2009 年 8 月，毗邻横滨火车站的日产汽车公司新的全球总部投入使用。横滨是神奈川县的首府，该县知事松泽成文对电动汽车很痴迷。该公司总部边上的横滨港，轮廓仿若一个巨大的风力涡轮机，这栋摩天大楼就是日产汽车公司 24 万名员工的指挥部。

日产汽车公司全球总部有一个宽敞的展厅，其摩登程度和优雅程度可与东京车展的展位相媲美。该公司售价高达 9 万美元的传奇座驾——GTR 被放置在腾空的展位上，周边给它"站岗"的是该公司两款最新的概念车。数十辆被擦得铮亮的展车面对四层楼高的落地窗，窗外是横滨港蔚蓝的港湾。一群年轻漂亮的女讲解员穿着修身的、精心裁剪而成的白裙，为前来参观的人们介绍日产汽车公司的各种展车，在该公司参加的全球各大车展上也有它们的身影。有可能某一天，东京 TBS 电视台（Tokyo Broadcasting Station，TBS）或日本电视台会在这里取景。不久后，聆风就将出现在这里并占据核心位置。

尽管这展厅给人留下的印象是深刻的，但日产汽车的内部运作，如果可以公开的话，其实是更壮观的。聆风将会在日产汽车公司追浜（Oppama）工厂投产，这是一座彰显日本非凡的"及时生产"制造体系能力的标杆工厂。生产聆风电动汽车的体系是如此复杂以至于日产汽车在现场设置了两组作用截然不同的工程师，一部分负责与汽车有关的内容，另一部分则完全致力于设计、发展和维持与电动汽车生产有关的制造体系。

追浜工厂负责生产来自全球各地的轿车和 SUV 订单，工厂的 1700 名工人在工厂上下两层的工位上忙碌着，能够在不到 24 小时内完成一辆车的生产。亨利·福特率先采用的传送带依然是工厂操作的核心部分，但其他大部分早已经面目全非。

底盘、车门、挡泥板和电气元件在追浜工厂双层装配线的上层传递着，它们下面是基础装配线。在工厂的一端，汽车是以金属零件的形式被装在大型箱子运进来的，它们高低大小各不相同，以更好地适应工厂的实际生产情况。此后，这些零件穿行于数十个工位间，在此过程中，它们被组装成不同配置的车型，可能是音响效果或车身颜色不同，也可能是性能有差异。

在车辆底盘里装配有汽车的各种线束、微电脑芯片、气囊、发动机与差速器。它们或被紧固，或被铆接在一起，仿若世界上最复杂的拼图。在它们之上，是柔软的座椅和平滑的内饰件，也就是用户每天都能看到的那部分。总共有 3 万个零件在 8 小时内被装配在一起，相当于每装一个零件耗费 1 秒钟。

这里的操作并非简单的大规模生产，追浜工厂基本实现了零库存，每一个零件都是某一辆特定的轿车或轻型车专用的。工厂的运作就仿佛每天早上到市场上为每一份汽车订单买一个"午餐餐包"，工厂里的机器人们把"餐包"送到它该去的工位。一旦某个"餐包"空了，机器人就会回到最初接到它的位置，去和上一个环节的机器人或车辆交接另一个"餐包"。这个场景，就像不久的将来会出现的自动交通网络一样。

而这一幕更令人惊讶的是，如果在任何时间有一个环节出了问题，整条线就会停下来。生产线上的每一个工人都有权力做出停工的决定，这个精美协调的机器——挑战世界的机器——将会停止运转直至问题得到解决。

最后，车辆从总装线上驶下，开进试车场，以 80 英里的时速测试车辆的装配、制动、排放等指标。在一个大大的绿色 "OK" 字样出现在屏幕上后，说明被试车辆已经符合了出厂条件，可以交付进行销售了。然后这辆车驶出工厂，进入停车场等待被装运。几个小时前被装在盒子里运进工厂的各种零件，现在已经变成了一辆闪闪发光的新车了。

每周 3 次，一艘大型远洋滚装船会开进日产汽车专用码头，装上 5000 辆轿车与 SUV，驶向美国和全球各地。

很快，日产汽车最好的工厂就要投产聆风电动汽车了。

在此前的 4 年里，雷诺-日产联盟投入了 40 亿美元来设计和提升其电动汽车旗舰车型，这相当于三菱汽车公司一年全部的销售额。在海量资金支持下，日产汽车公司虽然只是电动汽车领域的新进入者，但其目标却是更激进的，较日本经济产业省所希望的以及三菱汽车公司和斯巴鲁汽车公司所计划的都要激进。例如，该公司希望到 2015 年时，日本境内能够建成 5000 个快速充电站，以更好地推动电动汽车的推广；而日本经济产业省只是希望到 2020 年时能达到这一目标。为推动实现这一目标，日产汽车公司在日本国内的汽车经销网点安装了 800 个直流快充桩，这一数字相当于美国联邦政府在 2008 年—2012 年间推广安装的充电桩数量之和，甚至美国境内的快速充电桩的总和也没这么多。

这是日产汽车公司发展电动汽车的高赌注的开始。"你想确保你的激情不是一个弱点，" 卡洛斯·戈恩说，"你需要确信你的热情是一种力量。" 无论今后会怎样，日产汽车已经在电动汽车领域投资了数十亿美元，对该公司来说没有回头路。

NEC：斯巴鲁的负心人

如果将汽车业作为一个整体来考量的话，日产汽车公司这种量级、有着如此之多资源的企业决定开发电动汽车而不是混合动力汽车，对其他已经在开发电动汽车的企业来说，可谓喜从天降。

比如日产汽车公司加入后，三菱汽车公司就煞费苦心地要说服自己，聆风和它的 iMiev 并非直接竞争对手，两款车的级别是不一样的。在日本市场上，按照日本政府制定的车辆级别分类，iMiev 属于充斥东京这种交通拥挤的都市大街小巷的"轻自动车"，而聆风则属于"小型自动车"。三菱汽车公司的表态是，总体而言，日产汽车公司的加入会较之前只有它和斯巴鲁汽车公司的时候，会获得来自政府的更持续的、更有效的支持。

但对斯巴鲁汽车公司而言，日产汽车公司加入电动汽车市场的行为给它带来了非常具体的、负面的影响。这些影响大部分是因为日产汽车公司挖角该公司电池供应商日本电气股份有限公司（NEC）的行为。

在整个 20 世纪 90 年代和 21 世纪最初的几年中，日产汽车公司在锂离子电池上的能力提升巨大，该公司的电池研究团队是全球最顶尖的。然而，当日产汽车公司领导层最终决定开发聆风电动车并启动电动汽车商业化时，他们意识到，定型和生产具有成本优势的高质量锂离子电池的复杂性超出了其能力范围。于是，该公司开始四处寻找合作伙伴，并最终发现了一家有着它需要的经验的供应商：NEC。双方合作唯一的问题是，NEC 当时是斯巴鲁汽车公司在开发电动汽车时的合作伙伴。

只是对 NEC 而言，与较斯巴鲁汽车公司体量更大、更富裕、更有经验的日产汽车公司合作，是无法抵抗的诱惑。于是，斯巴鲁的"朋友圈"中就传出了"NEC 抛弃斯巴鲁转嫁日产汽车"的消息。尽管斯巴鲁很幽怨，但从某种程度上来看，日产汽车与 NEC 的合作是天作之合。一方面，NEC 能够确保出品的电池芯和电池包是高质量且高一致性的；另一方面，日产汽车公司则可以保证电动汽车整车项目推进是顺畅的和大批量的。二者合作后的规模有助于降低单价及分摊投资成本。

对日产汽车公司来说，与一家有经验的电池生产商结盟也有助于把后者长期的耐久性与整车的成功绑定在一起。由此，日产汽车公司很满意在双方的合资企业——汽车能源供应公司（AESC）中持有 51% 的股份。双方合作的结果是非常好的，尽管聆风的使用的电池并不如最初宣传的那么好，而且在严寒与酷暑中还会损失部分电量。在 2013 年，在聆风的全球销量超过 9 万辆时，还没有一场由于 AESC 供给的电池包着火的记录。日产汽车零排放汽车项目经理旗峰旺雅（Kiho Ohga）说："这是很了不起的。"

日产汽车公司进入电动汽车市场的行为，对政策制定者、汽车企业、市场分析人士、记者和公众发出了明确的信号：电动汽车已经做得很好了。因为像日产汽车公司这种等级的汽车企业，能够为培育市场、完善技术而忍受连续数年的低迷销售；而且，该公司在电动汽车技术领域的投资，可以变成对其他一些竞争者（如丰田汽车和本田汽车，也包括韩国、美国和欧洲的汽车企业）所施加的竞争压力。另一种看法是，日产汽车公司的参与将会坚定日本经济产业省下注的决心，因为日产是一家规模巨大的公司。很多人相信，在经济产业省眼中，日产汽车公司真的是太大了，一定不能出问题。

第十一章
我会回来的

加利福尼亚的回归

进入 21 世纪后，日本汽车企业再一次在美国赢得了技术竞赛和对公众影响竞赛的胜利，这一次是在电动汽车领域。除了企业自己的努力外，外在因素也在帮助日本企业。

一来，进入新世纪后的几年内，国际原油价格一再高涨；二来，越来越多的美国人也开始关注并担忧全球气候变化问题，他们的担忧来自于日益变暖的天气，以及美国前副总统阿尔·戈尔主演的关注全球气候变化的影片《难以忽视的真相》；三来，电动汽车所需的车用电池也在持续变得更便宜、更安全、更高效、更强有力。在电动汽车的竞争中，日产、三菱和斯巴鲁处于领跑地位；而此前的领跑者加州则遇到了麻烦，一时间无法重返游戏中。因为，该州在这个领域采取的每一项举措都被美国汽车产业界和美国联邦政府加以狙击。加州政府作为之前的汽车市场先进技术制定者，突然发现自己受到了限制。

清洁汽车法案

加州的失败并非因为缺乏雄心壮志，实际上，该州并未停止过这方面的努力。

2002 年时，加州州议会的民主党众议员芙兰·帕夫利发起了 AB1493 法案，该法案旨在对加州境内汽车的温室气体排放进行限制。具体地说，它呼吁加州政府"最大限度地降低乘用车和轻型汽车的温室气体排放"。这一法案得到了州议会的审核，加州官方称其为"清洁汽车标准"，但汽车厂商们给它起了个外号："帕夫利规则"，也就是它的倡导者。

帕夫利规则给了加州空气资源委员会（CARB）更大的监管权限。在这一法案的支持下，加州空气资源委员会要求各汽车企业到 2016 年将汽车的二氧化碳排放降低 30%。从实际操作的角度看，帕夫利规则使得加州可以从控制二氧化碳排放的角度对车辆的燃油经济性进行监管。换言之，帕夫利规则在美国《清洁空气法》的基础上，让加州当局拥有了更多权力。它与另一项已通过实施的州法案 AB32 相结合，构成了当时加州进行的一项系统性努力，旨在该州经济体内大幅度降低温室气体排放。在这方面，加州并不孤单，美国还有其他 17 个州相继采纳了加州的标准。

这要是放在前些年，通用汽车公司早就对此提起诉讼了。但这一次，它并没有急于到法院打官司，而是决定等待该法案在 2004 年生效后再做打算。通用汽车公司等汽车企业正在积蓄力量，试图一次性解决加州的这些法律限制。

在与加州的一系列法律战斗中，汽车制造商们也在变得越来越精明。通用汽车公司知道，如果它起诉加州政府，那它就不得不面对加州空气资源委员会——一个同样久经沙场的对手，有着经验丰富的律师团队，以及时刻迎战的准备。但如果它避其锋芒，去捏软柿子——比如对那些追随加州脚步的州政府提起诉讼并获胜——那就会让整个法案受人质疑。汽车厂商就是这么做的，它们选择了佛蒙特州作为诉讼对象；此外，它们还选择另两个"软柿子"：新墨西哥州和罗得岛州，这两个州都采用了加州的标准。

在诉讼中，汽车企业提出的抗辩理由是，只有美国联邦政府才有权力制定燃油经济性标准。这个理由无疑是正确的，因此汽车企业希望法院能够维持现状。因为无论是美国国会还是美国高速公路交通安全管理局（NHTSA），自1975年第一次石油危机后，都没有提高过轿车的燃油经济性标准；对卡车而言，美国联邦政府对其燃油经济性的提高要求是微不足道的。

但事态并没有按照汽车厂商计划的那样进行。在一份长达240页的判词中，一位负责审理此案的联邦法官驳回了汽车厂商的每一项提议。而美国最高法院在2007年的开庭季裁决马萨诸塞州诉美国环保署（EPA）一案，支持了EPA关于二氧化碳是污染物的认定。这意味着，加州政府可以依照美国《清洁空气法案》第177节的规定，对二氧化碳进行监管。从功效上看，这样的监管并不直接作用于燃油经济性；但从法律上看，加州已经明确要将帕夫利规则与另一项关于温室气体监管的法案AB32一起实施。这就在事实上，使加州能够通过对二氧化碳排放的监管来监管车辆的燃油经济性。

在流程上，加州政府所要做的，只是对其政策提出一项"联邦豁免"请求，此前所有这类请求从未被美国联邦政府否决过。但没过多久人们就发现，在布什政府治下，万事都有第一次。

钢铁侠1号

但是，即便是面对联邦政府的反对，支持电动汽车产业发展的政治动力和技术动力仍在持续增加。在加州，这种趋势被两位"钢铁侠"所代表，一位是阿诺德·施瓦辛格，另一位是埃隆·马斯克。二者乍一看都不像是电动汽车的捍卫者，但他们确实都在推动电动汽车的发展。

10年前，施瓦辛格曾开着HMMWV的民用版本——悍马。悍马车是20世纪90年代美国消费主义的象征之一，而他当时就是悍马的铁杆粉丝。但到了2003年，时任加州州长的格雷·戴维斯在任期间政治风波不断，试图取代戴维斯的国会众议员达雷尔·伊萨自掏约200万美元发动"倒戴"运动，并成功地使其被罢免。但伊萨的梦想只实现了一半，他接任州长的努力被施瓦辛格破坏了——这位动作片巨星在竞选中胜出，接任州长一职。

与职业政客不同，施瓦辛格对外讲话时喜欢用陈述句，大胆的言辞既没给自己留下多少妥协余地，又容易被认为吹牛。但是在使用清洁汽车的问题上，人们还是可以感受到他缓慢的进步，这从他的另一辆改装悍马车上可见一斑。

施瓦辛格将他自己视为"把你的蛋糕拿过来吃掉"那一类的环保主义者，于是他更关注污染和全球变暖等问题上的技术解决方案。他并不愿意为促进环保事业而改变自己，过一种更温顺的生活，因此少吃肉、住在更小的房子里或者开更小的车等方案在他的逻辑里是找不到的。但与此同时，当时美国对石油的热爱是强加给美国的政治、环保和健康成本。在他那怪异的思维方式中，施瓦辛格希望自己成为解决方案的一部分。于是他做出了他会做出的合理行为：他为自己打造了全球第一辆氢动力悍马车。就像他之前为了能够在公路上行驶而特地改造了一辆悍马车那样，施瓦辛格的氢动力悍马也开了另一个先河。只是很显然，此举对于加州人民来说并不是实用的解决方案。作为州长，施瓦辛格必须做得更好。

尽管施瓦辛格在清洁汽车问题上的行为举止有那么一些政治因素在内，但不久之后他的行为便证明，他对清洁汽车和全球变暖问题的付出是真诚的。

他仍旧喜欢大车，不过他同样明白清洁汽车的重要性。在赢得加州州长选举后，他成为——至少是间接成为——需要为有多少加州儿童死于与由烟雾污染诱发的哮喘和肺部疾病负责的那个人了；施瓦辛格同样将不得不决定加州要在逐步蔓延的全球变暖危机中所扮演的角色。

由此，他不得不决定，此前一直充当"特别的权威"这一角色的加州，在与美国联邦政府监管机构的角力中，要走多远。他的答案是什么？能走多远就走多远！

对施瓦辛格来说，"英雄"或许是他一生的角色。在他出演的电影里，他扮演过拯救生命的动作英雄角色；在当选加州州长后，他则有机会在全美乃至全球舞台上扮演现实生活中的英雄。

"与联邦政府就清洁汽车标准展开战斗……为加州而战……他喜欢这个角

色。"加州空气资源委员会主席玛丽·尼克尔斯（Mary Nichols）这样回忆作为加州州长的施瓦辛格。在她看来，加州为清洁汽车而展开的战斗是正确的政治斗争，该州与白宫和跨国汽车公司的冲突也是令人振奋的开端。尼克尔斯给出的评价是："这事情非常有趣，他们都被我们打击了。"

2005 年，加州政府正式向美国环保署（EPA）提交申请，要求能够自行制定新的排放标准（按规定，加州通过的法案需要得到美国联邦政府环保部门的同意后，才能成为正式法律。）。但联邦政府的工作效率着实有些低下，到 2007 年年底，在提出申请 2 年后，布什政府还在慢悠悠地推进，没有给出确切的回复。面对这种情况，施瓦辛格州长的热血开始沸腾了。

2007 年 11 月 8 日，在萨克拉门托市的加州州议会大厦前，"钢铁侠"州长与科学家、加州空气资源委员会的委员们和政治家们一起，向华盛顿宣战。施瓦辛格和尼克尔斯，以及时任加州总检察长的杰瑞·布朗（他还是加州前任州长）肩并肩地站在一起，加州的整个政治体系都开始运作了。施瓦辛格明确表示，如果美国环保署不批准加州的申请，他就会让美国环保署一直生活在痛苦中。"我们将提起诉讼。"他在集会上向美国环保署发出了威胁。但要是诉讼失败了怎么办？"我们就起诉，起诉，再起诉，直到我们成功为止。我们一定会赢！"他发誓。[⊖]

钢铁侠 2 号

当"钢铁侠"州长在萨克拉门托大展身手时，另一位"钢铁侠"埃隆·马斯克正在旧金山南部静静地推进着自己的事业。

与施瓦辛格不同，马斯克不是健美运动员、不是影星，也不是政治家。他可以被视为一个书呆子，是美国"X 一代"人中的爱迪生。他有着"大创意"，他才华横溢，他勇往直前。马斯克有自己的方式，有与施瓦辛格州长同样的热情，

㊀　美国环保署于 2007 年 12 月 20 日宣布拒绝加州政府提出的自行制定和执行汽车尾气排放标准的请求。自加州政府在 1967 年获得自行制定环保方面法规的权力后，曾 50 余次向美国联邦政府提交实施自行制定的环保法规的申请，而且类似申请在此之前从未被否决过。——译者注

也是标杆人物，也有好名声。

这是一个做出了好成绩的书呆子。他的表现好到成为好莱坞电影中一个形象的现实版本。托尼·斯塔卡，电影《钢铁侠》中那位天才、发明家和动作片英雄，据称就是以马斯克为原型塑造的。他和电影中的斯塔卡一样大胆、好斗并富有远见，他是一个有着想要实现不可能的技术梦想的独特的天才企业家，是一个嗜好约会模特和电影明星的企业家。"他有点石成金的能力。"马斯克的一位崇拜者这么说。对于创新业界来说，马斯克可以成为这个行当里完美的摇滚明星。

马斯克有着3个他相信会改变世界的梦想。"当我在大学读书时，"他说，"我决定要在那些会对人类的未来产生显著冲击的领域里有所作为。我认为自己可以做的事有3件：互联网，可持续能源（包括生产与消费）和空间探索，特别是将生命从地球上拓展到多个行星上的空间探索。"马斯克曾参与创办了贝宝（PayPal）公司，作为一家具有国际收付款功能的企业，该公司已成为全球电子商务体系的关键节点。

这次创业给他带来了数亿美元的收益，但马斯克并没有跑到加勒比海偏僻的海岛上或者躲在曼哈顿的公寓里享受退休生活；相反，他把所有的收益都冒险投入到他的第二个梦想上：电动汽车。马斯克参与组建了特斯拉汽车公司。

和现在不一样，当年在美国成立一家电动汽车企业，从一开始就有争议；但现在不同，我们能看得很清楚，很多人都想成为电动汽车之父，而最初制造电动汽车的过程是一个集成技术的过程。

这家电动汽车公司的关键人物是马斯克和一位小企业主马丁·艾博哈德，他们组成的团队之所以将公司命名为"特斯拉汽车"，是为了纪念悲剧天才尼古拉·特斯拉先生，是他发明了为当今世界提供电能的交流电机。最终，马斯克主导了这家公司，并建造特斯拉品牌汽车。这项工作严肃地测试了他的天赋有多高，及他作为企业家的实力有多强。

特斯拉汽车的创始人不是那种向世俗屈服的人，因此他们设定的商业计划是勇敢的、有野心的。他们拟分三步打造这家公司。第一步，特斯拉汽车将会制造出一款热门的、广受欢迎的电动汽车，令美国的富人们趋之若鹜，每人入手一辆。第二步，该公司将会造出一款备受青睐的豪华轿车，其性能足以秒杀与它同时代的燃油车，它定位在稍低一些的市场上。而在第三阶段，特斯拉汽车将会为全球消费者提供买得起的电动汽车。届时，中东产油国和石油大亨好日子就到头了，它们将开始走下坡路。

从技术角度看，特斯拉汽车最初的设计与航空环境公司（AeroVironment）和通用汽车公司赞助制造的"太阳射线号"（Sunraycer）太阳能汽车有着直接联系。该公司最初的知识产权来自于一家名为"AC 推进力"的公司（ACP），它是由那位在"太阳射线号"开发过程中起到非常重要作用的工程奇才阿尔·科克尼创立的。21 世纪初，当马斯克和 ACP 的团队相遇时，后者向他展示了他们建造的电动超跑。这是一款类似于日本清水浩教授打造的 Eliica 那样的小众车型。但是马斯克却非常感兴趣，从 ACP 的这款车上，他看到了电动汽车的发展前景。几乎同时，艾博哈德也独立得出了同样的结论。

于是，马斯克和艾博哈德开始合作创业了。最初的几年并不容易。特斯拉的创始人并不是"汽车人"，但他们接受了一项艰巨的任务。没有人在他们正在尝试做的事情——造车——上有过经验。对马斯克来说，他把自己的财富和名誉都投进去了。随着成本开始失控，公司开始在崩溃边缘摇摇欲坠。马斯克是第一个承认这种境遇差点使他失去理智的人。事实上，内部的紧张关系不止一次地爆发了，最终导致了马斯克和时任公司首席执行官艾博哈德之间的权力斗争。

当他们之间的争吵公开化，双方打起了官司，马斯克则在他的博客上谴责其联合创始人。他说，艾博哈德给特斯拉汽车带来的只有痛苦。"事实是，当我通过 ACP 接触艾博哈德时，他没有自己的技术，他还没做出一台原型车，他更没有与电动汽车有关的知识产权。他所有的，只是如何把 ACP 的电动汽车概念车 Tzero 商业化的商业策划。"马斯克还说，"3 年后，当艾博哈德被要求离开特斯拉汽车时，公司付钱让他做的大多数事情都不得不重做。"

无论真相如何，马斯克最终成功地赶走了艾博哈德，并自己担任特斯拉汽车的首席执行官。

作为公司首席执行官，马斯克设立的目标是激进的，但他在工程领域做出的一些决定则相对保守。比如，特斯拉汽车的第一款车 Roadster 跑车是在英国路特斯（Lotus）公司出品的伊丽丝（Elise）底盘基础之上改进而来的。该公司为伊丽丝换装了驱动电动机，并装上了由 6831 块松下锂离子电池组成的电池包，将其改造成为电动汽车。从某种意义上说，Roadster 更像是用一套零件攒出来的车，而不是一次电动汽车创新。不过，特斯拉 Roadster 有着令人尖叫的加速性能（它的 0～60 英里/小时的加速时间不到 4 秒）和性感的外形。因此，上千人预交了高达 5 万美元的定金，只为能买到一辆特斯拉 Roadster；而且，即便此后该车的预计售价一直在攀升，其中的绝大多数人都没有撤销自己的订单。

特斯拉 Roadster 入门款的售价为 10.9 万美元，约是伊丽丝售价的 3 倍。它看起来的确很漂亮，也开始抬升硅谷在制造电动汽车方面的威信。但本田汽车公司的一位高管却轻蔑地说，在他看来，这款车"甚至都算不上是概念车，更像一个科学项目"。

尽管特斯拉汽车已在这款车上用上了自己所能获得的技术，但它依旧有一些令人尴尬的问题存在。

对于一款定价超过 10 万美元的车来说，Roadster 跑车所使用的一些零部件显得太廉价了。它的门锁、车载收音机的按钮和车窗把手的塑料感太强，让人感觉是低价货。一位汽车销售人员注意到，Roadster 的行李箱有时打不开，这位乐观的销售在一次努力地试图打开行李箱时表示，"它上的可不是一把锁，而是两把"。

特斯拉汽车的股价曾经暴跌过，因为一家广受欢迎的汽车网站刊出了一篇文章说，"特斯拉汽车的毁灭性设计问题是车上有块'砖'"。这是一种什么样的设计缺陷呢？原来，该文作者发现，如果 Roadster 的电池包完全放电的话，那么电池包就永久性地死亡了，充不进去电，变得和砖块一样。为了解决这一缺陷，该公司建立了一个车辆实时监控系统，甚至还派出员工带着接线板进入车库，给有需要的 Roadster 充电，以防止其完全放电。

特斯拉汽车遇到的商业危机如此之重，甚至有人嘲笑说，该公司完全有望拿到"美国证券交易所第三短命的上市公司"的"殊荣"。不过人们还是在它身上下了重注。因此，当特斯拉 Roadsters 静静地驶入加州的高速公路时，它给全球汽车业的前景打上了不可磨灭的印记。它是一款真正能上路的车，特斯拉品牌因此有了越来越多的粉丝基础。

在美国，电动汽车努力从被边缘化的境地挣扎回来了。特斯拉并不孤单。

第十二章
挑战"绿色大妖怪"

对鲍勃·卢茨来说，特斯拉汽车的出现说明美国到处都在出问题。这并不是说这家公司的商业模式有什么根本性错误，也不是说该公司出产的汽车有什么技术上的根本缺陷，至少在卢茨的认知范围内并没有。他之所以会那么认为，只是因为这样一款电动超级跑车竟然是硅谷的创业公司造出来的，而不是底特律。更确切地说，竟然不是通用汽车公司造出来的。其实，这并不算反常，因为在技术领域的大竞赛中，通用汽车公司已经开始掉队了。

卢茨曾在美国三大汽车公司都担任过重要职位，并以通用汽车公司执行副总裁的身份退休。虽然绝大多数职业生涯都在底特律渡过，但卢茨在很多方面都算不上是那种典型的美国汽车企业高管，甚至可以说一直都不是。

鲍勃·卢茨于1932年出生在瑞士苏黎世，7岁时移民美国。不过他不是传统意义上的那种移民，不仅因为其父亲是瑞士信贷公司的副总裁，还因为他接受过的国际化成长历程。卢茨能够说5种语言，年轻时他返回瑞士洛桑接受了中学教育；但他同样接受过正统的美国爱国主义教育，并被美式文化深深影响。后者将其塑造成一个美国人，而不是欧洲人，尽管从出身、家庭等方面说，他似乎更应该是个欧洲人。虽然在欧洲成长，但卢茨的英语并没有口音，他还在20世纪60

年代时参军入伍，成为美国海军陆战队的战斗机飞行员。

卢茨在加州大学伯克利分校获得了他的学士学位和 MBA 学位。不过，别以为他的政治取向和他的母校接近，若是这么想可就错了。他对那些自己不喜欢的事情持一种非常保守的态度，不会受其影响并愿意与之争辩。在他 2011 年出版的著作《绩效致死：通用汽车公司的破产启示》（Car Guys vs. Bean Counters）中，他在全球变暖问题上的态度与主流科学家的看法完全相悖，很多人可能对此会感到意外。

要是论及什么摧毁了我对媒体的信任，没有什么比它们正在讨论的所谓"全球变暖"问题做得更彻底了。对于阿尔·戈尔和他那荒诞的电影《难以忽视的真相》，所谓的主流媒体都是人云亦云，对由数量巨大的且在增长的二氧化碳诱发的全球变暖问题，几乎没有媒体进行过公正的报道，甚至没有人持怀疑态度。每一家电视台（除了福克斯）和每一份报纸都没完没了地关注着正在消逝的冰川（可他们在过去 400 年中一直持续融化着），关注着北极熊在浮冰上的状态（可是，它们会游泳的，它们非但没有灭绝，种群数量还在快速增长呢！），快速升高的海平面（并非如此），以及更高的海水温度（事实上，温度是降低了的！）。

即便是以底特律的标准看，卢茨的脾气也很糟糕。从上述段落中可以看出，其中的每一个事实，要么是对现实扭曲的理解，要么就是明显错误的。他那异于常人的性格，有时让他被认为是一个不可理喻的人。但正是他催生了美国三大迄今为止最成功的插电式混合动力汽车雪佛兰沃蓝达；从一定要制造沃蓝达的过程中，我们可以感受到卢茨身上那种强烈的不安全感，对被媒体关注的热衷，对美式肌肉车的迷恋，以及不愿意妥协的性格。

有一类典型的底特律汽车企业的高管，他们是从一而终的，加入某一家公司后就会在其中干到退休。但卢茨与他们不同，他在多家公司跳来跳去。他在通用汽车公司开始自己的职业生涯，但 1971 年时转投宝马汽车，出任负责其全球销售业务的执行副总裁；此后，他先后在福特汽车公司和克莱斯勒公司任职，在这两家公司中，他造出了福特探险者和道奇蝰蛇这样的先锋车型。

卢茨的创造性基因是美国工业的一部分。事实上，他对美国制造企业和美国汽车制造业有着深深的骄傲。对他来说,没有什么比日本汽车企业更让他厌恶的了,尤其是丰田汽车公司。因为在所有的日本对手中,丰田汽车公司给底特律带来了最大的伤害和侮辱。

在21世纪初的那几年,丰田汽车公司的崛起似乎是不可阻挡的。在低油耗的小型车市场上,该公司长期占据主导地位;在通过雷克萨斯品牌顺利进入豪华车市场之后,丰田汽车公司又满怀野心地试图进入轻型车和SUV市场,而这块市场长期以来都是通用汽车公司最大的利润来源。而就在丰田汽车公司试图从通用汽车公司那儿夺走大型、高耗油的轻型车和SUV市场的份额的同时,该公司还是公认的全球最环保的汽车企业,并从这样的共识中受益匪浅。

普锐斯是丰田产品线中特别的一员。2001年,莱昂纳多·迪卡普里奥驾驶着自己的普锐斯去参加奥斯卡金像奖颁奖典礼,这对丰田汽车而言无异于喜从天降。"我们当时都非常吃惊。"一位普锐斯的设计师回忆道,"我们查了销售记录后发现,迪卡普里奥先后购买了4辆普锐斯。他先是给自己买了一辆,然后给他太太买了一辆,然后又给父母各买了一辆。"

除迪卡普里奥之外,卡梅隆·迪亚兹、邦妮·莱特和拉里·大卫等好莱坞明星也都是普锐斯的车主。两年后的2003年,普锐斯彻底坐实了它是环保意识象征的地位,它"驶入"了好莱坞的星光大道。一家公关公司甚至向丰田汽车采购了5辆普锐斯,作为奥斯卡颁奖典礼的用车,以方便那些有着环保意识的名人们不必开着他们的豪华轿车,而是坐着普锐斯这个绿色环保的车型入场。

许多人并不欣赏这种环保秀。《汽车与驾驶者》杂志嘲讽道:"流行音乐界的皇室成员……梅丽尔·斯特里普,特德·丹森,以及总是出演疯狂角色的理查德·德莱福斯和杰夫·戈德布拉姆,在他们的普锐斯边上嬉戏打闹。"

但该杂志错了,这只是大场面的开始,普锐斯此后多年保持着销量向上增长的态势。2005年,该车销量为2.4万辆,但第二年翻番了;而在2007年,普锐斯销量再次翻番。

早在2003年,卢茨就确定丰田汽车已经给通用汽车带来了巨大的伤害。"对每一个救世主(普锐斯)来说,都必须有个反面角色来衬托。"他写道,"主流媒体在通用汽车找到了它——悍马 H2，一款有着传奇经历的军用车辆的民用版，更小号的版本。"

按照卢茨的看法，对悍马的反对是完全不公平的。但这并非重点，重点在于要想扭转这种伤害，最明显的方式是拿出对应的产品来驳斥日本汽车企业在环保领域和技术领域有着统治地位的说法。由于通用汽车公司的 EV1 项目早就关闭了，而且通用汽车公司也从可恶的加州零排放车辆管理规定中获得了喘息的机会，因此卢茨开始认为通用汽车公司应该再开发另一款电动汽车了。

但即便是对卢茨这位掌握着通用汽车公司高等级权力的人来说，与公司既有的惯性和既得利益相抗衡也是不明智的。于是，他暂时隐忍不发，等待机会。

在通用汽车公司内部，有太多理由不再去开发一款电动汽车；而且对任何一个大型组织来说，说"不"总比说"是"更容易。要开发电动汽车，就意味着通用汽车公司要冒险压上自己的资金、名誉和发展机遇。如果出了问题，该公司就会再次陷入泥潭，就像之前那样，成为电动汽车的连环杀手；即便是成功了，它也可能被监管机构强迫制造数以千计的不经济的电动汽车，就像之前在"冲击"概念车和 EV1 项目中的结局。

但对卢茨来说，特斯拉汽车的快速崛起是不可忍受的，通用汽车必须要有所作为。

"忽然，特斯拉就发布了一个声明：续驶里程 200 英里，0 ~ 60 英里/小时加速只要 4 点几秒，时速最高可到 140 英里，使用了 6831 块笔记本电脑的电池。"卢茨回忆道，"我在会议上说，现在稍等一下。我确实接受了诸位关于我们为什么不能开发电动汽车的每一条意见。但也要提醒大家：现在，在加州，有一家小型的创业企业，它们做到了前述这些事儿！"

仅仅恢复电动动力系统与环保主义无关，不过电动汽车带来的绿色环保的形象也没有坏处。启动一个电动汽车项目的目的是击败丰田汽车，并重塑通用汽车在美国人心目中的形象。当然，通用汽车公司并不会真正引领新一轮电动汽车的发展潮流。在 2004 年，部分日本企业三菱汽车、东京电力公司和斯巴鲁汽车已经开始设计研发其新一代电动汽车了。但卢茨认为无须承认这一事实，因为这会给日本汽车业加更多的分。

美国政府换届了

加州空气资源委员会的政策制定者们认识到日本的电动汽车计划卷土重来了。当加州空气资源委员会看到与电动汽车有关的技术正在快速提升力量，它决定对其早期的野心加倍下注，再一次提升施加在汽车制造商身上的压力。但如果加州空气资源委员会要想成功，美国联邦政府就必须让路。施瓦辛格州长再给美国环保署施加压力，但是布什政府不为所动。

好在 2008 年是选举年，巴拉克·奥巴马的胜出使 2009 年春天时说了算的行政首脑换人了。同样重要的是，汽车工业的地位一落千丈且危机四伏。受油价飞涨、经济下滑的影响，对汽车制造商们很重要的轻型车销量剧减。而当危机深化时，汽车厂商们的担心变成了恐慌，随后变成了绝望。底特律需要奥巴马的帮助。而要想得到美国政府的支持，它们就必须与加州的监管机构达成一致。

第十三章
拯救底特律

美国的产业崩溃

2008 年，美国的新年是伴随着经济疲软迹象开始的。1 月，美国企业裁员人数开始超过新增就业岗位数。几个月后，已有 90 年历史的投资公司贝尔斯登失败，预示着美国金融业的崩溃；危机在夏季继续发酵，最终在 9 月，有着近 160 年历史的美国第四大投资银行雷曼兄弟公司（Lehman Brothers）由于其所持有的不良资产投资组合在短期内大幅度贬值，公司出现巨额亏损而不得不申请破产保护，此举暴露出该公司原先被不法的会计行为掩盖的不良资产组合的诸多问题。

雷曼兄弟公司倒下后对美国金融市场产生的巨大冲击被称为"雷曼冲击"。约翰·麦凯恩（John McCain），巴拉克·奥巴马当年总统大选时的共和党对手，在"雷曼冲击"发生两天后的一次竞选活动的演说环节中犯了个大错误。当时他不合时宜地评论说："美国经济的根基仍是强大的。"共和党候选人的这番话在整个竞选过程中被反复提及，影响了他的选情。因为事实非常清楚，美国经济的基础当时已极度脆弱。2008 年的圣诞节前后，危机到达顶峰，月度失业人数飙升至超过 70 万人。整个国际金融体系和全球经济都处于混乱中。

美国现代风险投资之父乔治·多里奥特（Georges Doriot）曾经说过，每一家创业公司都会经历这样的危机，一通电话在凌晨 3 点把你吵醒，传来的消息令你汗流浃背，仿佛看到了失败后的悲惨结局。这样的危急时刻迫使企业家检查公司的基本优势和可能成功的预设前提。有时，你功败垂成；但有时，涉险过关。

在 2008 年—2012 年间，美国、日本和中国，每一个国家的电动汽车发展都面临着潜在的"游戏结束"场景。对美国来说，不仅仅是电动汽车产业有风险，它的汽车工业，乃至全球经济，也都有这样的风险。

雷曼冲击波

2008 年爆发的金融危机的强度巨大，布什政府和美国国会必须快速应对才能避免危机扩大，但他们都只能够勉强应对。一个例外是时任美国财政部部长的汉克·保尔森（Hank Paulson），他以极大的热情推动行政当局对市场进行干预；他告诉国会，如果它不能采取行动应对这场危机，雷曼兄弟银行 10 天前的倒闭就将"只是问题的起点"。

在美国财政部的敦促下，美国的立法机构和行政机构都快速采取行动来救助陷入危机的银行业。虽然有批评者认为，对华尔街的救助是"自'金手指'以来最厚颜无耻的金钱掠夺，是詹姆斯·邦德电影中才会出现的抢劫方式"○，也有人指责保尔森行为的初衷是试图拯救其老东家高盛；但大多数主流经济学家都认同这种做法，即尽管不算公正，但在当时由美国联邦政府出手救助银行业是必要的，此举可以保护全球金融体系的完整性。于是到 2008 年 10 月初时，美国联邦政府通过了不良资产救助计划（Troubled Assets Relief Program，TARP），斥资从陷入危机的银行购买不良资产，以期能够帮助它们渡过难关。

但由"雷曼冲击"引发的混乱并没有局限在纽约，它带来的影响远远超出了

○ 此意取自 1964 年由康纳利主演的 007 系列电影第三部《金手指》。该片中，富商"金手指"试图控制全球黄金市场牟取暴利。——译者注

华尔街的范畴。其中之一就是，人们突然就停止购买汽车了。用通用汽车公司一位高管的话说，潜在的买家对不确定的未来"非常害怕"，于是他们不再花钱买车。对美国三大汽车公司来说，更糟糕的是他们旗下利润率更高的轻型车的销量陡然下降。到了 2009 年，轻型车的市场占有率不足 50%，远低于近几年的市场状况。

在过去 10 年中，底特律的汽车厂商一直处于缓慢的、隐性的失血状态；但到了 2008 年年底，这却变成了公开、可测算的。外界很容易地就预判出，几个月后，通用汽车公司和克莱斯勒公司的资金状况将无法支持其日常运作，它们的现金流将枯竭。

之所以能够如此肯定地预见美国汽车业几个月后的前景，是因为美国汽车制造商的运作方式。汽车产业链的商业模式决定了，即便需求枯竭了，汽车生产企业也不能以停止生产的方式来应对，因为他们在任何时候都欠着供应商几百亿美元。

以通用汽车公司为例，它每制造出一辆汽车就会在当天将车卖给它的经销商；这种交易通常是由通用汽车公司的财务公司提供资金支持的。车辆被装上运输卡车或者火车，被运往经销商的展厅。大约一个月后，通用汽车公司会将相关货款付给它的供应商。这种财务流转模型就意味着，通用汽车公司时刻都欠着供应商 200 亿 ~ 300 亿美元的钱。

当汽车销售急剧下滑时，造好的车辆就被堆积在停车场里，而不是通过物流被交付给经销商，于是上述的资金链就断裂了。这个时候，该公司的管理者知道大约有 30 ~ 45 天来解决这个问题；如果到时不能把车卖出去，或者找到资金，最多一个半月，通用汽车公司就将吃光自己的现金储备，并最终拖欠债务。如果通用汽车公司不能向其供应商支付货款，就不得不申请破产保护。这是一个会严重破坏品牌的选择，没有人愿意考虑。

理论上，短时间的资金不足是可以通过拆借补上的，但在危机中，没有企业愿意对外借出现金，因为谁都不太相信对方能够偿还债务。由于无法从资本市场获得支持，通用汽车就非常清楚自己有多少未偿付的债务，以及不得不在多长时间里支付这些债务。因此，外界也就很容易判断出几个月后通用汽车公司和克莱斯勒公司的结局是什么——在现金持续净流出后，这两家陷入危机的汽车企业就只能关门停业。

但这并非问题的终点，整个汽车业产业链条是密切联系的，通用汽车公司和克莱斯勒公司破产后，它们的供应商也会跟着完蛋；而其中会有同时给福特汽车公司供货的供应商，因此就不可避免地会把后者也拽入深渊。

华盛顿的冷酷回应

面对如同雪球一般越滚越大的危机，以及美国联邦政府正向金融行业注资以帮助它们脱困的大背景，美国的汽车制造商们决定向华盛顿寻求帮助。从政治的和经济的视角看，美国联邦政府支持汽车厂商们的逻辑都是强大的。但是在华盛顿，通用汽车、福特汽车和克莱斯勒汽车等三家公司的代表却激怒了美国国会的议员们，险些导致后者坐视美国的汽车产业走向覆灭。

这是那次金融危机中最不讲政治的一幕。三家公司的时任当家人——福特汽车的阿伦·穆拉利（Alan Mulally）、克莱斯勒汽车的罗伯特·纳德利（Robert Nardeli）和通用汽车的里克·瓦格纳（Rick Wagoner），全都自信满满地乘坐公司的专机飞往华盛顿特区，向被民主党控制的美国国会寻求维持公司运转的资金资助。然而，尽管它们对美国汽车工业对维持美国就业和中西部地区产业结构重要性进行了详尽的论述，但它们的努力都被其奢侈的交通方式乘坐专机给毁了。

来自底特律的三人组被蔑视和怀疑了，愤怒的国会议员把他们三个人挨个骂了一遍。纽约州民主党众议员加里·艾克曼刻薄地说："这真的是很大的讽刺，有人乘坐自家的飞机来到华盛顿特区，手里捧着金饭碗，却告诉我说他们会削减和精简他们的业务以应对危机。这就好比一个戴着礼帽、穿着燕尾服的人在厨房里劳作，这些都让人不得不产生一些怀疑……你们就不能委屈一下自己，比如乘坐头等舱，比如共乘一架飞机，或者乘坐别的交通工具来这儿吗？（要是你们这么做）那至少表明，你们的确明白现在的形势如何。"

总而言之，他们乘坐专机前往华盛顿求救的行为，让外界产生了这样的共识：美国汽车企业的高管们"并不明白形势"。

底特律的崩溃早在近30年前就发生过。克莱斯勒公司于1979年就差一点关门大吉了，好在它得到了来自美国联邦政府的12亿美元的资助。从那时起，美国汽车业工会组织和管理层上上下下都多次重复表态，它们会走上艰难的改革之路，以使自己具备更可持续的发展。但是在2008年时，美国汽车业面对的问题却较以往更大了，至少从数额上看是这样：美国三大汽车公司合起来向政府要250亿美元的资助。

美国国会拒绝了它们的请求。

导致这种结果的原因之一，是美国汽车产业在过去几十年里成功地以各种各样的方式让自己和美国国内几乎每一个主要利益集团都疏远了。普通消费者认为，这些汽车公司的产品是不合格的；共和党人认为，汽车业的工会组织是不负责任的；而汽车业过去几十年里持续的反对提高燃油经济性和排放标准的行为，也激怒了许多环保团体。

美国中西部地区，即大多数美国汽车业生产工厂所在地，是在美国政治版图中非常重要的"摇摆州"，它们可以决定美国总统大选走势。但是这些州在美国国会参众两院并没有多数席位，因此并不受重视。

好在国会也不想把事做绝，他们转手将这个烫手山芋又抛给了白宫。彼时，美国国会刚刚通过不良资产救助计划（TARP），拨款2500亿美元购买各银行的不良资产。该计划的目标是为银行体系提供流动性，使银行不会倒闭，进而使美国的信贷市场继续起作用。美国国会告诉汽车厂商们：向美国政府要钱去。

但是当美国三大汽车公司向时任美国财长保尔森寻求从TARP中获得拨款时，它们再次受到重创。保尔森出身自金融业，因此他认为金融业要比汽车业重要得多。所以，他告诉通用汽车："这些钱是为银行准备的。"

当然也有好消息，保尔森和他的团队认为还是有一个项目适用于美国汽车业的。一年之前，美国国会通过决议，拨款250亿美元创立所谓的"汽车制造先进技术项目"（ATVM）。该项目是基于2007年生效的能源独立与安全法设立的，为汽车制造商提供贷款支持，以帮助它们能够达到法案对它们设立的燃油经济性目标。只是时任总统小布什并不是特别重视该项目，所以 ATVM 虽然设立 1 年了，但钱并没有花出去。

保尔森的团队成员告诉汽车企业，政府将与它们合作，使整个项目中的资金可以用于企业的当下急需。只是，要想做到这一点，汽车企业的高管们将不得不再次回到与底特律的关系并不算好的美国国会，要求议员们修正之前的授权立法。

电休克疗法

当时，底特律在美国国会的名声已经不好了，但好在已经有东西用于面对美国国会——雪佛兰沃蓝达（Chevrolet Volt）。尽管仍处于研发中，但鲍勃·卢茨的沃蓝达已经开始像丰田普锐斯一样广受关注了，它象征着"好的通用汽车"以及"好的底特律"。

沃蓝达是通用汽车在技术领域的旗舰车型，是一款环保的旗舰车型，它还是该公司再次创业的承诺。但尽管沃蓝达有着巨大的象征意义，但具有讽刺意味的是，它并非通用汽车公司决定制造的基础战略车型。它更多的是因为一个男人的不满以及媒体鼓吹而推出的。

前文我们有提到过，鲍勃·卢茨对于丰田汽车得到的赞誉非常不满意，他憎恶丰田普锐斯。他讨厌普锐斯糟糕的加速性能，讨厌它代表的绿色环保形象，他讨厌人们不得不"节约"能源的想法；他甚至憎恶丰田普锐斯这愚蠢的名字和它愚蠢的外形。在 21 世纪初的几年，他讨厌媒体不停地赞扬丰田汽车出产的普锐斯的事实。"汽车媒体的主题词全都是丰田汽车，丰田汽车，丰田汽车！"卢茨回忆道，"丰田汽车拯救了世界！只有丰田汽车在做有意义的事儿！美国老工业区的企业太蠢了，什么也不考虑。"

卢茨需要从名古屋的"绿色大妖怪"的阴影中走出来。为此，卢茨需要"对外界做出一个强有力的技术表态"，证明和丰田汽车一样，通用汽车在技术上也是很强的。他想要拿出来的，不是日本汽车企业推出的那些小型车，卢茨的想法有些疯狂，他想让通用汽车制造一辆电动汽车的概念车，它是大个头且强有力的，能够充分利用点动力总成系统发出的每一分转矩。简而言之，他要开发一款美式电动"肌肉车"。

在看到特斯拉汽车公司正按计划推广其电动超跑后，通用汽车最高管理层终于同意了卢茨的想法，至少是同意开发一款概念车。很快，在2007年的底特律车展上，卢茨展示了雪佛兰沃蓝达；尽管当时展出的只是一款模型，一个外壳，但它却是寄托着卢茨雄心壮志的模型。它的造型不考虑经济性问题，它有着一个与保时捷造型相仿的前脸，前风窗玻璃的倾斜角度极具侵略性；与沃蓝达相比，素以粗犷豪放著称的福特野马像个懦夫；在燃油经济性方面，和"油老虎"福特野马或保时捷相比，沃蓝达承诺使用电力驱动。因此，至少在理论上，沃蓝达有着巨大的经济性。

在2009年石油危机前夕，随着国际油价的不断攀升，雪佛兰沃蓝达如同磁极一般吸引着外界的注意力，成为美国的热门话题。它的出现让之前被公共舆论法庭判定为有罪的电动汽车刽子手通用汽车，看上去仿佛又回到了技术竞赛之中，而且是以一种大格局返回的。

但沃蓝达并没有看上去那么美好，当时沃蓝达只是一款概念车。每年，全球汽车企业会造出数以百计的概念车，但只有极少数概念车有机会走上生产线，实现量产；对绝大多数设计很前卫的概念车来说，更是如此。而彼时，沃蓝达无疑就是这　类车型。

只是在那一年，通用汽车公司就在很大程度上失去了对自己发展决策的控制力，各种外部事件对其发展起到了作用。公众对沃蓝达的反应是如此强烈，通用汽车公司发现自己不得不把沃蓝达推向量产，否则外界媒体对其鞭打可能使其走向失败的深渊。如果日本汽车企业可以出产有历史地位的混合动力汽车，如果特斯拉公司可以设计出电动超级跑车，那么底特律就可以造出雪佛兰沃蓝达。

在各种因素共同作用下，卢茨得到了量产电动汽车的机会。

"这次是来真的吗？"

2007 年，通用汽车公司开始在全球范围内组建团队来实现量产沃蓝达。在大洋彼岸的该公司德国子公司的总部里，有一位高管对这个任务的成败非常重要。

迈克尔·法拉（Michael Farrah）曾参与过 20 世纪 90 年代的 EV1 项目，他还有着对建造新一代美国造电动汽车所必需的电子系统和集成的工作经验，他也对电动汽车的潜力有着极大的热情。总而言之，他看上去像是沃蓝达开发项目组最适合的人选。但是当底特律方面给他打电话问他是否愿意加入时，法拉的回答却是令人吃惊的"不！"，语气非常坚定。

这么回答并非他不相信电动汽车的概念，他只是不相信通用汽车公司的诚意。"我之前加入过类似的项目。"他回复称，"这些项目没有一个是玩真的。"

在经历过公司上一次处理 EV1 的行为之后，法拉有充分的理由保持怀疑。只是，通用汽车公司这一次真的要大干一场。该公司管理层让法拉自己来做该项目的调查，而他在了解该项目时问过的每一个人都告诉他，这次可不只是尝试。

法拉动心了，因为他知道如果通用汽车公司是真的想要做一件事情，它就能调动非常多的资源来使用。但时间期限也是非常紧的。通用汽车公司计划让雪佛兰沃蓝达在 2010 年时进入经销商的展厅，这个野心已经不能算"大"，而配得上"荒谬"这个词了。

而与此同时，对实现该项目的发展目标也还有其他一些问题要克服。就其技术难度和开发时间而言，该项目与底特律惯有的和通用汽车惯有的做法是不一样的——风险之大，不亚于一场赌博。

为了保证成功，沃蓝达项目团队将不得不丢弃行业惯用的产品开发周期，转而以更快、更创新的姿势向前推进。"伙计们，你们不能按照通用汽车公司惯常的做法行事。"卢茨告诉他们，"你们认为该花的钱，就花出去。遇到问题了就给我们打电话。"恰如电动汽车启动时就能输出最大的转矩，法拉的团队也必须从一开始就使出浑身解数。

该团队的进展是令人振奋的。比如，参与其中的一位工程师就回忆，在他们的团队里，没有"下周"的说法。尽管这个说法是业界常见的一种调度策略，但在这个团队里，所有的事都必须同步推进，钱不是问题。

到 2008 年，雪佛兰沃蓝达的技术团队已膨胀到 500 人。其中，电池、电气和软件代码等方面的专家远超过外界能期望的数量。

为解决续驶里程这个棘手的问题，通用汽车公司经选择后决定选择一种被称为"增程式电动汽车"的技术方案。增程式电动汽车有两个驱动电机，一个精心设计的行星齿轮变速器，并配有 1.4 升排量四缸发动机。在单独用电驱动状态下，沃蓝达可以跑 40 英里，车载发动机可以同步为电机供电。反向运行时，其中一个电机就会产生神奇的助推电效率的效果，依靠制动能量回收。通用汽车公司的工程师们认为，沃蓝达的纯电行驶里程足以满足美国人日常出行所需的 80%。而它的魅力之处在于，如果它的用户想要在 40 英里之外继续旅行，沃蓝达上的发动机就可以满足需求。

该方案的缺点是，把两个系统连接到一起，还得保证性能，既不便宜又不容易。在过去的几十年里，汽车的计算机化水平在快速增加。而沃蓝达则计划把这种趋势提高到一个全新的高度。沃蓝达的控制系统包含约 1000 万条代码，而世界上最先进的联合攻击机 F35 的控制系统只需要 700 万条代码。

除了自己努力外，通用汽车公司也在寻找新的合作伙伴。考虑到这个任务的复杂性，该公司并不准备自己建电池工厂，那无异于自杀。但它必须测试其他厂家制造的电池系统，然后把采购来的系统整合到沃蓝达的动力总成中去。

随着项目的逐步展开，项目组成员的兴奋慢慢变成了恐惧。截止日期一天天临近，问题却依然存在，比如电池组会漏电，火花总在它们本不应该出现的时间、地点出现。而在整个任务过程中，通用汽车公司对媒体采访给出了前所未有的配合。于是，当记者们走进电池实验室时，他们看到的是测试用的电池包上布满的电线，还被捆着溅射出橙色液体的试管。

"通用汽车能完成这个项目吗?"一个记者多次问到这个问题。而无一例外地,他都得到了同样的回答:"失败不在我们的考虑范围内。"

在技术的大漩涡中迷失,而不是在通用汽车的领导力下迷失,是这样一个事实:沃蓝达的成败与公司的运营机制一样关键,都关系到通用汽车的生存。因为当沃蓝达项目涉及的技术问题在通用汽车公司全球各个技术实验室里推进时,一个更大的故事在全球能源市场、在全球经济和美国国会中开演了。

第十四章
被金钱、权力和刺激计划异化的"绿色"

2008 年 12 月上旬，之前被国会专门委员会狠狠修理过一顿的时任通用汽车公司董事长兼首席执行官里克·瓦格纳再次来到华盛顿。这一次，他学乖了，开着一辆尚未量产的雪佛兰沃蓝达的工程测试车来到美国国会。显然，这辆车是通用汽车"写给"当时还被民主党控制的美国国会的"情书"。

"汽车工业对美国经济来说是重要一环。很显然，它目前正面临着巨大的压力，这部分是由目前的全球金融危机造成的。"瓦格纳在出席美国国会听证会时说："我们正在提高我们的技术水平……如果美国退出了全球汽车企业间的竞赛，那将是一种耻辱。"

尽管通用汽车努力地迎合国会，但它希望从先进汽车制造技术（ATVM）项目获取资金来对公司进行紧急援助的提议再一次失败了。民主党人一点都不喜欢汽车制造商提交的计划，因为依旧是汉克·保尔森设计的计划。

对布什政府而言，先进汽车制造技术项目不算重要，但民主党的国会领导层非常看重这一项目，这笔钱有着专门的用处。他们给美国汽车厂商的信息非常清楚："别打 ATVM 的主意。"此举让布什当局感受到了严冬的残酷，也将白宫的外强中干暴露无遗。事情并不复杂，民主党想迫使底特律加速现代化，但他们此举赌上了美国汽车制造业的身家性命。

如果不出手救助美国三大汽车公司，美国政府就将面对丧失 200 万个工作岗位的潜在威胁。不仅如此，底特律若出问题，还可能击垮美国养老金收益保障公司，后者为美国各主要雇主企业的退休金进行保险。一旦如此，就将会出现更大的金融灾难。面对这些威胁，布什政府先是犹豫不决，继而盘算如何操作，最终决定给予美国的三大汽车制造商 174 亿美元的贷款，作为最初设定为 250 亿美元的汽车产业救助计划的一部分。这就是不良资产救助计划中的汽车产业融资项目的由来。

对于布什政府决议要实施的这项救助汽车企业的计划，各界的争议非常大。时任副总统迪克·切尼和许多国会中的共和党议员都反对该计划，但布什总统却强力推进着该计划。他不想成为美国历史教材上记载的那个摧毁了美国汽车工业的总统，他一直秉持的自由市场原则不得不向汽车业和银行业妥协了。

但相对于美国银行业获得的 7000 亿美元的救助，布什政府对底特律的救助只是维持在最低限度。用一位共和党战略分析人士的话说，布什是把问题"踢"给了下一届政府，奥巴马政府将被迫接手了这个烫手山芋。

奥巴马团队的回传球

大多数经济学家很快就相信华盛顿将不得不尽力控制危机，以避免经济陷入衰退中。美国政府需要制定一个凯恩斯主义的财政刺激计划。2009 年 1 月，这一共识连同金融危机的日趋严重的现实，为即将上任的奥巴马政府应对当时的经济问题提供了前所未有的权力，给了他一个特别的机会在美国践行其产业观点。

在随后发布的国情咨文中，奥巴马提出要给美国一个机会来投资新技术，并"赢得未来"。当时，美国联邦政府面临着规划和分配总额高达 7450 亿美元的经济刺激方案的艰巨任务，而且时间窗口非常紧张。但即便如此，它仍需要处理正在加剧的底特律危机。

对奥巴马政府来说，拯救底特律从不是个问题；相反，意见交锋主要集中在具体策略上。新一届政府引入了许多投资银行家，并让他们来监督通用汽车公司和克莱斯勒公司两家公司的重组进程。政府的目标不仅是要拯救汽车厂商，更要让它们重新获得长期的盈利能力，这需要全方位地改造它们的资本结构。由私募基金大拿史蒂夫·拉特纳（Steve Rattner）带领的团队，建议通用汽车公司和克莱斯勒公司分别宣布申请破产保护。对这两家公司来说，这是一剂苦药。几个月来，它们都不愿意考虑这种可能性。

但是那时两家公司的选择就只剩下两个：要么在美国联邦政府的帮助下申请破产保护，要么在没有联邦政府的帮助下申请破产保护。于是，之前一直困扰这两家公司的问题反倒取得了进展。由华盛顿支持的破产保护更有吸引力的一个原因是，这种支持对每家申请破产保护的汽车企业来说都是至关重要的。按照破产法第11章实施的破产保护不仅允许企业继续持有其资产、调整债务，并为其债权人制定还款计划；还允许企业保持运营。但为了实现这一目标，企业必须得到外部资金支持，以支撑渡过整个破产保护过程。而华盛顿是唯一能够提供这种支持的。反之，如果没有充足的资金注入，企业将不得不按照破产法第7章的条款进入破产程序，停止所有的运营行为。此举将诱发巨大的多米诺骨牌效应，迫使成百上千的零部件供应商陷入破产保护境地，甚至破产。通用汽车公司预计，这种局面会导致100万～300万人失业，而且都集中在本已是美国经济最萧条的一个地区。

接下来的事情就广为人知了：奥巴马政府向通用汽车公司和克莱斯勒公司提供了额外的贷款援助，总额高达450亿美元，这使得美国联邦政府对汽车企业的援助总额达到了620亿美元。奥巴马政府还帮助这两家汽车企业制订了一个按照破产法第11章申请破产保护的计划，以使它们能够重新盈利。

但是尽管两家公司都被救助了，但实际上，华盛顿只对一家公司真正施以了援手。

克莱斯勒公司被迫与意大利汽车制造商菲亚特汽车进行合并——美国财政部和联邦政府在2009年春天做出了一个非常好的决定。对于一个正像孩子一样谋求生存和正在寻找一个生命支持系统以求能够支持到那一年的圣诞节的企业来说，这是一个清醒的决定。"5 年后，菲亚特汽车首席执行官塞尔吉奥·马尔乔内（Sergio Marchionne）回忆起当时的情景说："我不会注入哪怕一美元的资金……我要确保我们被给予的所有东西都是安全的，（与克莱斯勒合并有关的）所有工作都围绕这种安全展开。"简而言之，菲亚特汽车当时在进行一个巨大的赌博，而克莱斯勒汽车则不得不"证明自己有生存下去的价值"。

另一方面，通用汽车公司不能失败，它太大了、太宝贵了，而且与美国的整体工业体系交织太深。该公司一位高管回忆，当时准备破产保护计划的过程用的是"苏格拉底问答法"，即通用汽车公司先向拉特纳的团队提出建议，并询问后者这种建议是否足够；拉特纳则回复他们回去再准备一次。如此循环往复，直至条款全部被确定。

最终，美国政府花费的救助汽车企业的费用超过 810 亿美元。作为交换条件，美国联邦政府获得了克莱斯勒公司 9.85% 和通用汽车公司 60.8% 的股权。

经济刺激计划的分配

美国联邦政府向汽车工业财政支持计划（Automotive Industry Financial Program，AIFP）注入的第一笔资金，来自于美国财政部负责的总额为 7500 亿美元的"不良资产救助计划"（TARP）。随后，更多的资金从美国能源部进入汽车业。这些数以十亿计的资金，是总额为 8400 亿美元的《美国复兴和再投资法案》（*American Recovery and Reinvestment Act*，ARRA），也就是通常所说的"经济刺激计划"的一部分。此外，还有来自美国国会民主党人保护的先进汽车制造技术（ATVM）项目的资金池。

一时间，如此巨大的资金该如何分配成了困扰美国政府官员的新问题。美国能源部一位助理副部长就用"令人兴奋的"和"疯狂的"这两个词来形容那段时间的状态。曾经深度参与新一代汽车伙伴计划和自由汽车计划的美国能源部官员菲利普·简哲·吉田（Phyllis Genther Yoshida）如此回忆道："许多人许久以来一直想做的事情突然就可以做了，因为终于有钱可用了！"

由于留给美国联邦政府操作资金发放的时间很短，因此人们感觉到，联邦政府突然就大规模、紧密地、直接地作用于汽车产业。部分由于这种局面，导致美国国内也迅速出现了对美国联邦政府和汽车制造商关系的反思。

奥巴马政府的"新产业政策"

在美国政府于 2008 年开始实施刺激政策之前，对于阻止其更深入地参与汽车研发的问题上，一直都有制度层面和哲学层面的明显障碍。

许多美国人担心反垄断监管管理（此类监管禁止美国企业之间合作进行某些研发工作）会使得美国制造商在面对国际竞争对手时处于一种结构性的不利地位。在 20 世纪 80 年代时，日本汽车业被视为最大的威胁。作为回应，美国制定了一系列立法以铺平美国的公共部门和私营机构的合作，以及跨产业合作的法律问题，这其中最出名的是 1980 年通过的《斯蒂文森－威尔德勒技术创新法》[⊖]

但在美国，这种合作仅仅局限于测试和验证等试验环节，不允许延展到商业化阶段。克林顿总统执政期间，曾试图进一步推动政府的研究机构与新一代汽车伙伴计划的合作，但发现自己要证明这种合作只是一种"测试和验证程序"，所以他当年的尝试并不正确。

但是到了 2008 年，共和党之前的理念被无视了。奥巴马政府认为，行政当局有权制定产业政策。一些新的思想被奥巴马的过渡团队所接受，而在更早一些时候，奥巴马的团队就明确表示倾向于支持电动汽车发展。在 2008 年 8 月发布的奥巴马政府的能源计划中，设定了这样的目标："2025 年时，美国道路上有 100 万辆燃油经济性高达 150 英里/加仑的插电式混合动力汽车。"而且，美国新一届联邦政府的殷切期望是，这些车会"在美国本土制造"。

⊖ *Stevenson-Wydler Act* 的核心内容之一，是要求美国联邦政府投在国家实验室和国家工程中心所形成的知识产权一律对外公开。它与 1986 年美国国会通过的《联邦技术转移法》一起，构成了美国鼓励由国家投资进行的科研项目的成果进行商业化开发的法律基础——译者注。

救命稻草、政治拨款、百宝箱

奥巴马政府实施的一揽子经济刺激计划在执行过程中被异化了。对一些人和企业来说，它是救命稻草，对另一些人和企业则是政治拨款；有些人将其视为一应俱全的百宝箱，还有一些人则感觉它是全凭运气的福袋——里面的东西不一定是自己想要的

当时，美国整体经济形势都不好，生意不好做时，每个人都想从中分一杯羹。想加入者包括目前被政府持有部分股份的大型汽车公司，试图从美国买走一些优质资产的外国大型企业、国家实验室、各类小公司，以及寻找资本注入以求转型的企业家。在某种程度上，这种局面正是美国现行制度的优点，即它总能让各种各样的群体参与其中。但问题是，美国联邦政府有时很难区分谁是投机者，谁是创新者；当然，公平地说，华尔街和硅谷的资本家在这方面做得也不好。于是，政府机构就做出了一些外界看来很糟糕的决策，许多名气很响亮的、得到经济刺激计划资助的电池和汽车类创业公司表现得不好。当然，需要强调的是，这些企业中也有一些开创性的成功。

之所以会出现决策失误，一方面是因为经济刺激计划是被多样化的目标——有时甚至是矛盾的目标——所推动着。引导政府向那些经济上有战略意义的领域进行慷慨投资是目标之一，而培育新的产业则是另一种目标。然后，我们就自然地看到出现了一些令人哭笑不得的双重发展目标，比如既要增加美国能源安全性，又得降低碳排放。

此外，在经济刺激计划开始实施后，马上就有精明的经营者认识到，是否有那些来自有权势的参议员或众议员的支持，会决定他获得的是数以百万计的政府资助还是数以百万计的贷款。同样，企业获得的是资助还是贷款，也可能取决于它在某个特定区域或选区是否有合适的项目。

美国三大汽车公司

当然，在整个经济刺激计划中，除了电动汽车创业企业外，美国联邦政府优

先考虑更多的是传统汽车企业。

道理很简单，美国三大汽车公司中的两家通用汽车公司和克莱斯勒汽车，是必须要重组和转型成功的。美国政府之前为帮助它们脱困而出资换取了它们的部分股权。因此，让它们取得成功是奥巴马总统的政治任务。

另外一家汽车巨头福特汽车没有在这一轮经济刺激计划中得到救助。这并非是奥巴马偏心，而是得益于公司管理层的战略眼光，当然也有一些运气因素在内（译者注：福特汽车的问题暴露得较早，该公司2005年起即陷入严重亏损境地，因此从2006年开始进行了一系列调整）。福特汽车在危机之前就开始了名为"勇往直前"（The Way Forward）的大规模重组计划。到2008年危机爆发前，该公司成功提高了贷款上限额度，关闭了部分工厂，出售了赫兹租车公司等业务板块。这些行为使该公司在当时拥有充足的现金应对危机。虽然福特汽车因为"身体健康"没有获得美国联邦政府的救助，但该公司还是得到了一些收益，它得到了来自先进汽车制造技术（ATVM）项目的低息贷款，总额为59亿美元。此外，美国联邦政府对其供应商的救助也让福特汽车获益颇多。

即便是对运营现金流动辄以十亿美元计的汽车产业，来自美国联邦政府的现金支持之多也是令人惊叹的。政府从"不良资产救助计划"（TARP）中提供给通用汽车公司和克莱斯勒公司两家公司的贷款总额最终超过800亿美元。美国三大汽车公司还从《美国复兴和再投资法案》（ARRA）中获得了数亿美元的拨款，用于电动汽车研究。

当然，天下没有免费的午餐，政府的出资也不是没有附带要求的。

美国政府希望通过这两家汽车公司来影响和激励美国汽车制造商的行为，并用它们来促进燃油经济性的提高和环保技术的发展。于是在2009年5月，奥巴马政府顺利"说服"了汽车制造商，后者放弃了对加利福尼亚州汽车排放和燃油经济性等规定的法律诉讼，还同意了加快研发工作以便能够实现的旗下产品燃油经济性提升。根据2007年通过的《能源独立与安全法案》（Energy Independence and Security Act），到2016年时，美国的汽车燃油经济性平均值要超过35英里/加仑；到2025年时，该标准要最终达到54.5英里/加仑。这一法案是由华盛顿特区的一个名为"确保美国未来的能源安全"（Securing America's Future Energy，SAFE）的团体提出的。

对汽车行业来说，这是一个重大的挑战；而对奥巴马总统来说，则是了不起的成就。在白宫举行的新闻发布会上，美国环保署署长丽萨 P. 杰克逊（Lisa P. Jackson）祝贺奥巴马总统成功解决了曾"被认为是'无法解决'的问题"。当时还是美国联邦众议员的埃德·麦金（Ed Markey）评论说，奥巴马总统已经玩转了"能源和经济政策上的政策魔方"。

他们的评价言过其实了。奥巴马所做的，只是把一个玩具摔得粉碎后再重组它，而不是通过特定的数学天赋和策略来调整或改变。奥巴马政府的能源工作团队拥有全球最好的资源，但他们却傻到不会应用；他们有机会谋求改变，只是他们把力量作用到了底特律。

风险投资公司

在美国联邦政府实施的经济刺激计划中，汽车企业得到了最大的一块蛋糕，它们甚至比银行业拿到的都多。不过除了它们，也还有其他群体从中受益，其中包括一些汽车行业的新进入者：风险投资（Venture Capital，VC）公司。

风险投资公司投资的那些要进行商业化的技术，通常是那种新颖的、有市场潜力的。在美国风险投资界，最著名是这几家机构：KPCB（Kleiner, Perkins, Caufield & Byers）、红杉资本（Sequoia）、德丰杰（DFJ）和恩颐投资（NEA）；而在电动汽车的世界里，KPCB、德丰杰、NRG 与科技伙伴（Technology Partners）等 4 家公司是大腕。

风险投资公司的商业模式是设立大规模的私人资本，它们称之为"基金"，然后把资金投资到有潜力的，能够在 3~5 年内取得回报的公司中去。这些基金规模不一，有的规模只有上千万美元，有的则达到 10 亿美元的级别。大多数风投公司是靠投资飞兆半导体（Fairchild Semiconductor）或惠普（HP）这样的硅谷科技公司起家的。这一类科技公司完全可以通过 3~5 年的发展，就实现盈利或上市，从而给投资人以回报。

不过 2005 年前后，有一些投资机构开始进入诸如能源、汽车这样的产业，这些产业的投资回报周期要明显长于前者。到 2009 年时，这种情况就很常见了。硅谷的一些最负盛名的投资机构开始下重注，赌绿色科技会重塑能源业。

2007 年，KPCB 公司的两位合伙人在《财富》上刊文称，能源系统的转变会是"21 世纪最大的单独的经济机会"。他们说，互联网"代表着类似的破坏性的能量与创造力，在这个领域，我们帮助有远见的企业家创立了美国在线、网景、亚马逊和谷歌这样的公司"。只是，他们的这种说法中有一个有趣的但没说清楚的前提条件："能源"包含非常广阔的工业应用场景，从煤矿开采，到发电，到终端使用效率（例如家庭隔热保温），再到交通运输业和汽车业，无所不及。

从某些方面看，能源产业要比信息技术产业复杂得多。在 IT 业，大多数钱被花在或用在由计算机代码组成的虚拟平台上，新的平台会取代那些明显要逊色的旧平台。然而在能源业，游戏规则却不是这样的。"清洁技术"的许多受益者不是个人，而是社会，例如某项技术会降低污染或减少国家能源进口。

在 2006—2007 年间，许多风投公司的资金投向了硅谷的"清洁技术"相关项目；3 年后，它们要套现退出了。但这些资金遇到了一个问题：受金融危机和制造业创新所固有的相对较长的周期的共同作用，风险投资被困住了。

到 2009 年，美国政府发布的经济刺激计划给了这些风险投资公司脱身的机会：负责分配经济刺激计划资金的官员将数以十亿计的资金投到了那些由风险投资支持的公司。

有人指责政府是在向那些在竞选期间支持奥巴马的投资者进行利益输送。不能说他们有私心，这么分配在一定程度上也是因为他们想要支持创新企业的发展。但批评者的说法也并非完全是出于党派之争，还是有一定道理的。美国国会下属的政府问责局（Government Accountability Office，GAO）的能源项目负责人弗兰克·鲁斯科（Frank Rusco）说："（选择投资对象的）过程并非对所有申请者都公平，因而这种不公平性导致了外界有倾向性的批评。"

按照鲁斯科的说法，因为是临时出现的工作，因此美国能源部在考虑发放贷款事宜时，有许多项目是没有经过进行市场调研、法律研究的，也没有检查项目的技术先进性和商业价值。他说："这是那种先做后说的事。"

经济刺激计划一经实施，那些与华盛顿行政当局和奥巴马竞选团队有着密切联系的风险投资公司就开始着手建立关系，以期帮助自己投资的公司能够通过政府的拨款、放贷的审查过程。在审查过程中，那些有着充分准备的风险投资公司支持的企业的表现是在平均水平之上的。2009 年，《华尔街日报》报道称："风险投资公司正在聘请律师，参加各种专题研讨会，帮助他们投资的创业公司从政府的经济刺激计划的大蛋糕中有所收获。"风险投资这个行业早已下定决心要"拥抱……华盛顿的政府机构"。

在这些申请政府贷款的公司里，有一些成为政治斗争的话题，并为那些批评行政当局在经济发展中的新角色的人提供了炮弹。太阳能板生产商索林佐（Solyndra）公司就是一个典型案例，它被认为是有风投背景，其价值并不明确，但却能通过华盛顿的审查而获得大量的政府基金支持；当它破产时，索林佐公司之前获得的总额高达 5.35 亿美元的政府贷款也随之打了水漂。由此，诸多争议和政治行为不当的指控接踵而至。

另一个典型案例涉及的是 KPCB 公司。这是一家在华盛顿有着重大影响力的公司，它的一些合伙人多年来一直是民主党的"大金主"，还有一人是奥巴马总统的经济复苏顾问委员会（现改名为"就业与竞争力委员会"）成员。KPCB 在绿色能源领域的投资组合总额达 5 亿美元，其中有不少项目陷入困境，就在这时，好消息出现了：华盛顿要发放救助了。人们看到，KPCB 公司投资的与绿色能源有关的企业中，有接近半数从经济刺激计划得到了支持，这一比例远高于其他创业公司申请成功的比例。包括补助、税收减免和政府担保贷款在内，KPCB 旗下企业获得的资金总量至少有 6.8 亿美元，其中绝大多数都是通过美国能源部发放的，当中就有一些非常值得怀疑的电动汽车项目。

从地方分布上看，KPCB 投资的公司是优异的，绝大多数都位于加利福尼亚州而不是美国的中西部地区。但其中获得了美国能源部最大一笔资金的项目却在更偏远的地区：一家名为"菲斯克汽车"（Fisker Automotive）的汽车公司，位于芬兰。

菲斯克汽车脱胎于一款竞标特斯拉设计失败的产品，其创始人亨里克·菲斯克（Henrik Fisker）设计了一款插电式混合动力车（PHEV）参与特斯拉汽车的设计竞标，但没有中标。因为埃隆·马斯克并不喜欢插电式混合动力车，他想要的是性能更好的纯电动汽车。于是菲斯克决定尝试着量产他的概念车。

2009 年时，菲斯克汽车公司一无产品，二无发展计划，还只准备在欧洲生产。然而，这样一家公司却成功地获得了 5.29 亿美元的美国联邦政府贷款。有传言说，时任美国副总统拜登积极地推动着菲斯克项目，因为该公司承诺在副总统先生的家乡特拉华州新建一座工厂。

这或许不是空穴来风，因为拜登在一个庆祝菲斯克汽车公司将会在一座通用汽车废弃的特拉华工厂基础上新建工厂的活动上说："这里的工人一直是世界上最棒的。"据称，特拉华州的前参议员向菲斯克汽车公司的创始人承诺说，他的父老乡亲会再次证明自己。

菲斯克汽车公司的跑车卡玛（Karma）售价约 95 000 美元，在纯电驱动状态下只能行驶 35 英里；卡玛使用一台汽油发电机为电池充电，其油耗可以达到 20 英里/加仑。支持这样一款车很容易导致争议：从价格上看，它就不是普通人可以买得起的汽车；从产地看，它也不在美国生产；从技术路线看，插电式混合动力汽车也不完全是环境友好的。此外，它还有其他许多问题为其招致批评。

但对美国能源部对菲斯克汽车公司发放贷款计划的批评者，经常错误地把菲斯克汽车与另一个项目受益者特斯拉汽车联系在一起。特斯拉公司也生产两座的全电驱动跑车 Roadster，售价高达 11 万美元，也着眼于豪华汽车市场；但在经济刺激计划实施时，特斯拉公司已经售出了上千辆 Roadsters。事实上，特斯拉公司是一个好得多的赌注，但它同样热切地需要来自美国能源部（DOE）的现金支持。

特斯拉公司当初申请了总额为 4.64 亿美元的贷款，以推动其下一阶段的商业计划：制造一辆纯电驱动豪华轿车 Model S。当时，它们的做法是非常典型的华盛顿式"跑部钱进"：与美国能源部的下属实验室和机构们搞关系。"但所有的公司都这么做，并非只有它一家。"一位美国能源部官员回忆道。当然，特斯拉汽车公司的确把这个游戏玩得特别好。许多人质疑为什么它能够申请到那么多资金来开发一个豪华车项目；但在它的案例里，特斯拉汽车与菲斯克汽车不同，特斯拉公司的的确确拿出了商业计划书和技术路线图，来说明自己计划如何推动电动汽车量产。

如 A123 公司一样容易

奥巴马总统团队中的男男女女都喜欢大声宣扬他们开始工作时面对的事实："美国在全球先进的车用动力电池市场的份额，不及 2%。"为了改变这种状况，ARRA 向美国的先进车用动力电池制造商提供了支持，让它们在美国境内新建 30 个工厂，这些工厂总共从美国政府那里拿到了 24 亿美元。"到 2012 年时，"他们说，"美国将拥有约全球先进车用动力电池产能的 20%。"

这种自夸有一个严重的问题：行业分析人士担心，动力电池的产能增加得如此之快，会快到超出汽车企业所需要的产能。事实上，的确如此。

在奥巴马政府推行的汽车电动化行动中，一个非常典型的案例是电动车生产企业 A123。之所以说它典型，是因为这家公司有着很强的风险投资背景，也与美国能源部有着密切的联系，和美国国会的关系也很好，并且雇用了高薪的游说团队。换言之，A123 公司拥有了经济刺激计划中获得成功所必需的所有因素。

A123 公司发轫于麻省理工学院（MIT）的研究成果，最终是由美国能源部进行资金一个项目支持的。该项目与经济刺激计划无关，名为"小企业创新研究"（SBIR）项目。A123 公司得到的首笔 SBIR 项目资金，使它成功进入了美国能源部的体系。在经济刺激计划中，它获得了价值 2.54 亿美元的资金支持。首笔 2.49 亿美元的资金被用于支持它新建一个适合汽车使用的锂离子电池工厂，该工厂坐落于深陷经济危机的密歇根州利沃尼亚市。

但此后，事情开始变得奇怪起来。

A123 公司向菲斯克汽车投资了 2000 万美元，用以交换后者的旗舰车型"卡玛”PHEV 并采购其动力电池。一般来说，菲斯克汽车这样的新兴企业都会想要最小化自己的技术风险，从而更倾向于从已被市场认可的供应商处购买零部件。而通过交叉投资，菲斯克和 A123 两家公司都增大了自己技术风险，一旦有一家公司失败了，另一家公司也难逃厄运。这就是这场交易的奇怪之处。回过头看，A123 公司向菲斯克汽车的投资仿佛是两家公司都将倒霉的序幕。

2009 年 8 月 5 日，A123 公司获得了来自美国能源部的资金支持；9 月，该公司实现首次公开募股，股票上市募集资金约 4 亿美元。10 月，该公司的股票市值攀升到 23 亿美元，每股股价达到 25 美元。那时，A123 公司看起来像是那种将取得成功的清洁技术的代表。

但是到了 2010 年年底，情况完全不同了：该公司的股票价格较高峰时蒸发了90% 有余，股价低至 2 美元。而更糟糕的是，在 2012 年年初，A123 公司宣布召回出售给菲斯克汽车和其他汽车企业的电池包，金额高达 5500 万美元。于是，不算意外地，到 2012 年夏季，这家公司走向破产保护程序。

此后，该公司宣布与一家中国零部件企业万向集团达成协议，万向集团将以4500 万美元的代价购买其 80% 的股份，这只是之前估值的很小一部分。这家公司以“美国造”电池公司的名义起家，然后在它走向破产保护程序后又有极低的价格售出。随后，该公司变更了公司名。2013 年春天，当美国能源部的官员们听说这家公司改名叫“B456 公司”后的第一反应是，这是个“愚人节玩笑”。

在批评者看来，经济刺激计划看上去像是经典的大政府裙带关系。似乎是，从加利福尼亚州来的、有着很强势力的风险投资公司，使用它们的关系和资源来积极追求政府救助。它们不遗余力地追求结果，并成功获得了资金，但是这些投资的结果很明显是不均衡的。

没有“永动机”

当然，有效地进行投资绝非简单任务。而且，需要记住的非常重要的一点是，美国对经济实施大规模刺激计划的目的，不是设立一笔钱作为美国主权财富基金进行运作，而是通过利用这笔钱对清洁技术或“绿色技术”进行投资来调整美国的产业结构和经济结构，从而挽救和刺激美国经济。只是作为金融危机发生的结果而出现的经济刺激计划，其全部要点是把大量的钱尽可能快地转移到安全的地方。而这一点最终导致"绿色"的经济刺激计划变成了相关企业得到的额外奖励。

但是，管理和发放经济刺激计划中与"绿色技术"有关的资金的责任，被压倒性地授权给了美国能源部（DOE），这就使资金的发放成了必然会有缺陷和问题的过程。在很多情况下，该部为某一中标项目拨付出的资金是维持一个项目正常运营所需资金的 10 倍以上；不仅如此，美国能源部做出的另一些决定也让结果更糟糕。

在所有糟糕的决定中，有一项是要求申请者在申请项目时填写一份固定格式的纸质表格，而且是在非常短的时间里完成并提交他们的发展建议。这么做是因为决策者们知道，他们的行为举动被放在显微镜下观察；因此，行政当局的行为是很格式化的，力求一劳永逸，仿佛他们在资助"永动机"项目。一旦有资助项目被宣布，能源部的相关人员就被禁止和参与企业进行交流，这不是问题，因为这是美国能源部处理这一类行为的标准行为准则，此举有助于降低腐败或不恰当行为发生的可能性。但问题是，经济刺激计划是在一个不寻常的时间轴上和不寻常的环境下实施的，这就导致在很多场景下，这种规则变得不公平了，更有利于那些熟悉该如何进行申请并了解系统设定的参与者。有些人就建议，美国能源部最安全的资金投放方式，就是资助那些之前已经申请过的项目。

另一方面，参与项目评审的专家往往来自于美国能源部设立的各个国家实验室，或者其他的技术性机构，这些专业人士对某一个特定领域的企业和技术非常了解，并与美国能源部保持着密切的互动和沟通。在正常情况下，美国能源部在审批项目时会召开一系列"预征集会议"，以更好地与那些对申请资金资助的群体进行交流。但在当时的大环境下，没有时间这么做。

于是，在上述因素的共同作用下，能顺利通过美国能源部审批的项目基本都是这样的项目，即"许多事情是我们之前已经开始做的，我们只是扩大的它的规模"。换言之，那些之前有关系的人或公司在评审过程中有优势。美国能源部的官员们也觉得此事不妥，一位参与其中的官员事后评论道："我们向那些认识的人交流，但并不是已知的技术。"

20 万辆电动汽车

除了向企业提供直接的资金支持，美国政府还为电动汽车购买者提供税收优惠，以此促进其销售。

政府的政策规定，每家汽车企业售出的前 20 万辆电动汽车，其车主可依据所购车辆的电池容量大小获得数额不一的补贴，最高可达 7500 美元。这项政策的附件条件是，车载动力电池的最小容量需达到 4 千瓦时。车载动力电池容量超过 16 千瓦时的车型，如雪佛兰沃蓝达或日产聆风，可拿到满额的 7500 美元补贴。

这种额度的设定过程也没有什么科学依据，曾参与此事的阿密特·罗尼（Amit Ronen）把制定额度的过程比作制作老式香肠。罗尼当时为某参议员工作，他回忆说："我们认为补贴 5000 美元不够，我们又认为不应该补贴 10 000 美元，所以我们决定补贴 7500 美元。"这一制度安排为每家汽车制造商预留了最多可达 15 亿美元的额度，且不考虑它是美国的汽车公司，还是外国的汽车公司。除了汽车购买补贴外，美国联邦政府还为安装电动汽车充电桩提供高额的补贴：2010 年，补贴每个家用充电桩成本的 50%，最高 2000 美元；2011 年，补贴 30%，最高 1000 美元。但所有这些补贴，都是以退税形式进行的，这意味着这些补贴只对那些更富裕的，需要纳更多税的人有益。

此外，美国还有一个预算为 2.3 亿美元的"电动汽车项目"（EV Project），美国联邦政府与加利福尼亚州、俄勒冈州、亚利桑那州、得克萨斯州、田纳西州、华盛顿州和华盛顿特区的地方政府一起，免费安装 14 000 个家用和公用充电桩。该项目的操作方式是由美国能源部向一家名为 ECOtality 的企业拨款 9900 万美元，而参与该项目的私营部门配套 1.3 亿美元资金，共同推进。但这并非美国政府通常进行的那一类研发项目，它是一个半市场化运作、半基础设施推广的项目。实施该项目的理由是，通过这些补贴获得的数据，可以用于更好地推广电动汽车。

和那段时间发生的许多项目一样，该项目的管理有许多不尽如人意之处。负责管理该项目的美国能源部下属爱达荷国家实验室创立了严格的保密协议，要求每一个受"电动汽车"项目资助的参与者都签字。这些协议强调，美国能源部并不允许将这个由纳税人出资资助项目的数据被参与者以外的主体使用。这意味着，这些代价高昂的数据无法供全体汽车产业使用，因而导致项目的意义大打折扣；由于汽车企业不能不受限地使用这些数据来改进已有产品性能或设计更好的产品，因此纳税人作为一个整体也就无法从中受益，他们得到的只是 9900 万美元的收据而已。该项目中另一件可疑的事是，这些充电桩的安装是与石油和天然气生产企业英国石油公司（BP）合作的。但 4 年中，该项目并没有装过几个充电桩；项目的操作者 ECOtality 公司已于 2013 年 9 月宣布申请破产保护，但这笔钱却一直在 BP 的账面上。

充电基础设施的建设之慢令人失望。事实上，到 2012 年春天，通过"电动汽车"项目安装的快速充电桩，有 2/3 都只是在田纳西州黎巴嫩市（Lebanon）的一个名为 Cracker Barrel 的餐厅边上。与之形成鲜明对比的是，在 2013 年年初，日本已经布置了 1700 个快速充电桩。

就推动电动汽车发展而言，快速充电桩非常重要的作用之一是，它们可以让电动汽车车主有信心驾驶车辆去更远的地方而不必担心起电动汽车会耗尽电力。使用慢充桩需要 6～8 小时才能获得的电量，通过快充桩只要 20～30 分钟就能搞定，这种效率足以让电动汽车车主不会因电量所限而不得不滞留某处。

"美国的半场时间"

经济刺激计划是一个巨大的机遇。奥巴马政府应用自己独特的影响力在美国汽车产业中推行积极的产业政策。但就其必要性而言，这些政策是匆忙出台的。它们被指责为有裙带关系，以及深受华盛顿游说集团的影响。然而，尽管有着许许多多的缺点，但奥巴马政府的计划仍代表着可能开启一项美国的工业战略。这些项目能否持续，在很大程度上由一场全国性的讨论来决定，这场讨论的极点就是 2012 年的美国总统大选。

2012 年 2 月一个寒冬的夜晚，一场激烈的比赛进行了中场休息环节。电视机前的美国人听到了一个热情而沙哑的嗓音，它从黑暗的、隐藏的甬道里传出。"现在是中场休息。"这个声音说道，"每一支球队都在自己的休息室里讨论，如何在下半场赢下比赛。"随着镜头左转，一个斜长的人影也在漂浮着前进。"这也是美国的中场休息时间。"老牌影星兼大导演克林特·伊斯特伍德（Clint Eastwood）对观看 2012 年"超级碗"比赛的近 1 亿名狂热的美国观众说道。

这是克莱斯勒公司在 2012 年"超级碗"中场间隙播出的广告。在美国政府的帮助下，该公司此前在美国金融危机中幸存了下来。通过这则广告，克莱斯勒公司想要传递这样一条信息：它又一次强大起来，并准备全速前进。在"超级碗"中场休息时，所有的广告都是 30 秒时长，内容设计也讲究快节奏，看上去像是一场闹剧；而克莱斯勒的这则广告"美国的半场时间"看上去似乎无穷无尽，全长 2 分钟。它最终在充满激情的、慷慨激昂的、为美国复兴而进行呐喊中达到顶峰。"这个国家不能被一拳打到，我们会再次崛起。当我们卷土重来时，全世界都会听到我们全速前进的引擎声。"伊斯特伍德对仍受到大衰退影响的观众们说道。

这非常强有力！

但是克莱斯勒公司和伊斯特伍德本人被共和党人和福克斯新闻网非常严厉地批评了，因为这则广告被认为是毫不隐讳地为奥巴马政府代言或背书。这是那种有可能在几周之内平息的争议，但由于伊斯特伍德在 7 个月后再次寻求进军美国政坛的努力而被翻了出来，这一次是非常故意地选在了共和党的全国代表大会上。

被共和党的战略决策者们视为秘密武器的伊斯特伍德登上了共和党大会的舞台上，这是一个被红色、白色和蓝色覆盖的舞台。现场观众人数要大大少于"超级碗"，但它被直播给超过 3000 万关心美国政治和选举的人。

伊斯特伍德出场时带着洋洋得意的笑容，只是令人难以理解地拖着一把空椅子。原来他决定不按确定的脚本表演，而是即兴创作一部短剧来讥讽时任美国总统巴拉克·奥巴马，那把椅子就是奥巴马的替身。

"啥？你想让我对罗姆尼说啥？"

"我不能告诉他那么做……他不会对自己那样的。你是彻底地疯了。"

现场和电视机前的政治分析人士看着伊斯特伍德的表演，大跌眼镜。他自编自导自演的这出闹剧就出现在米特·罗姆尼上场前几分钟。虽然是闹剧，但它无疑是这场在很大程度上注定会被遗忘的共和党全国大会上仅有的不可磨灭的时刻。

忽略伊斯特伍德那卡夫卡式的独白表演，他的表现突显了一个严重的事实：如果奥巴马真的获选连任，这就真的是底特律的，以及奥巴马政府大量的能源政策的潜在变革的半场时刻；如果奥巴马输掉竞选，那么这方面的游戏就结束了。至少在此后的 4 年里，他的绿色交通和能源议程将会被共和党视为一个糟糕的玩笑。出路就是如此明确的两条。

尽管支持太阳能电池板制造商索林佐、菲斯克汽车、A123 公司和其他一些公司的行为使自己备受攻击，但奥巴马仍然非常强调清洁能源产业的重要性，当然还有电动汽车。"很少别的突破像电动汽车那样，能够提高车辆燃油经济性并降低我们对石油的依赖。"奥巴马在 2012 年选举前夕对一群大学生说，"在我上任后，我马上就设立了目标；要到 2015 年时，让 100 万辆电动汽车在美国的道路上行驶。我们为那些研发电动汽车的公司，和那些想要买电动汽车的人提供政策奖励。"在竞选期间，副总统乔·拜登将奥巴马政府第一任期内的成就高度总结为一句话："通用汽车还活着，本·拉登死了。"奥巴马政府将通用汽车的生存与本·拉登的死亡放在其政绩的同等高度，足见他对美国汽车业的持续关注。

另一方面，如果罗姆尼赢得总统大选，毫无疑问，他会寻求撤销政府对电动汽车创新和推广的支持。他支持共和党对破产的清洁能源部门的认知，甚至称特斯拉汽车是"失败者"，并将它与失败了的索林佐公司及另一家正在挣扎但也即将倒闭的企业菲斯克公司联系在一起。罗姆尼公开反对特斯拉，他从根本上就不支持这家美国最有创新力和前途的企业。因此对全球的电动汽车支持者而言，当米特·罗姆尼在 2012 年 11 月 6 日深夜发表败选演讲，称他的妻子安·罗姆尼"本来可以成为一位非常好的第一夫人"时，给他们带来了解脱。

　　颇有讽刺意味的剧情反转发生在一周后，特斯拉的 Model S 成为第一款全票当选《汽车趋势》杂志"年度车型"的车型。这促成了一个非常经典的埃隆·马斯克式报复。马斯克在接受采访时故作深沉地表示，罗姆尼对他本人的那句中伤——"说得没错，但对象错了"——是对的。不难理解，马斯克真正想说的是："现在谁是个失败者?"

　　电动汽车的销量起初很低，但马上就快速攀升。虽然美国的起步表现不错，但电动汽车领域严肃的观察家都知道，美国并没有真正获胜，这是绝对可以确定的一点。

第十五章
大灾难

福岛的恶魔

2011 年 11 月的某个凄冷的夜晚，大雨冲刷着东京千代田区的路面，仿若雾一般穿过齐胸高的金属护栏。6 位警察守卫在一座处于黑暗中的庞大建筑前；在距离他们不到 10 码[⊖]远的地方，停着一辆全副武装的警用运输车，另有一辆停在它后面。"继续走，别停！"一名警察催促路人快走，他的同伴则抱歉地解释：之所以请他快走，是因为此处正在采取安全保卫措施。

这群警察守卫的建筑物是东京电力公司的总部办公大楼，该公司拥有并运营着福岛核电站。8 个月前，该核电站发生了严重事故，险些就摧毁了位于日本东海岸的东京都市群，并有可能把日本东北部变成类似切尔诺贝利一样的荒芜之地。但与苏联不同的是，日本并非幅员辽阔的大国，1.3 亿日本人拥挤在和美国加利福尼亚州面积相仿的、满是山丘的国土里，没有足够的空间来化解类似事故。

───────────────

⊖ 1 码 = 0.9144 米。

173

每到晚上 8 点，穿着灰西服和白衬衫的职员便源源不断地走出东京电力公司的大楼，快步涌入附近的新桥地铁站；与此同时，还有许多人陆续返回这栋大楼开始加班，个个都满脸疲惫，绝大多数都是男性。运气好的夜晚，偶尔路过的路人会听到楼中职员对溜走的公司高管们发出的咒骂；运气不好的晚上，东京电力公司的大楼会被激进的反核活动者所包围。

某天早上 8 时 15 分，姊川文彦（Fumihiko Anegawa）召开了一个讨论日本电动汽车发展项目的会议。在日本，知道电动汽车的人就知道姊川文彦。他被广泛誉为日本现代电动汽车发展运动中具有远见卓识的人。但在那个时候，东京电力公司发展电动汽车的创新努力的重要性在下降，导致这种状况的是不断恶化的福岛核事故。

在附近中餐馆吃晚餐的过程中，姊川文彦以一种缓慢的、显然是经过深思熟虑的语气解释了在过去 10 个月中，日本的电动汽车发展及他所热爱的核工业所遭遇的问题。他似乎陷入迷惘中，因为姊川文彦说话的语气让人感觉到仿佛经历了战争一般；而且他是如此专注，以至于他都没注意到期间传来的一次低强度地震的震动。

和美国一样，日本也经历着 2008 年爆发的金融危机。只是相较于其美国同行，日本的汽车制造商的状况还不错，在竞争中处于相当有利的位置。当然，它们也面临着许多问题。比如，丰田汽车公司那段时间就备受（是由于车内脚垫干扰加速踏板所致）"踏板门"的困扰。那几年，丰田汽车的销量和股票价格大幅下跌。2008—2009 年，丰田汽车的全球销量下滑了 20%，而其股价下降了约 40%。但即便是在危机最严重的日子里，该公司依然手握 250 亿美元的现金，仍可以保证投资人的信心。因此，与通用汽车公司不同，丰田汽车公司可以很轻易地应对任何资金缺口。除该公司外，其他的日本汽车企业也遭遇了挫折：日产汽车公司的销量下滑超过 30%，本田汽车公司的销量也出现下滑。但在日本几大主要汽车厂商中，没有一家企业陷入濒临破产境地。简而言之，它们面临的形势是可怕的，却并非灾难性的。强大的汽车企业和稳定的政府政策支持，允许日本的电动汽车发展项目可以持续增强实力。

但天不遂人愿。正当日本看上去要在电动汽车领域建立起不可动摇的优势地位时，灾难发生了。东日本大地震，海啸引发福岛核危机，这足以动摇任何工业大厦的基础，日本也不例外。

姊川文彦此前曾为让电动汽车成为便宜、安全和无碳的核能的完美拍档而战斗多年，他已成功获得了日本强有力的经济政策制定者和一些日本汽车业巨头的支持。但因为福岛核事故，他的美好愿景灰飞烟灭。实际上，姊川文彦的核梦想变成了日本的核噩梦，他钟爱的核反应堆也处于困厄中，他致力推动的电动汽车也命悬一线。

所有这一切都发生在 8 个月前，发源于大洋深处数英里处。

神的行为与人的行为

2011 年 3 月 11 日下午 2 点 46 分，太平洋板块猛烈地撞击了欧亚板块，导致了一系列连锁反应，引发灾难性后果。地震震中位于日本东北海岸线 42 英里深处，地震冲击波从那儿发出，穿过太平洋直抵日本本土。

日本松岛港 3 英里外，一艘日本海岸警卫队船只的船长注意到他面前的地平线忽然向上弯曲。这幅画面充满了奇幻色彩，但他无暇细想，因为这种情况要求他快速采取行动应对。船长迅速地将他的船头调整至直面快速攀升的海浪，将发动机功率调至最大地向前冲去，当船径直冲上如山一般高的海浪时，他紧张地屏住了呼吸。在澎湃汹涌的海浪中，他那艘大船显得如此渺小，被浪潮忽而抛起忽而坠落。在他上空，一位日本自卫队飞行员观察到海啸呼啸着冲向岸边，他惊恐地发出了简洁的警告："海啸！巨大的海啸！"

在那些危险的分分秒秒里，从海上来的巨浪如同死神的镰刀一般快速接近日本东北部的沿海城镇。在日本沿海诸地都建有防备海啸的防御工事——防洪堤保护着港口、船坞和城镇。但在许多地方，这场灾难摧毁了所有这些防御工事。与所有有史料记载的大海啸不同，没有人能够预测此次海啸的大小。地震使当地海拔降低了足有两英尺[⊖]，某些地方还留下了被 100 英尺高的海浪冲击的痕迹。咆

⊖　1 英尺 = 0.3048 米。

哮的海浪冲进内陆，抹去了城镇，汽车被奔腾的急流冲走，房屋和社区都被冲垮。数以千计的生命被浑浊的洪流吞噬。

在日本东部沿海，散布着几十座用高标准建造的核电站，其中有 11 个正处在此次大海啸的前进道路上。女川市位于震中偏北部，海啸引发的海浪到达该地时高达 50 英尺，巨浪冲走了该市 1 万居民中的 1500 人。不幸中的万幸是，女川市的核电站是构建在高地上的，并伴有 30 英尺高的防洪堤。此后，当地的幸存者陆陆续续地转移到这里。

女川核电站躲过一劫，但在它南边 110 英里外的东京电力公司福岛核电站的情况，就非常不乐观了。

吉田昌郎（Masao Yoshida）是福岛第一核电站的站长，他负责核电站的运行以及此处 600 多名东京电力公司雇员的健康和安全；他还要负责不让该核电站对周边居民和环境造成不良影响。

3 月 11 日，当大地在下午 2:46 开始晃动时，吉田站长噤若寒蝉，他祈祷震动会马上结束。但事与愿违。他想跑去避难所躲避，但震动如此强烈，使得他不敢移动。他所在办公室的天花板裂成两半。仅仅在一周前，福岛核电站还举行过一个专门的培训，教工人们在发生大地震时该怎么应对。此时，吉田昌郎只能默默地祈祷所有的情况都能按预定计划运转。福岛核电站有 6 个机组，这种情况下应该逐一关闭。所有这些应急行为此前都被广泛地研究过，但世事无定数，他不能保证什么。当大地还在不断震动时，吉田站长试图把精力集中到此后几分钟和几小时他应当采取的措施上。不过在此之前，他需要进入紧急状态操作室来领导整个核电站采取应对措施，必须要快！

在控制 1 号和 2 号反应堆的主控制室内，工程师们或被震倒在地上，或试图抓住东西保持平衡。在那一刻，值班经理伊泽几尾（Ikuo Izawa）意识到这并不是一场普通的地震。他对下属喊道：“停机！停机！”意在提醒他们人工关停核反应堆。“关闭一号反应堆！”他吼道，但他的声音被现场的嘈杂声所淹没。好在，现在的工程师们都知道该怎么办。

“一号反应堆，半关闭！”

"二号反应堆，半关闭！"

他们口头确定着应当进行的动作。

"一号反应堆，全部关闭！"

"二号反应堆，全部关闭！"

在一片混乱中，他们吼叫着起动了备用的柴油发电机组供电冷却系统，该系统被放置在核电站的地下室内。每一件事都按照应急预案推进着，但相对这场灾难，他们的行为太无力了，也太迟了。

高达 50 英尺的巨浪轻松越过福岛核电站外围 18 英尺高的防洪堤，摧毁了电站内部的电力系统，并涌入了放置有备用发电机组的地下室。洪水轻易地摧毁了福岛核电站所有的保障措施，不到一个小时，核反应堆里的温度和辐射量急剧上升，平常用于发电的、精心校准的核反应堆开始失控。由于冷却系统失灵，核燃料棒熔化成液体，形成放射性水坑，并开始熔解包裹在它外面的密封的安全壳结构。

当时，姊川文彦正在瑞士日内瓦参加一个国际会议。他在会场接到了来自自己副手青木弘之（Hiroyuki Aoki）的电话。他被告知，福岛核电站的反应堆已经失去控制，备用系统也瘫痪了。"我简直不敢相信这一事实。"姊川文彦事后回忆道。而更让他惶恐的是，他意识到："青木先生并不知道核电站的细节。"

青木弘之没能帮助姊川文彦冷静下来分析事态。在东京电力公司一间会议室内，人们看着他在白板和座位间不到 15 英尺的空间里来来回回地走动着。他回忆道："我当时在想，我们可能全都会死去。"

这并非危言耸听，当时福岛核电站中已经有 4 个反应堆着火了，这意味着日本东部地区有可能遭遇核危机。对于经历了自 1923 年关东大地震以来最严重的自然灾害的日本而言，彼时的福岛核电站就相当于一颗原子弹，一颗可怕的人造炸弹。

现在，姊川文彦必须回国了。

日本的后院

事态非常严重，核电站的运营商和日本的政治家们不得不尽全力地去化解灾难。

第二天，就在日本时任首相菅直人（Naoto Kan）面对反对党自民党关于他领导的政府对地震、海啸和核事故的应对的质询时，福岛核电站地震隔离屋忽然被巨大的震动所侵袭。尽管在过去24小时里，日本多地发生了许多次大地震的余震，但这一次比之前的都要猛烈，破坏力都要强。房间里陷入一片混乱：工人们被从座椅上震落下来，天花板倒塌，工厂的空气过滤系统被摧毁了，这使得建筑物内部满是高度污染的尘埃和空气。当毒气气体侵入指挥中心时，工人们纷纷戴上空气过滤口罩，等待着仿佛火山灰一般的尘埃慢慢下落。

这次事故被电视直播了，菅直人首相马上就被质问了诸多关于福岛核电站发生的爆炸的问题。可怜的首相也懵了，他完全不知道刚刚发生了什么事情。他没有想到东京电力公司的核反应堆会一个接一个地报废。从政治角度看，这一幕是非常糟糕的，它让菅直人看上去力有未逮，事情超出了他的能力范围。

事实上，也确实如此，但当时人们还没意识到究竟发生了什么。有人认为是一个核反应堆保护壳爆炸了，这意味着现场所有人都将死于核辐射。在应急指挥室中的东京电力公司雇员们很清楚地看到，1号机组的第五层建筑被炸成了碎片。

实际发生的情况较上述猜测略好，但仍很糟糕，核反应堆的保护壳被并没有破裂。当内部压力超过了设定限值后，核反应堆开始向保护壳泄漏氢气，而炙热的保护壳没能笼罩住这些氢气。在巨大的压力下，裂缝很突然地出现了。巨大的反应堆大楼像一个气球一样，以可怕的力量向外面环绕的大气和海洋释放出放射性气体和水。

"当第一次泄漏发生时，我真的以为自己会死掉。"工厂经理吉田昌郎事后回忆。但当他意识到他的同事没有一人死于非命后，他下定决心继续战斗。"我为那些受伤的同事感到难过，但我觉得神佛正在上面注视着我们。"他说。但是，尽管吉田昌郎鼓起勇气战斗，但事态还是失控了。

"到底发生了什么事？"

那天，日本首相菅直人被听见向东京电力公司总裁清水正孝（Masataka Shimizu）咆哮："到底发生了什么事？"

在一系列事件中，清水正孝和福岛核电站站长吉田昌郎双方打起了"御前官司"，把电话都打到了日本首相那里。有报道称，清水总裁当时想要彻底放弃注定要完蛋的福岛核电站，此举可以保护他的雇员，但也会导致核电站的全面崩溃；一旦核电站爆炸了，有可能在日本东海岸各地诱发连锁反应，这片区域也会被抛弃；进而，政府将不得不疏散东京的市民，从而对日本的环境、社会和经济造成不可计量的损失。另一方面，吉田昌郎站长则恳求给他更多的时间，他表示，只要允许他在那儿保留一支队伍，他就能控制住福岛核电站这个恶魔。

吉田昌郎站长的提议是向发生问题的核反应堆注入海水，并应急使用新的系统以冷却反应堆所在建筑物。但日本政府担心这么做所导致的后果，因为此前已有太多的地方出错了，他们不确定会发生什么事。日本政府官员想确定如果将海水注入核反应堆，会发生什么样的后果，比如会导致它爆炸吗？而对吉田昌郎站长来说，事急从权。他很明白现在的形势有多可怕，没有任何出现错误或延误的空间。但是吉田昌郎也明白，政府将会命令他停止注入海水，除非他能够提出一个令人信服的分析，即这样做是更安全的行动。

吉田昌郎并没有向首相掌握的权力所屈服，他选择相信自己。3月12日一早，处于风雨飘摇境遇的菅直人首相来到事故现场，吉田昌郎对他的到来很平静，也很坦然。当菅直人首相要求他打开反应堆的阀门释放其中的压力时，吉田昌郎平静地解释道他还没有做好准备。但是东京电力公司已经组建了类似"神风特工队"这样的队伍来干这件事。"神风特工队"这个词引起了首相的注意，他退缩了。

在他向日本首相官邸打电话前，吉田昌郎和他的下属们一起开了个内部战略决策会议。"大家看，"他向大家说，"总部可能会告诉我们暂停注入海水。如果我们被这么要求了，我将会装模作样地告诉你们那么做，但我希望你们继续注入海水。明白了吗?"

于是，在东京电力公司最高层和日本政府官员面前，吉田昌郎下令推迟将海水注入反应堆，直到所有可能的反应都被彻底地检查过。接着，他关掉了监视摄像头，继续注入海水。在他看来，如果抗命是成功的代价，那就应该这样办。吉田昌郎不再接受来自东京的指令，他是当时唯一可以阻止福岛核电站变成核地狱的力量。即便是面对死亡，他也不会后退。

最终，菅直人首相否决了清水正孝的指令，同意了吉田昌郎实施的方案。在菅直人做出推进实施的指令时，吉田昌郎的计划早已展开实施，并且成效明显。不必要的工人被疏散了，那些二十多岁、三十多岁的工人被要求离开，他们的人生路还很长。

抱着宁死不屈的决心，吉田昌郎率领着由东京电力公司在核电站的高级雇员组成的小队进入了反应堆。在政府对外公布的英文新闻稿中，这一行人被称为"福岛50死士"，但事实上人数远不止50人。这些勇士身处满是放射性的失控的火焰，以及被沸腾的燃料储存池所包围的环境之中。在他们工作时，他们缓慢地被核辐射毒害着。同时，氢气爆炸也持续地发生着，对其生命构成直接的威胁。

在福岛核电站周围，恐慌情绪在蔓延，随着辐射水平的急剧上升，以及信息的不透明乃至完全缺乏，覆盖了数以百万的人口范围。政府发出的警告与东京电力公司发出的相冲突，也和美国大使馆发出的信息相矛盾，使得大批外国人想要离开日本，人群堵塞了机场;日本国民则纷纷试图尽可能地远离福岛地区。

姊川文彦回到日本来应对福岛核事故，他的专业知识不容忽视。回国后，姊川文彦开展工作，试图稳定福岛的反应堆。"核能是一种'不能在我家后院'开展的业务"，他事后回忆道，"但是在福岛核事故中，'我家后院'是整个日本。"

关于绝对安全的被扭曲的神话

核灾难将东京电力公司变成了令人讨厌的反派角色，而它此前一直被认为是日本经济备受尊敬的基石。核能是东京电力公司电力供给体系中基本的一块，因此对该公司来说，放弃核能是不可想象的。不过在福岛核灾难结束时，很多人都相信东京电力公司已经丧失了发展核能的自主权。

"东京电力公司和日本国家核工业安全局（NISA）都很清楚这方面的风险，但是并没有什么举动被用来修正已有的规则。"日本国会的一份调研报告如此说道。关于福岛核电站，亦有人批评说，是"被扭曲的绝对安全的神话"，即它是努力排除加强日本境内核电站安全性的各种行为。外界一致的看法是，海啸是天灾，但东京电力公司和日本经济产业省的严重失误放大了海啸的破坏力。"在我看来，福岛核事故既是天灾，更是由东京电力公司和日本经济产业省造成的人祸。"昌久内托（Masahisa Naitoh）解释道，他是日本经济产业省前任能源政策负责人，现任日本能源经济研究所主席。

旋即，东京电力公司要做的就不再是尽快扑灭含放射性元素的火焰了，而是要为自己的生存而战了。

对福岛核事故现场的清理和疏散工作使东京电力公司元气大伤。核能是该公司运营的一揽子能源体系中的脊柱，也是其应对日本未来低碳社会的战略计划。至2011年6月，东京电力公司的股价蒸发了90%；该公司的错误决策使其股东损失了390亿美元，并面临着破产诉讼。仅仅是对福岛核事故受害者的补偿就是不可估量的，由此使相关责任人的心理压力往往大到难以承受。比如在国会接受质询时，面对反对党自民党对其事故处理决策的指责，日本经济产业相海江田万里（Banri Kaieda）泣不成声。

考虑到所有这一切，东京电力公司已没有什么闲情雅致来发展电动汽车了，放弃姊川文彦的核电驱动电动汽车的计划似乎是最小的悲剧。

东京电力公司曾经有一个很好的想法，一个大胆的想法；但是最终，受天灾人祸的影响，它功亏一篑。

火炬传递到了日产汽车

为了应对危机，东京电力公司削减了各种能够削减的研发计划和资金，其中就包括它的快速充电网络项目CHAdeMO。在被该公司砍掉的项目中，有一些被来自全球的私营企业合作伙伴接手，另一些则直接被搁置。尽管东京电力公司无力继续主导发展电动汽车，但它还是认为自己已经把发展电动汽车的火炬，以及CHAdeMO项目的主导权传递给日产汽车了。"在福岛核事故后，该我们来领跑了。"日产零排放计划事业部的总经理大贺旗峰（Kiho Ohga）回忆道，"它们几家公司干不了这事。"

东日本大地震发生之日，大贺旗峰正在日产汽车公司总部的顶层办公，这一层是该公司首席执行官卡洛斯·戈恩和其他最高管理人员的办公楼层。幸运的是，日产汽车公司最新的总部大楼在设计时被要求可以抵御最高等级的地震，大楼的地基结构可以有效吸收地震波。但对于在其中工作的人来说，他们却没有感受到安全：楼里陷入一片混乱，桌子、书架和文件柜都在晃动，秘书们发出了尖叫声。大贺旗峰回忆起当时的情景："总部陷入混乱中，人们四处逃窜，但又无处可去。"

仅仅在3个月前，日产汽车公司刚刚发布了耗资40亿美元研发的电动汽车——聆风（LEAF）。该公司预计这款车会引起媒体轰动，因此在制订的发展计划中也涵盖了大量的公共宣传。但在福岛核事故的大背景下，如果再按计划做推广，既不可能又是高度不合适的。"对聆风的推广计划被砍掉了。"大贺旗峰回忆道，在日本本土发布聆风电动汽车将会是一个比该公司任何人所预期的更艰巨的努力。

考虑到有很多人批评因日本经济产业省的能源部门监管不严而导致了此次核事故，我们也可以说，经济产业省需要对摧毁了姊川文彦和日产汽车公司多年艰苦努力的工作负责。从这个意义上看，日产汽车公司的管理团队和东京电力公司的电动汽车团队都完全有权利向日本核能管理机构表示愤怒。但具有讽刺意义的是，在海啸之后，东京电力公司、日本经济产业省和日产汽车等汽车企业更加相互依存。原因很简单，受工厂、化工和其他工业设施的大规模损害的影响，汽车销量已开始下滑，汽车企业们较以往任何时候都更需要日本经济产业省的帮助。

2011年4月，日本的汽车销量较2010年同期下降了51%。祸不单行的是，那一年泰国也发生了大规模洪灾，许多日本汽车厂商在那里建有工厂，洪灾使日本汽车企业的海外产量下降。更糟糕的是，日元汇率那一年也在不断攀升，又使其国内工厂出口的产品很难有利润。

在这诸多混乱中，日本经济产业省的任务是非常明确的：帮助汽车厂商尽可能快速和彻底地恢复，再整合它们的资源来推动日本经济的恢复。

但怎么看待在震后电力短缺时还要促进电动汽车的销售呢？由于福岛核电站关闭了，被称为或许是全球最节能的城市东京被要求在接下来的几个月里减少电力消耗约15%。这意味着人们要渡过一个漫长而炎热的夏季。东京电力公司也需要定量考虑它的专业人员、人力资本和财务资源。作为第一步，日本国会通过了由日本经济产业省设计的方案来帮助东京电力公司，并安置了从福岛地区撤离出来的16万名被疏散者。当电力巨头的独立生存越来越不可行后，该公司被迅速地国有化了。

在关闭了日本境内所有的核电站进行安全检查后，日本政府设计了一个方案来降低对峰值用电量的需求，以免使已瘸了一条腿的日本电力系统过载。该方案强迫部分工厂晚上开工，另一些工厂则在周末开工。日本境内的办公楼都被要求执行严格的节能举措，政府还建议上班族采用"清凉商务装"的着装方式，在一些地方则是"超清凉商务装"，即穿短袖T恤取代西装、领带的正式服饰。这种着装方式使写字楼可关掉空调。而城市的灯非完全必要的，也都不开。通过种种举措，东京削减了18%的电力需求。

日产汽车公司与日本经济产业省一起，找到了一种让日本的电动汽车能有助于日本震后恢复的办法。震后的许多地区，道路被毁坏了，汽油无法被运到那些受灾最严重的地区。然而，在许多地方，电力恢复得更早。于是，日产汽车公司为医生们和救援人员配置了许多聆风电动汽车，有效地帮助了震后恢复。

在几周里，日产汽车公司和日本经济产业省开始合作加速部署车-家（V2H）系统的计划，在停电的时候，该系统能让一辆电动汽车为一户日本家庭提供2天所需的电量。它们推断，电动汽车可以被用于一种战略能源存储设备，对厌倦了震后总是停电的东京地区居民来说，V2H系统使电动汽车更有吸引力。在此后两年，大约有10%的聆风新车主同步购买了V2H组件。

12 月，日本经济产业省也重新实施了"环保车"补贴项目，之前在金融危机时曾经采用过类似的项目来帮助国内汽车企业提升销量。该补贴现在被用于对抗自然灾害、居高不下的日元汇率和在泰国遭遇洪灾等问题的后遗症。效果还是很明显的：第二年 1 月，日本国内汽车销量就同比增加了 40%。

中国挑战

日本面临的境遇是不得不同时痛苦地面对上述挑战中的两个，甚至 3 个。但除此之外，中国的发展也是一大挑战。

很多人都认为来自中国的挑战会是它高质量而又低成本的制造业。日本经济界和商业界的领袖已经一再要求本国政府机构尽其所能地来帮助本国汽车企业保持在技术领域的领先优势。日本首屈一指的商业媒体《日本经济新闻》曾刊发一篇评论，可作为日本精英阶层对中国最具代表性的看法：这种来自中国的挑战确实存在。文章写道：

2009 年年底，中国政府宣布要在 2015 年时将中国在全球电动汽车市场上的份额增加到 10% 的目标；还启动了一项补贴项目，拟为每辆电动汽车提供最高可达 6 万元人民币的补贴，以刺激其销售……中国显然已决定跳过混合动力汽车的发展阶段……中国正试图取得汽车制造领域的领导权，通过利用正在汽车工业界发生的革命。日本汽车厂商需要回应中国的这种变化，通过发展电动汽车来在这个至关重要的市场上与当地企业开展竞争。

作为对中国的刺激政策的回应，日本政府亦实施了新一轮补贴政策。但是中国和日本的工业竞争仍在激化。

在 2009 年时，电动汽车动力电池市场是高度集中的，主要参与者有两家：一家是丰田汽车公司和松下公司的合资公司，名为"第一地球车用能源公司"（PEVE）；另一家是三洋电气公司。两家公司占据了 95% 的市场份额。丰田汽车公司的电动汽车动力电池全部由 PEVE 提供，它还为日野汽车、大发汽车、本田汽车和福特汽车供货。

松下公司于 2008 年收购了三洋公司，美国的反垄断机构对此发出警告。但在三洋将部分镍氢混合动力车用电池生产工厂剥离，不纳入收购合同后，美国联邦贸易委员会还是通过了对两家公司合并的反垄断审查。中国负责反垄断监管的商务部则对此持更广泛的看法，它关注与电动汽车和混合动力汽车使用的车用电池相关的那部分资产。这种局面之前从未出现过，可见中国正在设法对日本的电动汽车电池制造商进行监管。这显示中国正在以一种更强势的办法参与到电动汽车的全球竞赛中去。

静水依旧深流

面对这一系列的危机冲击，我们很难不佩服日本人的机智和毅力。尽管遭遇了地震、海啸、日元汇率走高，全球经济危机，以及中国的挑战，日本仍然在电动汽车的发展竞争中处于主导地位。

日产汽车的"聆风"、三菱汽车的"i"等纯电动汽车和丰田普锐斯插电式混合动力汽车开始进入欧洲和北美市场的展厅。即便与核电站被关闭前相比，电费上涨了，但日本国内的纯电动汽车却比之前卖得更好。日本经济产业省还与日产汽车、三菱汽车两家公司合作，共同在日本国内建设大量的快速充电站，可以在大约 15 分钟的充电时间里，给聆风和 iMiev 增加 40 ~ 50 英里的续驶里程。在法国，标致汽车让三菱汽车以"i"电动汽车为原型车为其贴牌生产标致品牌的电动车，并在欧洲市场进行销售；同时，日产在欧洲的合作伙伴雷诺汽车在日产纯电动汽车技术的基础上继续发展，意在领跑欧洲。

2010 年夏季，麦肯锡公司发布了一份全球电动汽车发展排名。在这份报告中，日本的排名在法国、德国、美国和中国等国之后，仿佛该国没发展电动汽车似的。日本的排名怎么这么低，哪里出了问题？而到 2012 年夏季，麦肯锡此前的报告被来自市场的事实击碎。那一年，日本汽车制造商在全球范围内售出了超过 6 万辆插电式混合动力汽车，占据了全球混合动力和电动汽车市场份额的 90% 以上。毫无悬念，日本这一次排名第一。

对某些人来说，尤其是那些加州人，如罗兰·瑞瑟（Roland Risser），这算不上是什么令人惊讶的事儿。瑞瑟曾经在 20 世纪 90 年代时负责过太平洋燃气与电动汽车项目，现在则是美国能源部建筑科技项目的负责人，他不认为这是什么值得令人惊讶的事儿。"日本人总是在前面领跑。"在其华盛顿特区的办公室里，瑞瑟眺望着窗外的波多马克河，以一种嫉妒的语气评价道："他们就是那种做得多说得少的人。"

第十六章
幸运的 2008

中国电动汽车的奥运会机遇

作为中国汽车创新的领导者，万钢有一项令人嫉妒的能力，可以"在政治和技术之间取得平衡"，极少出现不知该说什么好的情况。他的这种政治天赋在他回到中国后为他带来了巨大的红利。万钢从 2007 年起出任中国科技部部长，在他逐步在中国政治体制中向上晋升时，万钢还保持着自己对电动汽车的热情。用中国的一位汽车企业高管的话说，"这是万钢的最看重的项目"。作为中国的高级领导人之一，他拥有权力、权威，也有经费来实现自己的梦想。

中国成功赢得了举办 2008 年奥运会的资格，对这届奥运会，中国领导人承诺要办成"绿色奥运"。为实现这一目标，北京对其整个工业体系进行了严格的管理。

这就是中国人为什么花费如此多的精力在他们的电动汽车项目上的另一个原因。有将近 10 年的时间，为奥运会服务的宗旨支配着中国研发电动汽车的形式和步伐。

2008 年，中国制造了近 900 万辆汽车；此后一年，它就变为全球最大的汽车市场。中国想要展现一点：中国正在引导一场对抗空气污染的技术竞赛。较中国汽车厂商原本的发展计划，北京奥运会推动他们走得更远、更快。

奥运会带来的发展机遇

2006 年，中国科技部选择了一些汽车厂商加入到中国国家电动汽车项目中，其中包括一汽集团、东风汽车、奇瑞汽车和上汽集团等企业。作为被选中加入"863 计划"的回报，这些公司将发展自己的电动汽车，并按时交付给奥运会使用。

但是到了 2007 年，中国科技部选中的企业却都陷入麻烦了。没有一家中国汽车公司掌握了制造一款电动汽车所需的核心技术：先进的电池、电机和逆变器系统（其作用是让电机和电池能够相互"交流"）；中国也缺少更复杂的混合动力系统所需的供应链。要想赶在 2008 年 8 月的最后期限前完工，企业还需要做大量的工作。

对这些，作为该项目的协调人，也是中国政府在新能源汽车领域顶级顾问之一的清华大学欧阳明高教授，则轻描淡写地回顾了当时的局面。"当然我们确实承受了一些压力，"他说，"那毕竟是非常重要的时刻。"

奥运会是如此重要，以至于原先计划中对技术必须是自主创新的要求松动了，按时完成成为最重要的。例如，奇瑞汽车就向一家英国工程顾问公司里卡多寻求帮助。里卡多公司是全球三个顶级汽车工程公司之一（另外两家分别是德国公司 FEV 和奥地利公司 AVL），它的长处是对那些汽车企业的工程师认为太复杂或资源太少的项目提供咨询服务。比如里卡多公司就帮助开发了宝马迷你 Copper 使用的动力十足的紧凑型动力总成系统。但即便对它来说，北京奥运会的时限也是非常紧的。"这个项目可不轻松。"该公司的项目经理回顾说，奥运会的召开已近在眼前了。

为了解决推广中国制造的混合动力汽车的要求，奇瑞汽车和里卡多公司决定开发一种链接式系统，该系统能够把混合驱动器链接已有的车型的传动轴上，这个解决方案并不算好。真正的解决方案应该是把混合动力部件直接加入到车辆的传动轴中，但那时不能按这个思路推进，否则时间就不够用了。从奇瑞汽车的角度看，这种混合动力系统是个好东西，是一个巨大的技术进步，而且也是满足奥运会最后期限的解决方案。

在开发过程的最后几个月，奇瑞汽车告诉里卡多公司，自己需要 50 辆使用这种链接式混合动力系统的车。此时，对该公司和这个项目来说，时间已经所剩无几了；也无须再讨论，资金不是问题。于是里卡多公司接下了这个项目，直到最后一刻，技术问题都还在困扰着这批车。双方工程师夜以继日地安装混合动力系统，测试系统软件算法中的缺陷，对装配好的车进行路测验证。最终，这批车得以按时交付。但里卡多公司却非常担心它们的可靠性，奇瑞汽车的解决方案是雇用并培训专门的驾驶员来开车，以应对可能出现的故障。

在奥运会结束后，奇瑞汽车方面对这一项目的评价十分高，认为是巨大的成功。但里卡多方面对最终结果的评价却有一些尴尬。该公司一位高管后来说，这些车辆"只是半成品"。

除了混合动力和纯电动出租车外，北京奥运会上也有中国出品的纯电动公交车。由于北京的客车制造商福田汽车只能在时限内交付 46 辆纯电动公交车，再加联合国开发计划署捐赠了 4 辆锂离子纯电动公交车，这使得奥运会期间投入运行的纯电动公交车数量达到 50 辆，也使得奥运会期间投入运行的电动汽车数量跨过了 500 辆大关。

十城千辆计划

北京奥运会是一次成功的奥运会。出现在奥运会期间的中国国产电动汽车，虽然使用着里卡多公司设计的系统和经过专门培训的驾驶员，但还是再一次给世界留下了这样的印象：中国可以完成它想完成的所有事。

就在推进奥运会的电动汽车项目时，万钢已经开始准备第二个，也是更大的行动计划来开发国产电动汽车了。到 2008 年 10 月，他着手准备面向即将到来的 2010 年上海世博会的新的电动汽车计划。

当时，在湖南召开的一次会议后，一位中国记者报道到："科技部部长万钢表示，'科技部正准备发起一个新的项目，在 10 个城市测试电动汽车'。"据这位打听到内部消息的记者说，中国将会推广 1 万辆新能源汽车。

这个项目涉及的是中国人讨论的新能源汽车。但看上去，它的确切定义却随着政治的和宣传的重点而不断变化。比如在 2010 年，万钢部长解释说"清洁柴油车"不是新能源汽车，燃料电池车是，混合动力汽车也算是一种。但他所说的混合动力汽车是当时热门的技术：插电式混合动力汽车，而非油电混合动力汽车。到了 2010 年 11 月，中国媒体报道称，重庆市已被选定为这个新项目的第一个试点城市，该项目的名称是"十城千辆计划"。

"十城千辆计划"将从公交车、邮政车和其他使用政府财政拨款购买车辆的领域开始，然后拓展到私家车领域。尽管与最初拟定的 1 万辆相比，1000 辆的数量要小很多，但在该计划推进过程中，数量却是在不断变大的。

"十城千辆计划"已经超出了科技部的权限和"863 计划"的范围，于是该计划改由中国中央政府的 4 个部委一同领导，它们分别是国家发展和改革委员会、财政部、科技部以及工业和信息化部。按照该计划，在 2010—2012 年，中国政府计划为电动汽车的推广补助 30 亿美元，并在此后的 10 年里再追加 150 亿美元。此外，该项目还会涉及数以亿计的、没有出现在最初预算中的补贴。这些补贴包括地方政府提供的补贴、示范项目经费、低价土地、低息贷款和其他激励措施。示范项目之一就是备受关注的 2010 年上海世博会。

中国的经济刺激政策

在美国雷曼兄弟公司倒闭后，中国政府意识到，中国经济正面临着潜在的危险。因此，为保证经济增长，中国政府宣布了一项巨大的经济刺激政策：政府宣布将投入约 6000 亿美元用于拓展其社会福利项目，刺激国内消费。

时任国际货币基金组织总裁多米尼克·施特劳斯-卡恩高度评价了这些政策。他说："此举不仅通过刺激需求而对全球经济产生影响，更对中国经济本身有许多影响。我认为这对纠正失衡来说是好消息。"

中国此次刺激政策被认为是历史上最有效的，远比在美国、日本和欧洲实施的那些政策要成功。这一点在中国的汽车行业上体现得最明显。

2009 年 1 月，中国国内汽车销量较上年度同期有了显著下降。这促使政府出台了一系列刺激政策来鼓励国民购买小型的、燃油经济性更好的国产车。2009 年 3 月，中国政府宣布为推动汽车下乡，鼓励农民将农用车换购成更清洁的汽车和微型面包车，将投入 7.86 亿美元进行购置补贴。更重要的是，所有的小排量汽车都将获得税收优惠，其车辆购置税将从 10% 降至 5%。类似的"旧车换现金"项目此前已在日本、美国等国开展，以期刺激汽车需求。

这些政策的效果可谓立竿见影。仅仅一个月时间，中国的汽车销量就一改颓势，实现飙升。2009 年全年，中国汽车销量同比大涨 49%，月度同比增幅最高达到 22%；而同期，美国、日本和欧盟的汽车销量都在下降。这一年，中国超过美国成为全球最大的汽车市场，并再也没有被反超。

紧接着，中国政府于 2010 年 5 月宣布为新能源汽车提供财政补助，依据电池电量的大小，插电式混合动力汽车可享受最高可达 7500 美元（5 万元人民币）的补贴，纯电动汽车最高可享 9000 美元（6 万元人民币）的补贴。当然，要想获得上述补贴也是必须满足特定条件的，与之前一样，政府要求一辆电动汽车里的 3 个核心零部件（电池、逆变器和电机）必须至少有一个是从一家有着完全知识产权的中国公司购买的。

这项要求印证了许多业内人士长久以来一直猜测的事：中国正致力于赢得新一代汽车的竞赛胜利。为此，中国政府的政策会给参与者以资金奖励。于是，中国的诸多汽车制造商纷纷开始开发自己的电动汽车。

媒体记者和中国问题观察家们以一种混合着恐惧、嫉妒和羡慕的心态看着中国开启自己的汽车电动化之旅。他们都清楚，中国汽车工业是建立在西方制造商的技术之上的；他们看上去同样相信，尽管类似的情况在全球汽车产业发展历史上从未发生过，但技术上落后的中国汽车厂商或许有可能超越许多发达国家的同行。

　　在汽车产业发展史上，每一个曾获得某些领先技术的国家，都是首先在吃透既有的汽车技术基础之上再进行更复杂的创新的。比如，在排放领域独领风骚之前，本田汽车就已经是一家世界级的发动机公司了；丰田汽车在制造混合动力汽车普锐斯之前，就已经是一家在全球范围都有着统治力的汽车厂商了。特斯拉可能是唯一的例外，但它也依然严重依赖从其他汽车企业处直接购买的技术，甚至是制造工厂。

第十七章
中国的能力危机

或许在很多人看来，没有什么事情是中国做不成的。比如，上海浦东从不毛之地到成为全球现代化程度最高的地方，就仿佛是在一夜之间完成的；再比如，当欧洲、美国和日本正在艰难地应对 2008 年开始的经济大衰退时，中国的经济发展依旧稳健；又比如，中国政府能够在很短时间里就修建了全球最大的高速铁路网络，纵横交错遍及全国。

当中国于 2001 年加入世界贸易组织后，该国就步入了中国汽车技术研究中心情报所总工程师黄永和先生描述的"黄金十年"。在这段时间里，中国汽车市场规模实现了年均 40% 的增长。对此，黄永和的评价是："我们认为这是正常的。"

的确如此，中国的发展看上去总是超出西方国家的想象，而中国人对这种结果似乎已见怪不怪。

因此许多人认为，如果万钢和中国政府计划在汽车技术领域超越西方国家，他们就能够做到。或许正因为如此，许多国际游资投入了数十亿美元组建起对冲基金、私募基金和财团，想要加入到中国发展电动汽车的过程中去。它们对中国的认识并不深入，它们对中国电动汽车市场的认识更浅；只是因为它们认为自己不能错过中国政府计划进行的电动汽车转型浪潮，再加上许多西方国家的媒体也认为这种转型是世界领先的，所以它们才会这样做。这些国际资本被告知，中国要发展电动汽车的决心来自其最高领导层。比如中国汽车业的一位从业人士就认为，是中国最高领导层亲自主导着电动汽车补贴项目。因此，对资本界而言，这种规模的产业转型机遇可遇而不可求，而且其增长潜力是令人难以置信的。目前，全球汽车产业的总量相当于印度全国的经济总量，这么大的一个产业的转型，意味着巨大的市场机遇。没有什么比中国进行这样的转型更有潜力的事情了。

但即便是富有经验的行业专家也没有意识到，基于电动汽车建立一个新的交通运输系统会是件多么复杂的事情，而中国政府也没有能够真正发展制定一个完整的战略来完成这一壮举。

面对中国蓬勃发展的汽车市场，人们很容易就会忽视掉日本和美国的努力。在经济陷入长达 10 年的低迷发展后，日本市场对国际游资的吸引力已不如中国。美国的汽车工业也不受欢迎，其最大的汽车厂商通用汽车公司，由于受到政府救助而被戏称为"政府汽车公司"。⊖

但事实上，恰恰是日本和美国才是这一次电动汽车转型的真正驱动力。

在美国加州，加州空气资源委员会（CARB）精心设计的政策迫使全球主要汽车厂商开始制造电动汽车。为推动本国的电动汽车产业实现可持续增长，日本政府的技术官僚们与企业共同合作建立了调整机制；日本还投入巨资兴建了遍布全国的快速充电网络。

尽管许多美国资本家对于美国联邦政府用财政资金资助通用汽车和克莱斯勒汽车渡过难关一事不屑一顾，但却对与中国政府的合作非常着迷。或许在他们看来，在中国经济体系中，每一件事都非常高效，政府可以让需要发生的事情发生。按照这一逻辑，为什么中国在电动汽车领域的表现会有所不同呢？

媒体持续的宣传加深了各界对上述因素的印象。在中国的实践中，中国政府想要中国的企业研发制造电动汽车，并相信他们能够更容易地造出比燃油车更好

⊖　通用汽车的英文名为 General Motors，通常简称为 GM，因此才有被篡改为 Government Motors 的说法出现。——译者注

的电动汽车。他们认为，制造电动汽车所需的电机、逆变器和锂离子电池，在技术上都已具备足够的成熟度；如果有必要，他们还可以设法从外国公司获取有价值的技术。一时间中国的汽车企业都在设法让自己看上去忙于研发，忙于推广电动汽车。

但是，电动汽车所需的充电基础设施在哪里？如果外国公司决定不拿出压箱底的技术换取被允许进入中国市场的许可怎么办？届时，中国公司该从哪里获取技术？还有，谁会购买中国自主开发的电动汽车？这些问题，都没有得到回答。

在理想状态下，电动汽车所需充电基础设施会由政府出资兴建；而且在理论上，这些设施的成本应当相当便宜。中国正在新建大量的住房、停车场和道路，只要经过一些协调，为电动汽车充电的管道和电线的布置，是可以被整合到这些基础建设工程中去的。

如果中国想要生产低成本、高质量的电动汽车，汽车企业本应该去获得国外的技术来开发产品（一如在美国加州发生过的那样），而不是为冒险赚取补贴而生产不尽如人意的电动汽车。事实上，如果中国政府接过加州的大旗来领导全球电动汽车的发展，外国公司应当是被鼓励，甚至应当是被要求与中国本土汽车企业竞争，生产出中国市场需要的最好的或最有吸引力的电动汽车。这样的竞争可能会激发出适当的商业模式，吸引中国富裕消费阶层，这一阶层之前使用的是外国公司的燃油汽车，在合适的商业模式下他们会去购买高质量的电动汽车。

如果真的那样做，中国可能会出现自己的特斯拉汽车，中国企业有可能成为全球电动汽车领域真正有竞争力的参与者。

山高皇帝远

北京是中国的首都，因此对北京市政府来说，采用地方保护政策发展电动汽车的难度很大。但中国有一句谚语"山高皇帝远"，说的是，在多数时间，是地方官员在掌控当地。时至今日，这一点依然正确。

中国人口超过 13 亿，且幅员辽阔，因此，尽管中国中央政府控制着许多关键政策的制定，但各地方政府却经常控制这些政策的落地与执行。"（中国政府发展电动汽车的）基本策略是权力下放。"负责过世界银行在华电动汽车项目的肖米克·马恒德拉塔（Shomik Mehndiratta）说，"然而，地方政府采取的一些行为其实并没有什么效果。"因为发展新的基础性运输模式，以及在从根本上说需要由政府法令推动与促进市场竞争的领域，权力下放就会出现严重的反作用，不同地区之间的政策会很大不同，无法形成合力。

与一家公司独立发展一个模块或一个产品不一样，发展一款适合消费者需求的电动汽车是一项系统性挑战。发展电动汽车所需的产业集群和供应链需要被培育，有些零部件还需要进口。

即便是在美国，最先进的电动汽车制造商也会从日本或韩国采购重要技术或零部件。比如，特斯拉汽车使用的电池包是日本松下制造的，雪佛兰沃蓝达使用的电池包是从韩国 LG 化学公司采购的。电池这类零部件需要在一个专门的清洁工厂中制造，这种工厂对车间清洁度的要求是与传统的汽车生产厂完全不同的。通用汽车公司和特斯拉汽车公司也知道，它们并不具备这样的能力，至少暂时还没法应对这种挑战。不仅它们没有，任何一家美国公司都还未做到，这也就是为什么在奥巴马政府实施的经济刺激计划中受益的许多电池生产商事后破产的原因。

把电动汽车生产出来，只是解决了许多障碍中的第一个。企业还需要安装给电动汽车充电所需的基础设施；为避免不同车辆之间无法通用的问题，诸多标准还需要被讨论确定。每一家公司都可能有自己的解决这些问题的一整套方案。如果每一个城市、每一个州和每一家公司都各行其道，那么新建的充电桩和新的电动汽车就将面临永远达不到规模效益的风险。

在一个更发达、保护更少的市场中，这些要素能通过供求关系或既定的规则，在市场经营过程中可以自然地达到平衡。然而，在电动汽车这样的新兴行业里，市场在很大程度上是被政府管理的，因此就需要冒许多风险。由于产品和技术都是全新的，因此数据方面就有很大的差异。电池生产商、整车制造商、服务供应商（例如充电站的运营商）、电力机构和政策监管机构等，都要被严密地组织起来，以便电动汽车的消费者能够驾车从一个城市到另一个城市；也唯有如此，电动汽车才会成为人们日常生活的一部分。

理论上，在中国做到这一点并不难，正如北京新能源汽车股份有限公司的首席技术官在 2010 年时说的那样："在 2012 年，北京市将推广 2 万辆电动汽车，这些车全部由我们公司提供。"这并不难理解，毕竟中国发展电动汽车的基础是政府采购和补贴。按计划，到 2012 年时，"十城千辆计划"要推广的电动汽车数量将超过 3 万辆；数十个地方政府已承诺会采购少则百辆、多则千辆中国制造的电动汽车。

只是，当国有汽车企业开始制造自己的电动汽车时，它们通常会排斥外来者。这里谈及的"外来者"并非指通用汽车、丰田汽车或其他的跨国汽车企业，而是中国其他省市的汽车企业，后者被视为威胁。这种地方保护主义使得中国政府发展和推广电动汽车的努力被分割成了数十个不同的区域，各自为战。每一个企业都想获得公司所在地的市场冠军。但中国那时还基本不具备设计、装配和制造一款可推向市场的电动汽车的能力，更不用说同时上马几十款车型了。于是毫不令人吃惊地，上市销售的电动汽车的性能很糟糕，而且与之配套的基础设施建设也很薄弱，在这些因素的共同作用下，中国培育出一个私人使用电动汽车的市场机会着实渺茫。

中国政府给出的补贴本计划是能够应对这种挑战的。在许多省市，消费者在享受国家补贴的基础上还能同时享受配套的地方政府补贴。在 5 个主要城市，累计的补贴总数高达 1.9 万美元/车，比美国任何地方能享受的补贴都要多。但这并不够。

在发展国产电动汽车方面，最大的和最强有力的企业是包括中国海洋石油总公司、国家电网公司、中国石油天然气总公司等在内的 20 余家庞大的国有企业，这些企业都归属中国的国务院国资委管理。在国资委的组织下，这些国有企业组成了"中央企业电动车产业联盟"（SEVIA）[⊖]。但即便是联盟中的企业，在如何成功地开发出一款电动汽车方面也没有好办法。

⊖ 该联盟成立于 2010 年 8 月，英文缩写为 SEVIA，但最初的发起企业是 16 家，而非作者表述的 20 余家。——译者注

深入 SEVIA：中国海洋石油总公司

在 2008 年北京奥运会期间，中国海洋石油总公司（CNOOC，以下简称中海油）就对电动汽车产生了浓厚的兴趣。该公司于 1982 年成立，全面负责中国对外合作开采海洋石油资源业务；目前，中海油是中国石油产业三巨头之一，有很强的实力。

2001 年时，该公司在香港证券交易所首次公开发行股票，成为一家上市公司。尽管它是中国仅有的 3 家石油生产企业之一，但中海油刚刚上市的那一年，由于中国油价较低，中海油的股票市值只有 60 亿美元左右。直观地看，60 亿美元还不到特斯拉汽车 2014 年 8 月市值的 1/15。但中国在 21 世纪所需的石油，有很大一部分是要由中海油负责提供的，因此，中海油的最高管理层深知，他们要奋发努力，用业绩纠正资本市场对其股价的低估。

在中海油上市后不久，该公司时任首席执行官傅成玉和英国石油公司的首席执行官约翰·布朗尼（John Browne）一起开了一次早餐会。后者想要知道，傅成玉准备把中海油的规模做到多大。

对此，傅成玉的回答是："（中海油要达到）雪佛龙那个水平。"布朗尼则告诉他，这是一个非常非常大胆的设想，然后他礼貌地补充道："我假定你能够做到。"然后，在短短 10 年中，中海油的市值就从 60 亿美元攀升至 950 亿美元，相当于雪佛龙 2001 年市值的 1.5 倍。正如其他许多发生在中国的事情一样，这很难不给人留下深刻的印象。

因此，当一家有中海油资金支持的电动汽车创业公司科达汽车（CODA auto）在 2010 年到华尔街募集资金，准备在中国建厂制造电动汽车时，西方国家的企业高管和基金经理们都认真地对待该公司。尽管只是在 10 年前，在中国建厂生产电动汽车的想法还是荒谬的；但到 2010 年时，美国的资本家们对"中海油""电动汽车"和"中国"的概念是不能再热衷了。而科达汽车，恰恰占全了这 3 个概念。

在科达汽车路演会议上，人们能够看到"中国优先"的信念是如何驱动美国投资界和金融界人士的。"我已经看到了（光明的前景）！中国的每一样东西都电动化了，每一样呀！在中国，电动化的进展比美国要快多了，比我们任何人期待得都要快！这一切正在发生！"一位参加科达汽车组织会议的银行家激动地说。

中国政府推动电动汽车产业超越西方国家，是非常有吸引力的投资概念。在"中国概念"光环的笼罩下，任何与中海油有关的业务看上去都是一笔好买卖。中海油是中国进步最快的，也是最有前瞻性的石油巨头，该公司在其海上石油平台安装了风力发电机，用于为这些平台供电，并减少碳排放。2010 年，中海油宣布要在距离北京 3 小时路程的渤海湾上建设一个 1000 兆瓦时的海上风电项目，也就是相当于一个大型核电机组的发电量。要知道，那一年，美国国内还在为是否允许在科德角（Cape Cod）附近海域安装海上风力设备而争吵。如果与中海油这样一家企业一起进入中国的电动汽车项目，未来看上去有无限可能。

2008 年，中海油正式"下注"电动汽车产业，该公司开始购买与能够生产出电动汽车有关的各类零部件系统。

天津力神

中海油在电动汽车领域的投资热潮始于 2009 年的一个令人吃惊的大动作：该公司宣布计划投资近 10 亿美元入股天津力神电池股份公司。在那一年，天津力神是中国第二大锂离子电池生产商，仅次于比亚迪。"我们找到了一家好企业，它拥有出色的技术、很好的管理以及很大的发展空间，但却没有人愿意投资。"中海油的首席执行官在 2010 年秋天时对外如此表示。该公司决定迎接挑战。看懂中海油的策略并不难，好的电池是一款有竞争力的电动汽车的核心，天津力神则是中海油电动汽车发展计划的核心。

天津力神从事电池研发的时间很长，早在 20 世纪 90 年代中期，该公司就从中国电子科技集团第 18 研究所独立出来，成为天津市所属的商业实体。其领导者为秦兴才先生，他在过去十几年里成功推动了该公司向前发展。

在中文里，"力神"的意思是"力大无比的天神"，该公司取这样一个名字的原因之一，是其早期用户包括中国的太空发展计划和军队。事实上，天津力神就坐落于一个从事"863 计划"研究的大型实验室附近，有上千名中国科学家在这个实验室里工作。

天津力神的客户并不局限于中国国内，它也是美国苹果公司最大的电池供应商之一。在电动汽车领域，天津力神的主要精力都放在它与美国电动汽车创业公司科达汽车（CODA）的合资公司上，这两家公司的合资工厂坐落于天津市的另一边。这家合资公司的注册资金是 1 亿美元，中方占 60% 的股份，美方占 40%。对天津力神而言，来自美国方面的技术外溢是主要吸引力之一。在中海油于 2009 年投资入股后，天津力神的锂离子电池生产能力已超过比亚迪公司；2010 年时，中海油决定向与天津力神与科达汽车的合资公司追加投入 2 亿美元的决定，迫使后者向纽约的私人投资机构募资，以便能够匹配这次增资。

有了中海油的资金支持，天津力神的发展进入了快车道。中海油的巨额利润允许该公司在扩大生产能力和技术能力方面进行大量投资。到 2010 年年底时，天津力神决定扩大产能，使其电池包产能增至年产 200 万英里。在那个时间点，看上去天空才是该公司发展的上限。因为中海油的首席执行官在 2011 年时确定了这样的目标："明年产能达到 500 万英里，后年将达到 1000 万英里。"

对天津力神而言，增加产能基本是有百利而无一害的：中海油将会为新产能投资，而这可以为中国持续增加的电动汽车配套电池。但这里有一个问题需要解决，要想让扩产计划真正起作用，需要其他零部件供应商一起合作才行，否则力神就会遭遇瓶颈。

科易动力

在中国，如果有人想要购买电动汽车，他还需要安装充电基础设施。但许多中国人是住在没有配套停车位的大型公寓楼里的，因此无法安装专用的充电桩，那么他该如何购买和使用一辆电动汽车呢？另一家由中海油投资的企业可能会是这个问题的解决方案：科易动力。

当中海油 2008 年开始调查电动汽车技术时，一种名为"更换电池"的技术吸引了它的注意。换电模式是用一块新的电池更换车辆现有的电池，就像把手电筒里的旧电池换成新的一样。在西方国家，汽车换电基本上就是一家名为"贝特普莱斯"（Better Place）公司的代名词，它是由前 SAP 高管夏·阿加西（Shai Agassi）创立的。

阿加西介绍说，他是在 2005 年前后萌发了组建贝特普莱斯公司的想法的。当时，他正在钻研"如何让一个国家没有石油也能生存和发展"的难题。"在一次访问特斯拉汽车时，我忽然找到了答案，答案就在于将汽车的所有权和电池的所有权分离开来。"

阿加西的创意就是创立一个体系。在这个体系中，电动汽车可以很容易地更换自己的电池，由此就能克服电动汽车面对的许多成本和续驶里程方面的技术问题，所有的电动汽车都需要这样的换电站为其服务。从某种程度上说，这是一个非常典型的美国式企业：成功是商业模式的成功，而不是基础技术的成功。但这个创意并非是全新的，事实上，早在一个世纪前就有了。

阿加西向参加达沃斯论坛（Davos Forum）的青年商业领袖们展示了他的创意。也正是在达沃斯论坛上，他认识了以色列前总统西蒙·佩雷斯（Shimon Peres）。后者建议他做一些事来推广这个创意。在此基础上，阿加西搭建了管理团队和筹款团队，组建了贝特普莱斯公司。通过佩雷斯的人脉网，该公司找到了支持者和充裕的资金，甚至找到了开发车载电池拆装功能的技术。贝特普莱斯公司使用的电池紧固装置，是以色列空军战斗机使用的导弹发射的一个零件，只是转为民用后，这个装置不再被用来投掷炸弹，而是用来更换车载动力电池。

在佩雷斯的支持下，贝特普莱斯公司筹集到了大量现金。2010 年时，该公司拥有超过 7 亿美元的资金。其中很大一部分是来自于摩根士丹利（Morgan Stanley）、汇丰银行（HSBC）、优点资本（Vantage Point），及其他一些美国和以色列的顶级投资机构。"阿加西先生是弥撒亚的传道者。"一位在早期就投资贝特普莱斯的投资人回忆道，"他的任务是结束人类对石油的依赖，我很明白这一点的意义……我差不多是在同一时间认识他和埃隆·马斯克的，我并没有把两者放在一起比较，阿加西只是相对更引人注目一些。"按照该公司 2011 年进行的一轮融资的情况推算，那时资本市场给它的估值是 12.5 亿美元；这一估值使贝特普莱斯公司成为历史上所有还没有拿出产品的企业中身价最高的一家。

总体上，日本人并不喜欢电动汽车换电的想法。日本经济产业省资助了该公司运营一个小型示范项目，但东京电力公司却认为换电会放大发展电动汽车需要面对的最大的问题。

"车用动力电池的成本很高，这是发展电动汽车最大的问题。"姊川文彦的副手青木弘之说。换言之，贝特普莱斯公司的方案是通过放大电池成本问题来解决充电时间问题。青木弘之补充道："解决充电问题的方案是缩短充电时间，而不是如贝特普莱斯那样换电。"

但中海油并不认同他的观点。为此，该公司去向清华大学的欧阳明高教授请教该如何进入电动汽车换电领域开展运营。

和万钢一样，欧阳明高也是在海外大学接受的研究生教育。当他回国后，欧阳明高进入清华大学，负责其节能与新能源汽车工程中心。

当欧阳明高教授还是个年轻人时，他师从一位美国教授斯宾塞·索伦森（Spencer. Sorenson），在丹麦技术大学能量工程系机车工程专业攻读博士学位。在求学期间，他与索伦森教授一起研究驱动火车机车使用的柴油－电力动力系统；多年后，欧阳明高笑称自己当时研究的就是"油电混合动力车辆"。事实上，对于他这位日后中国的电动汽车工厂的领导者来说，这样一个博士生阶段的课题的确是一个非常好的准备工作。要想搞懂火车机车使用的复杂的油电混合动力系统，他需要了解电机、发电机、电气力学、电气和动力传动系统等多方面的详细知识，所有这些对于开发电动汽车而言都是非常重要的。欧阳明高教授的导师索伦森教授之前在福特汽车公司工作过，也是美国汽车工程学会中一位非常活跃的会员。

多年后，作为清华大学汽车安全与节能国家重点实验室主任的欧阳明高，已具备帮助中海油评估是否应该进入电动汽车换电运营领域所需的工具，这包括政治资源、预算，以及中国最好的一群工程师，也就是他的弟子们。那时，中国还没有换电方面的技术，但这并不意味着不能开展研究。欧阳明高教授联系了他的一些得意门生，看看是否有人对此感兴趣。

其中一个人名为田硕。和万钢相似，他也有在国际汽车企业工作的经历，他曾在通用汽车工作多年，有 3 个汽车工程类的学位：他在清华大学获得学士学位以及在德国的亚琛工业大学获得硕士和博士学位。

28 岁那年，田博士从通用汽车离职，与一群朋友办了一家创业公司，计划在汽车电动化和混合动力化的技术浪潮中大展手脚。"我们并没有专门的发展项目，"他说，"但我们都有着很强的技术背景。"

欧阳明高、田硕和其他人都认为，他们适合这项工作。于是在欧阳明高的要求下，在中海油的资助下，他们开始仿效贝特普莱斯那样进行换电的尝试。

在清华大学校园里一个黑暗的仓库里，一群研究生与一些刚刚毕业的博士们一起挤在杂乱的办公桌后面，盯着一个电脑显示屏。在他们面前放置着一个装置，看上去是一个装上了轮子的金属盒子，盒子外侧有金属机械手臂，看上去是用来升降盒子用的。在仓库的一个角落，有一个用屏风临时隔断出来的区域。这是一个令人惊讶的汽车实验室，其中停放着一辆全尺寸轿车，只是它悬在空中，在它下面放置着一个同样的金属盒子。在演示过程中，盒子迅速升高，把车辆抬高了 4 英寸，进而机械手拆下了这辆车的动力电池；一个金属滚轮传送带先是把拆下来的电池送出去，又将一块新电池运到车下方，再由机械手装进车里。整个换电过程花费了大约 3 分钟，这就是科易动力研发的换电装置。

给人留下更深刻印象的并非换电站本身，而是科易动力的小团队能够在四个半月的时间里，仅仅花费 100 万元人民币，也就是不到 20 万美元，就完成了原型机的开发。当然其中有一部分原因是该公司的合作伙伴中海油，还有中央企业电动汽车产业联盟（SEVIA）的其他一些企业，给了他们大力的支持。而这正是美国和日本既推崇又害怕的一种中国式发展方式，这看上去是中国优越性的特色体现。

合作双方都很兴奋，签署了协议，约定双方都可以使用换电站的相关知识产权，中海油同意让科易动力成为其供应商，并还可以为其他企业供货。科易动力选择中央企业电动汽车产业联盟中的企业作为其技术资源，它与 SEVIA 的一家成员企业长安汽车公司取得了联系，请求对方定制一辆专门的使用换电技术的汽车。长安汽车方面也欣然同意，毕竟双方都是 SEVIA 的成员。当科易动力完善了自己的换电系统可用于验证时，长安汽车方面也造好了科易动力所需的电动汽车。

"（我们想要成为）全球最好的电动汽车基础设施供应商之一。"田博士的志向很远大。他对自己的创业公司的前景非常看好，因为它有着强有力的支持者，因此能够在中国发展电动汽车的过程中扮演重要角色。他这么想是有道理的。中海油在全国各地都有加油站，该公司还有野心要把自己的加油站都扩展成为电动汽车换电站。在由政策驱动的中国电动汽车市场上，这一切因素都决定了其发展潜力是巨大的。

当然，他的机遇是全球性的。"2010 年时，贝特普莱斯是摩根士丹利最大的一单清洁技术投资，"田硕说道，"他们对汽车的电动化趋势的态度是疯狂的。"

相比之下，他的导师欧阳明高教授则显得更谨慎。他很高兴自己能够与科易动力、中海油、SEVIA、"863 计划"等一起推动中国的电动汽车项目发展，但他并不十分认可"弯道超车"的理念。事实上，欧阳明高曾经与万钢就中国电动汽车的未来进行过一次相对公开的政策讨论。他认为中国起步时应该要推动低端的电动汽车升级，在能力逐渐发展的过程中沿着价值链向高端移动。这样的发展会是一个相当长期的发展愿景，但欧阳明高认为只有这样，成功的机会才更大。

中国国家电网公司

2010 年，中央企业电动车产业联盟（SEVIA）中另一家至关重要的成员企业中国国家电网公司也开始重新考虑电动汽车跨越式发展的可能性。赖小康（音），时任中国国家电网公司先进技术业务负责人，他曾帮助国家电网从一个落后的、低效的企业发展成为全球最大的，也是最复杂的电力传输体系。而在参与到公司发展电动汽车的项目中之后，赖小康既认识到战略规划在中国发展电动汽车过程中的重要性，也意识到这一过程中有两个挥之不去的问题没有得到有效解决即没有充分的规划，也没有足够的数据。

为什么说国家电网公司非常重要呢？因为虽然中国电力市场上有许多上市的和民营的发电的企业，但在电力输送领域的格局则是国家电网和南方电网两家公司组成的双寡头垄断格局。而前者的规模要远远大于后者。

南方电网负责广东省和其他几个省份的电网运营。2010 年时，这家电力公司为 2.35 亿人提供电力。在世界其他地区，这样一家公司会被认为是巨头企业，但在中国，它只是国家电网公司的小兄弟。国家电网公司负责为中国领土面积上88% 的地区供电，服务约 10 亿人。它是全球第三大雇主，雇用员工人数仅次于沃尔玛公司和中国石油集团公司。

每一天，国家电网公司要为约 10 亿中国人供电，其整体运营是建立在大数据支持基础之上的。2009 年，中国新增电力发电容量 900 亿瓦时，相当于英国全国的电力容量，而英国是花费了一个多世纪才建设达到这样的容量。国家电网公司将这些电量注入中国的输电系统中，并把它们输送到需要用电的地方去。因此很显然，在中国要想发展电动汽车基础设施，不会有哪家企业会比国家电网公司更重要了。

"我们很高兴和汽车企业合作……但是它们并没有想和我们一起合作发展电动汽车。它们过于关注汽车本身，其实电网是发展电动汽车非常重要的组成部分。"赖小康如此看待自家公司的作用。对国家电网公司来说，要想使电动汽车充电基础设施能够大规模运转，它需要更多的数据。

国家电网公司熟悉该如何在中国建设新的用电和输电基础设施，但在电动汽车的发展过程中，这家公司并不受重视。中国政府认为，正如 2008 年北京奥运会和 2010 年上海世博会期间做到的那样，电动汽车充电的技术问题基本上已经克服了。但是，对于像在北京这样的大城市大规模地部署充电基础设施可能还存在的困难，政府并没有做充分的规划，业界也没有足够的信心来推动如此大规模的建设。

赖小康以自己的方式尽力推动这种基础设施建设。他介绍说，为了收集所需的数据，国家电网公司采购了一批著名品牌企业生产的电动客车，用于充当公司的班车，该公司在其总部大楼前新建了充电站；他个人每天都驾驶一辆比亚迪电动汽车上班。

但在他看来，中国在这方面走得还是太快了。赖小康很理解政府是希望抓住机遇，在今后几年大规模推广电动汽车，只是他看不出具体该怎么操作。

同样，人们也没看出中央企业电动车产业联盟会怎样领导这种推广。

一个"团队"

从中国国家电网公司出发去中央企业电动车产业联盟（SEVIA）在北京的总部中途会经过许多金碧辉煌的国有企业总部大楼，每一栋都有宽敞的大堂，以及印有企业标识的外墙。但在 2011 年，曾被认为会是中国电动汽车产业革命发源地的中央企业电动车产业联盟，却在北京市一个略显偏僻、外部环境不算好的低等级办公楼里办公。

在中央企业电动车产业联盟的总部，有二三十名来自其组成成员企业工作人员。中海油在 2011 年时有近 10 万名雇员，但该公司仅派出了几名员工到这里工作。该联盟一位不愿意透露姓名的工作人员介绍说，虽然成立已有 18 个月，但联盟最主要的成绩还是撰写各类报告和白皮书，而在推广电动汽车或充电基础设施方面，中央企业电动车产业联盟并没有取得什么进展，中国也没有处在一场技术革命中。

显然，有些东西并没有发挥作用。

北京新能源汽车股份有限公司

就推广应用电动汽车而言，中国的地方政府基本上没有经过更好的组织，他们只是在强大的政治压力下行动。但如果是花自有资金来购买电动汽车，地方政府自然希望所购买的电动汽车是在当地制造的；只要是当地制造的就行，政府并不考虑本地汽车企业实际上是否有实力来开发一款具有竞争力的电动汽车。这方面的一个例子是北京汽车工业控股有限公司（Beijing Automotive Industrial Holding

Company，BAIC，简称北汽控股）。

在加入北汽新能源汽车公司负责北汽控股的电动汽车项目之前，弗兰克·廖（北汽控股子公司北京新能源汽车股份有限公司首席技术官）就职于奇瑞汽车，在该公司的奥运会项目中负责与英国里卡多公司的对接与合作。他身材高大、生性乐观，曾到美国留学，在威斯康星大学（University of Wisconsin）获得了博士学位，能够流利地使用英语。回到中国前，他在美国几家有名的创业公司工作过，他甚至是通用汽车 EV1 电动汽车项目的顾问之一。回国后，弗兰克·廖成为少有的遇到斑马线时会停车让行人先通过的司机之一，只是在他停下后，他经常看到被他礼让的行人表现得很困惑，甚至用怀疑的目光看着他。

弗兰克·廖并非北汽控股聘用的唯一的一位海归，他的老板汪大总是北汽控股总裁。汪大总在美国康奈尔大学（Cornell University）获得博士学位，毕业后加入通用汽车公司，工作了近 20 年，曾担任汽车零部件供应商德尔福公司能源及发动机系统大中国区总经理兼总工程师；多年后，他出任通用汽车在华合作伙伴上汽集团副总裁。2008 年，北汽控股聘任他出任公司总经理。

"北汽控股对精英人才是求贤若渴。"廖博士盛赞了自己的雇主，"中央政府给予公司支持，包括大量资源倾斜、土地出让优惠，以及最重要的在销售方面的补贴等。"但北京新能源汽车股份有限公司充其量只是一家临时拼凑起来的企业，它于 2010 年 6 月匆匆成立，意在响应政府提出的为推广电动汽车而进行的补贴工作。尽管该公司事实上并没有研发制造电动汽车的经历，但北京市政府还是决定从该公司及其兄弟企业北汽福田股份有限公司采购电动汽车。北汽新能源汽车公司被要求在 2010—2012 年间制造 2.5 万~3 万辆电动汽车，也就是相当于日产聆风 2013 年在美国的销量。当时，如何消化这些订单是弗兰克·廖的主要任务。

北京市政府对北汽控股的支持是不遗余力的，充裕的资金支持使其可以不受限制地从海外获得技术。2009 年，该公司花费约 2 亿美元从通用汽车陷入困境的子公司萨博汽车处购买了 3 个整车平台。因为当时萨博正濒临破产，而 BAIC 有着几十亿美元的资金，因此这宗交易推进得很顺利。此次购买获得的战略性资产被认为可以帮助 BAIC 克服技术障碍。廖博士也认为很合适："这次交易为我们节省了 3~5 年的研发时间。"但是，该公司购买的并非电动汽车专用技术，它只是一系列相对更好的底盘、转向系统等产品的平台，几乎每一家跨国汽车公司都已经拥有了这种平台。

但对该如何应对电动汽车方面的技术问题，北汽新能源汽车公司已经有了自己的计划，该公司愿意与英国里卡多公司或其德国、奥地利竞争对手 FEV 与 AVL 这样的外国汽车技术顾问公司合作来设计自己的电动汽车。对于与这类公司的合作，他强调说，这一次的合作与奇瑞汽车在奥运会期间选择的"交钥匙工程"不一样，北京新能源汽车股份有限公司这一次会在合作中发挥更积极的作用。（"交钥匙工程"指受委托方为委托方建造工厂或其他工程项目，项目完成后，受委托方将项目所有权和管理权的"钥匙"依合同完整地"交"给对方，由对方开始经营。在此期间，委托方不参与或极少参与项目过程。）但这一条发展路径看上去忽略了一个问题，即制造电动汽车所需复杂的供应链，它得在很短的时间里为北京新能源汽车股份有限公司提供制造电动汽车所需的成千上万种电零部件。

在中国，电动汽车企业面对的情况看上去与其他国家的企业正好相反。在美国，一家电动汽车初创公司面临的最大挑战之一，就是寻找到客户；而北京新能源汽车股份有限公司公司面临的情况却是，已经有许多客户在排队等着提车，但公司里却没有产品。

不久以后，这些看上去不言自明的问题开始以越来越难以忽视的方式显现出来。北汽控股最初的目标是在 2011 年时为北京市政府提供 5000 辆电动汽车，以供后者推广；但是到 2011 年 11 月时，北汽新能源汽车公司还没能造出自己的第一辆量产车。当时，该公司造出了原型车，但它并没有通过监管机构的检验。弗兰克·廖当时希望能够在 2～3 个月内完成对这款原型车的验收工作，从而能够在 2012 年开始制造和对外销售产品。

也就是在那时，廖博士决定要为自己找一条退路。他与来自英国的投资人达成协议，计划成立一家新的公司，但开发的不是电动汽车，而是汽车上适用的一种飞轮能量回收装置。这种飞轮就像纺纱的陀螺，当汽车减速时，它能吸收车辆制动产生的能量，并在车辆加速时将其返还给驱动轴。这是一项非常有趣的技术，但并不是最先进的"黑科技"。而廖博士的撤离对中国发展未来的电动汽车事业而言，不是一个好兆头。

深圳的爱迪生：比亚迪

在中国的私营经济部门，与电动汽车有关的情况看上去并没有好太多。如果说普通美国人能了解一点与中国电动汽车市场，甚至是整个中国汽车市场有关的事，他们可能也就知道"比亚迪"的名字。这家公司成名于 2009 年，那一年沃伦·巴菲特（Warren Buffett）传奇的伯克希尔哈撒韦（Berkshire Hathaway）公司买入了该公司约 10% 的股份[⊖]。

比亚迪公司的崛起是充满神秘色彩，让人感觉不可思议的。关于该公司的故事版本有很多，其中一种是这样的：比亚迪公司的创始人王传福是一个贫苦农民之子，在他年幼时其父亲就离世了，他是由一位哥哥（或者姐姐）抚养长大的。在中南工业大学（现中南大学）获得学士学位后，王传福进入北京有色金属研究总院读研究生。该院在电池科学领域有着强大实力，王传福在那里拿到了硕士学位，并留下工作。就像中海油旗下的天津力神那样，王传福被要求组建一家国有电池企业。北京有色金属研究总院从其科研体系中剥离出一部分资产，在中国南方经济特区深圳组建了一家公司。

但王传福并没有在这家公司待太久，仅仅一年后，他就从这家国有企业中退出了。深圳有着很好的经济环境，或许你会认为他是被外界的创业潮流所感染才离开国有企业的。但当时，王传福已经看到了一个蓝海市场，他能够借此快速融入全球经济中，他想从中获利。

比亚迪公司早期的发展不算很好，但后来快速发展，凭借着良好的品质赢得了声誉。当它击败索尼和三洋两家日本企业，获得来自摩托罗拉锂离子电池的生产订单后，便实现了一次重大突破。比亚迪为摩托罗拉供应的是环境友好型的磷酸铁锂电池，也就是天津力神也在生产的同一类电池，现在也被广泛应用在笔记本电脑和手机上。

⊖　作者原文如此，但此事发生在 2008 年 9 月，当时巴菲特旗下的中美能源控股公司购买了 2.25 亿股比亚迪 H 股。——译者注

到 2005 年前后，比亚迪公司不再生产有害的镍镉电池，被外界贴上了"清洁技术公司"的标签。从那时起，比亚迪成功转型成为高度专注于太阳能电池板、电力存储系统和电动自行车的可持续发展技术的一家企业。

2002 年 7 月，比亚迪在深圳证券交易所上市，募集了超过 2 亿美元的资金。那时，比亚迪已经开始涉足电动自行车领域，这种车遍布中国城市的大街小巷。但比亚迪掌门人王传福开始对汽车感兴趣了，于是在深市上市 6 个月后，比亚迪宣布收购陕西秦川汽车有限公司——一家当时已陷入困境的国有汽车企业。

收购完成后，比亚迪的技术团队致力于改善秦川汽车公司原有的产品，推出了新车型。在产品逐渐被市场接受后，比亚迪的汽车经销商网络开始快速增长，遍及全国。尽管比亚迪的汽车质量并不是最好的，但它们却非常有吸引力，因为它的车很宽敞，这一点很重要，包括通用汽车在内的汽车厂商都注意到这一点对中国消费者而言是很重要的。比亚迪还以合适的定价向数量日益增长的中国中产阶级出售汽车。到 2009 年，比亚迪公司的 F3 轿车已成为中国销量最好的轿车之一。

到 2010 年，比亚迪公司有 18 万名员工，他们一起工作、一起吃饭、一起生活，仿若一个巨大的化合物。该公司宣传说，它有 1.1 万名雇员是从事研发工作的，这一数值是贝尔实验室雇员人数最高峰时的 10 多倍。"当它起步时，我正在那里工作。"比亚迪曾经的竞争对手波士顿电池（BostonPower）的前任首席执行官和创始人克里斯蒂纳·兰普·欧纳德（Christina Lampe-Onnerud）回忆道，"我还记得那些满是筷子的大餐厅……这一切实在是太神奇了。"

在比亚迪公司总部入口处的展览厅里，该公司展示了它能够制造的先进产品与技术，从液晶显示屏到内燃机，再到笔记本电脑和汽车，看上去仿佛比亚迪什么都能造。这或许就是巴菲特的搭档查理·芒格（Charlie Munger）看上这家公司的原因，他对比亚迪的创始人王传福的评价是"托马斯·爱迪生与杰克·韦尔奇（Jack Welch）的综合体"。在芒格的推荐下，伯克希尔哈撒韦公司最终入股比亚迪，这是比亚迪发展历史中最重要的时刻。

尽管比亚迪公司涉猎广泛，但该公司在企业管理和技术领域还很稚嫩。2010

年时，比亚迪公司的技术和战略总监是一位年轻的博士艾伦·苗（Aaron Miao），他的头发整理得并不整齐，通常都穿着机械师总穿的那种蓝色衬衫。苗博士看起来不像是位总监，更像是位助理，甚至是实习生。当时，比亚迪公司员工的平均年龄是 23 岁。苗博士介绍说自己是 30 岁，刚从弗吉尼亚理工大学（Virginia Tech）获得博士学位，比亚迪是他研究生毕业后的第一位雇主。

苗博士和他的雇主都很骄傲，因为他们正在努力推动电动汽车在中国的快速发展。"公司在 2005 年时成立了电动汽车研究所，在 2008 年 12 月时向市场投放了一款插电式混合动力汽车（PHEV）。"他解释说。尽管比亚迪的员工都非常年轻，但他们在电动汽车领域可不是什么菜鸟，事实上，比亚迪公司在 2009 年就又推出了一款纯电动汽车。只是从商业发展的角度看，当年推出电动汽车的行为对公司的经营业绩并没有什么利好影响，因为那一年，包括纯电动汽车和插电式混合动力汽车在内，该公司总共只卖出了不到 50 辆。

不过在西方社会，关于比亚迪公司的消息在大众媒体上快速发酵，这家公司被誉为新兴的科技巨头。而同时，中国汽车业界对该公司的印象并没那么深刻。

2012 年春天，有 1500 辆电动汽车交付深圳市使用，比亚迪面临着如何扩大原有市场的难题，因为这一市场是在当地政府的支持下形成的。苗博士并不认为地方政府的支持有什么不对，他强调说："如果市政府或省政府能够给予你支持，并为你营造一个市场，那就是一个好的开始。"但这也正是问题所在：如果中国企业之间都不能相互竞争，那他们怎么能够和其他企业去竞争呢？

除了中央政府对电动汽车的补贴（每辆车补贴 6 万元人民币，约合 9000 美元）之外，深圳市政府的补贴也再度增加。这意味着，各级政府对一辆电动汽车的补贴之和大概是中国 2009 年人均国民收入的 4 倍。可是，即便是在如此疯狂的补贴支持之下，比亚迪电动汽车的真正市场还是没有出现。

一位业内专家是这样描述比亚迪："该公司把自己视为一家技术类的创业公司，而不是一家像丰田汽车那样注重细节的汽车企业……产品质量并没有提升。"

比亚迪的电动汽车不久后的确就出现了各种问题，例如使用故障、着火等。2010—2012 年间，比亚迪公司的股价暴跌了近 90%，最后才略有反弹。在伯克希尔哈撒韦公司 2008 年年报中，比亚迪公司被描述为"我们持有 10% 股份的，一家了不起的中国公司"。但到 2012 年时，一些市场分析人士则将巴菲特对比亚迪的投资描述为"罕见的失误"。

再一次落后于时代

到 2012 年年初时，中国领导人开始认识到他们进军电动汽车领域的伟大竞赛的最初做法有多糟糕了，继而开始讨论是否应当开始发展混合动力汽车而非电动汽车了。但中国要想发展混合动力汽车也很难，抛开电池问题先不说，要想不采用丰田汽车的技术就制造出高质量的混合动力系统，或许是一个比造出一辆不错的电动汽车更大的挑战。

万钢当时还是希望中国能够在 2015 年制造出 100 万辆新能源汽车，但另一位部长却认为中国届时可能造出 50 万辆电动汽车。许多产业观察家也认为，即便是实现 50 万辆的目标也是有困难的。

"中国的企业需要时间。""863 计划"节能和新能源汽车重大专项总体专家组成员（动力蓄电池责任专家）肖成伟先生说。在 2011 年年底时，他自己得出的结论是，中国可以在电动汽车领域做得更好，但中国应该与日本更多地合作。

肖成伟的办公室坐落于天津市郊一处全新的科技园中，天津此前曾是中国汽车工业传统的中心之一，现在则是中国的电池制造业中心之一。在一个阳光明媚的冬日，肖成伟接起一个电话，话筒那边说："他们来了。"

挂下电话后，他跑下楼，来自丰田汽车的一位代表站在阳光下。对方交给他一把钥匙，供他短期试驾丰田汽车新一代插电混合动力版普锐斯。那辆车停在楼下，旁边是备受中国精英阶层喜爱的奥迪和保时捷，与它们相比，这辆普锐斯并不起眼。但接过车钥匙的那一刹那，肖成伟明白，这象征着丰田汽车把该公司最先进的技术产品转交给了他。从某种意义上看，这种转交的意义非常明确：中国可以拥有想要的和需要的所有技术，中国所要做的，是接受国际公认的规则；或许，还应该和日本合作得更多一些。

肖成伟轻轻地拉开车门，坐进车内，车门"砰"一下关上。他的手抚摸着普锐斯的仪表板，他的眼睛随着手的动作而转动。随即，肖成伟踩下加速踏板，普锐斯静静地加速到40英里/小时（约合64公里/小时），行驶在天津大学的道路上。"这车真不错。"他评价道，语气中带着一丝伤感。普锐斯确实不错，但不幸的是，这款车是日本制造的。

第十八章
重要的竞争

2012 年时，美国媒体还在继续编造着所谓的中国技术威胁已迫在眉睫的报道；然而，长期关注中国经济的观察家——包括中国人自己——都已经意识到，该国政府实施的电动汽车发展计划开始出问题了。一位观察家甚至写了一篇标题为"是谁杀死了中国电动汽车？"的文章。

在所能做的宣传、所能花的资金和所能用的政治资本都用上后，中国的电动汽车发展仍未如人意。因为，尽管中国政府在各个领域进行了布局，且这些布局已有效结合在一起，但他们并没有足够的技术实力生产出自己的高质量电动汽车，这是问题根本所在。因此当美国和日本转身离去开始另一轮竞争后，中国被远远抛在后面。

在电动汽车这场战争中，我们能很清楚地看到，美国联邦政府也并没有占据统治地位。在美国，真正的胜利者是加州，该州还是在背后推动美国电动汽车项目发展的真正力量。该州顽强的监管者和政治家们先花费了多年时间与汽车厂商战斗，然后又与布什政府斗争，所做的这一切都是为了实现对更清洁的空气的要求，并最终实现零排放汽车的目标。这是一个非常漫长的过程，但加州处在转型的风口浪尖。加州最终成功地让世界上绝大多数的汽车厂商都开始发展电动汽车。而通过埃隆·马斯克的努力，加州也有了自己的电动汽车公司：特斯拉汽车。

在发展电动汽车的道路上，美国并不孤单。因为在太平洋彼岸，日本也在走向未来。在日本，运转默契的产业政策与国有企业形成的合力，正让电动汽车瓦解着石油公司对个人交通的垄断地位。

因此，虽然美国联邦政府和中国政府管控着全球最大的两个汽车产业，但加利福尼亚州和日本才是真正统治这个领域技术的主体。加州尽管资源有限，但却走在成功的道路上；面临着巨大国家挑战的日本，也是如此。

钱的因素

中美两国政府都没能赢下这场竞争，这怎么可能？但事实确实如此，因为实践表明，钱并非最重要的因素。

中国、美国和日本都已承诺会在2010—2020年间就电动汽车的发展和推广提供资金支持。就数量而言，日本可能是最低的。相比之下，加州并没有确定具体金额。另一方面，中国政府肯定是为电动汽车的发展提供了最高额的补贴，但看上去作用不太明显。

那么，什么才是成功的秘诀呢？

分裂的美国

在加州和日本各界对电动汽车的看法中，占压倒性优势地位的是这样一种看法：电动汽车是对清洁空气、减少原油进口和降低碳污染的长期投资；电动汽车可能不会立刻给大家回报，但最终会带给大家不同的结果。

然而，对华盛顿的某些阶层，主要是那些对政治争议和丑闻有着即时满足感比对美国制造业的长期成功更感兴趣的人来说，电动汽车却变成了他们之间的争议的避雷针。

对美国汽车业的一些人来说，将发展电动汽车的事业政治化是令人震惊的。

在通用汽车、福特汽车和克莱斯勒公司中，大量的高管是共和党人，他们开发了符合共和党价值取向的轻型车，让一代司机喜好开大排量的 SUV，并与民主党、工会和环保优先主义者战斗了几十年。因此，当他们被共和党人攻击时，他们感觉是被朋友袭击了。"你天然的盟友确信你是魔鬼。"通用汽车公司一位级别很高的高管在谈及国会内的共和党人时说道，"共和党认为我们的成功会是奥巴马的成功。这实在是太糟糕了。"

在奥巴马执政的头 4 年里，共和党人一直审视着他发展清洁能源的努力，为了反对而反对。这种奇怪的状况在 2012 年美国总统大选时达到极点，以至于共和党总统候选人纽特·金里奇（Newt Gingrich）大声地向一群喧闹的支持者说："你不能把枪架在雪佛兰车上。"然后收到雷鸣般的嘘声和掌声。金里奇之所以这么想，是因为在雪佛兰沃蓝达因为电池组着火而被美国高速公路安全管理局（NHTSA）调查时，美国国内竟然出现了欢呼声，通用汽车随即被一系列不当的负面宣传包围时（最终，美国高速公路安全管理局发现不仅是沃蓝达，其他在美国销售的纯电动汽车着火的概率都是要大于燃油车）。

对奥巴马政策的攻击在米特·罗姆尼参加一次总统竞选辩论时达到高潮。那一次，他指责奥巴马，说他花费了数十亿美元"投入到太阳能和风能领域，投入到索林佐、菲斯克、特斯拉和 Ener1 公司"。"你不是在挑选赢家和输家，"他讽刺说，"你挑出的全是失败者。"

糟糕的卡玛

美国电动汽车发展项目被政治化，是件奇怪的事情。更糟糕的是，此举导致难以对某些已经出现在美国电动汽车产业和清洁能源政策领域的真正的问题进行理性的讨论。多年来，一些从华盛顿分配出去的资金流向了有问题的企业。即便是切尔西·塞克斯顿，一个公认的电动汽车战士（在很大程度上也是这个行业事实上的发言人），也对美国联邦政府在向芬兰电动汽车创业公司菲斯克汽车提供资金的过程中起到的作用表达了不满。

在证明美国联邦政府用在清洁能源经济上的钱带来的问题与收益这个话题

时，菲斯克汽车和特斯拉汽车或许是最好的例子：这两家公司都接受了先进汽车技术制造（ATVM）项目的贷款，它们都生产售价超过 10 万美元的跑车，它们都是固化的而缺乏活力的美国汽车制造业的新人。

然而，尽管有这么多相似之处，但两家公司的命运从 2011 年起却截然不同。

对菲斯克汽车来说，2011 年是充满负面新闻的一年。该公司的汽车销量在下降，而旗舰车型卡玛（Karma）的产品规划在外人看来就好像是谜一样。卡玛曾被认为是未来的环境友好型运动跑车，因为其车顶装配有太阳能板，又是用电力驱动。但问题是，卡玛狭小的车内空间使得其很难搭乘 4 个人，而且其纯电驱动里程只有 35 英里，此后就不得不切换至使用其燃油经济性是 20 英里/加仑的发动机。这款车的性能是不错的，但算不上极好。所以它的市场开拓还是很艰难。

接下来的 2012 年春季，该公司"问题汽车"的形象被进一步固化了。那一年春天，菲斯克的车在《消费者报告》杂志的一次试驾测试中得到了差评。

《消费者报告》花费了 10 万美元从一位经销商处买下了一辆菲斯克卡玛，但这辆车在抛锚前只行驶了不到 200 英里。最终，这辆车被一辆救援卡车拖走了。"它看起来很棒。底盘很低，外形造型优美，坐起来也很舒服。"试驾者对它的评价听上去还是不错的，可紧接着就话锋一转，"但它坏了。"

在 2012 年晚些时候，美国能源部冻结了应划拨给菲斯克汽车的政府贷款。2013 年 4 月，该公司申请破产。

特斯拉的远见

和菲斯克汽车相仿，如果没有华盛顿的支持，或其他一些本不在发展计划中的支持，特斯拉汽车几乎肯定也会走向破产。但是与前者不同的是，特斯拉汽车在实现其转型承诺方面做得很好。这部分可归因于美国联邦政府提供的融资支持，但也可以归因于该公司的强迫性自我驱动，及其创始人埃隆·马斯克的个人魅力。

在很长一段时间里，马斯克的创业旅程都是不快乐的。当被一个年轻的粉丝问道，在情况变糟糕时，他是怎么使自己振奋的，马斯克直截了当地回答说自己并没有做到。"驱动我前行的是某种与希望、热情或其他什么无关的东西。我只是做所有我已有的，不考虑外部环境会是什么样的。呃……"他停顿了一下继续说，"你只需继续做下去，并把它完成。"

几经努力，马斯克成功建立了一家汽车公司，特斯拉汽车公司被美国能源部前部长朱棣文自豪地称为"美国最具创新性的公司"。

但是特斯拉自我驱动的愿景让这家公司取得了显著的进步。在过去的几年里，特斯拉已成功地与丰田汽车和戴姆勒汽车建立了合作关系，这两家公司向这家创业公司进行了投资；而特斯拉 Model S 轿车的研发制造进展得非常顺利，其上市时间从 2012 年 7 月提前至 6 月。这款车加速时的推背感非常强，其续驶里程可达 300 英里；它也在美国高速公路安全管理局（NHSTA）组织的碰撞测试中取得了史上最高分，比之前所有参与测试的车得分都要高。Model S 轿车的内部设计很简约，但功能性非常强。更好的一点是，该车可以搭载 7 名乘客：5 名大人坐在前两排，2 名儿童坐在第三排的儿童专用座椅上。它的表现也很具有实力：加速和操控性能如跑车一样好，安全性能可媲美沃尔沃，容纳性不输多功能车（MPV），外形造型靓丽，动力性能足以满足那些性能发烧友和技术专家。

曾经给过菲斯克汽车差评的《消费者报告》认为特斯拉的 Model S 是其曾经驾驶过的最好的轿车。同时期，《华尔街日报》给这款车的评价达到了爱屋及乌的程度，撰文称赞了它和马斯克的另一件作品："（Model S）是美国工业工程史上令人印象最深刻的产品……马斯克先生的 SpaceX 火箭也能成功地发射和回收与国际空间站对接的航天飞机。"需要强调的是，这篇文章发表前几个月，SpaceX 火箭就已经实现了这个目标，尽管如此，这仍是一个真诚的祝福。

事实上，马斯克可能是历史上唯一一位成功建立一家火箭公司和一家汽车公司的人，而他还经常表示，发展特斯拉汽车的过程"更困难"。马斯克全情投入到其中，多少有一些疯狂，但外人很难不去佩服他一心想要改变工业世界的做法。"我每周工作 100 个小时。"在特斯拉汽车伦敦销售网点开业时，他对外界介绍说："人们总是问：'这其中你有感到乐趣吗？'我说我会享受到快乐，虽然这并不是说我已经享受到了快乐，而是我并不要求人们为我感到难过。"

2012 年时，所有的工作开始取得成效，特斯拉汽车开始了上升势头，马斯克紧绷的神经开始放松。首先，在展示了另一款被命名为"Model X"的造型前卫的全电动汽车原型车后，该公司引起了投资人的兴趣。Model X 有着非常炫酷的车门设计，车门开关时如同翅膀扇动一般，该公司称其为"鸥翼门"。作为一款 SUV，Model X 的加速能力超过了著名跑车保时捷 911，却还能保持有一款电动汽车应有的经济性。当越来越多的 Model S 驶下总装线，特斯拉开始在美国、欧洲和中国等地建设其"超级充电站"。此后不久，该公司又开始导入电池更换系统。

对特斯拉汽车的豪华车竞争对手来说，这家公司给他们带来的压力是意想不到的。特斯拉占据了美国最畅销的 25 款豪华车中的 8 款，比其他厂家和车型都要多。对看空特斯拉股票的人来说，这是件坏事。事实上，特斯拉汽车在 2013 年的表现是完美的。

特斯拉的每一款新车发布都让人想起史蒂夫·乔布斯时代苹果公司所召开的发布会，即造型、影响力、技术和新鲜感，特斯拉都能提供。

许多华尔街人士都在等待马斯克的失败，但到 2013 年第二季度时，特斯拉汽车的表现回击了那些看空其前景的市场怀疑。那一年 5 月，马斯克的自信开始增强，他警告那些卖空特斯拉汽车股票的人，他们即将引来一场"如海啸般的痛苦"。

特斯拉汽车随后宣布，该公司在 2013 年一季度共售出 4900 辆 Model S 轿车，比市场此前预计的要多近 400 辆；凭借这一业绩，该公司宣布取得了上市以来的第一次季度盈利——1100 万美元。这笔利润不能算多，平摊到每股上仅仅是盈利 12 美分，但却出乎所有分析师的预料，这引发了外界对特斯拉股票的购买狂潮。那些持有股票的人不愿意出售，而那些此前预计特斯拉汽车股价会有 40% 的降幅而沽空该公司股票的人不得不购入股票以填补损失，这导致市场上特斯拉汽车的股票有价无市。于是，特斯拉的股票价格越来越高。在 2013 年 4 月初时，该公司股价还是 37 美元/股，随即涨到 40 美元，然后又涨到 59 美元；到 5 月中旬时，该公司股价高达 90 美元；到 6 月时，股价突破 100 美元。即便如此，市场上的特斯拉股票依旧是一票难求，这使得它的股价继续走高。股价的急剧增长，使得特斯拉的股票成为全球基金经理和交易员的宠儿。该公司股价一路高涨，顺利突破200 美元。到 2014 年时，特斯拉汽车的股价维持在 250 美元上下，市值高达 300 亿美元；其 Model S 旗舰车型被出口到欧洲各国、日本和中国。

2013 年年初，市场上开始有风声说，特斯拉汽车将会采取行动自行制造锂离子电池。有消息说，该公司会与其日本合作伙伴松下公司共同投入 50 亿美元兴建"超级电池工厂"（Giga factory），到 2020 年时，该工厂出产的电池包足以满足 50 万辆长续驶里程电动汽车的需要。这个产量意味着，该工厂的产能相当于 2013 年时全球所有锂离子电池的总产能；也意味着在特斯拉汽车在开始投产其第三代低价电动汽车时，其电池成本将下降 30%。这还不够，该公司还计划利用可再生能源为其工厂供电。

新墨西哥州、亚利桑那州和内华达州都在积极争取特斯拉汽车在当地投资，得克萨斯州后来也加入其中。得州的加入颇有些讽刺意义，因为该州一直在发展石油业，而且还禁止特斯拉在州内进行销售，据说是因为特斯拉违反了得州的汽车经销商特许经营法[⊖]。2014 年 9 月 3 日，特斯拉汽车公司做出决定，该公司要在内华达州建电池厂，产能高达 50 吉瓦时，内华达州将给其 13 亿美元的税收优惠。内华达州州长布赖恩·桑多瓦尔（Brian Sandoval）宣称，特斯拉电池工厂将"永远改变内华达州"；他预计在此后 20 年里，这个超级电池工厂会给内华达州带来 1000 亿美元的收益。要知道，内华达州 2013 年的 GDP 还不到 125 亿美元。特斯拉的超级电池工厂是一个潜在的游戏规则改变者，而且不是对内华达州，是对全球而言的。

于是我们可以说，特斯拉汽车能作为一个正确的样本，而菲斯克汽车、A123公司和其他的一些电池或电动汽车公司则是负面典型。美国联邦政府帮助硅谷发展出了一家新的美国汽车企业，而且是有史以来最伟大的汽车企业之一。

⊖　美国各州大都要求汽车厂家必须通过汽车经销商销售汽车，而特斯拉采取的是直销模式，因此违反了许多州的法律。——译者注

加州的梦想成真了

加州空气资源委员会（CARB）的梦想之一，是电动汽车制造商会在某天在该州兴建工厂和研发中心。但加州政府的核心愿望是州的道路和高速公路上跑的都是清洁汽车。这两件事情都正在发生。与此同时，萨克拉门托的影响力正在显著增加。

2013年一个秋高气爽的早晨，萨克拉门托万里无云，更没有霾，一道灿烂的阳光从加州阴暗、冷清的州政府办公大楼的背后射出。就在几个街区外，加州环保署正在举办一场活动。电视台的工作人员忙着铺设电缆，调整摄像机的位置与角度；来自本田汽车、现代汽车、福特汽车、宝马汽车和通用汽车的高管们集聚一堂，同行的还有来自美国肺脏协会和消费者联合会的负责人。在会场中央，加州空气资源委员会主席玛丽·尼克尔斯正要讲话。

在1974年尼克尔斯加入加州空气资源委员会时，杰瑞·布朗是时任加州州长。近40年后，他又一次当选加州州长，而此时的尼克尔斯已经是加州空气资源委员会的掌舵人了。这一年，美国和世界刚刚经历了一场严重的能源危机，全球性的空气污染问题和温室气体排放问题看上去比以往任何时候都要紧迫。

但人们已经取得了许多进展，还有许多进展被展示在尼科尔斯背后的窗外：在大楼的墙壁和草地之间停着一辆2014年款的雪佛兰沃蓝达和一辆2014年款的日产聆风。在街对面，加州空气资源委员会的停车场里布满了电动汽车充电桩，有几十辆——如果还不到100辆的话——电动汽车正停在其中。在美国，市面上有几十款电动汽车正在销售，还有更多的车型即将上市销售。在1974年，清洁的空气对加州来说是个梦；在20世纪80年代时，电动汽车是一个大胆的野心；而在2013年，这一切都成了现实。

玛丽·尼科尔斯当天宣布的大新闻是，加州和美国其他8个州设定了下一个10年的电动汽车推广目标：到2025年时达到330万辆。

这一正式宣布的目标是某些汽车生产商之前几十年中曾经预计过、恐惧过和反对过的内容。这一次，加州正驶向未来，而且不是独自前行，其他州如今已经正式加入到了它的队伍中，而这意味着全球汽车厂商也需要加入。"这项协议是一项非凡遗产的延续。"在加州环保署大楼一楼的一间屋子里，尼克尔斯对在场的人说。

加州政府提供退税和其他一些优惠政策，以鼓励人们购买电动汽车。有一些政策行之有效，成本也非常低。例如，该州允许电动汽车使用高速公路的"多人乘车专用车道"（high-occupancy vehicle lanes），而不论车上当时有几个人。这项政策对不同电动汽车的销量的作用差别非常大。最初，雪佛兰沃蓝达因为其发动机未能满足加州严格的标准，因而并不适用于这条规定。于是，当日产聆风销量受此影响而高涨时，沃蓝达的销量则显得不温不火。加州消费者购买的聆风的数量是沃蓝达的 3 倍之多。为此，通用汽车的工程师们加班加点地解决发动机的问题；当该公司上市了搭载满足要求的发动机的新款沃蓝达，使其能够使用"多人乘车专用车道"后，它的销量迅速攀升。

2012 年，加州售出的电动汽车数量要比中国全国的销量还要多；2013 年，特斯拉汽车费利蒙工厂的产量，比中国全国的电动汽车产量都要高。

加州政府想要保持其来之不易的空气质量，也想解决气候变化问题。于是，它制定了一些法规来降低温室气体排放，但如果其他国家没有从"黄金州"的经验和错误中汲取教训，那么加州努力减少的温室气体排放，就将会是无用功。

外人可以从加州学习许多东西，该州的监管机构发现了市场的强大之处和不完善之处。有时，市场并不会自动起作用，而需要被修正；有时，监管机构需要设法促进并提升公共利益，这种行为看上去是不证自明的。

同时兼任加州空气资源委员会委员的加州大学戴维斯分校的交通研究所所长丹·斯特林，是这样看这个看似莫名其妙的问题的。"为什么我们需要新的法规来告诉人们在燃油经济性上可以省钱？"他说。答案是什么？市场经常失灵，消费者也并不总是理性思考的。

另一方面，加州的监管机构也认识到，在实现公共利益方面，市场也可能成为一个非常有效的工具。这些监管机构创立了自己的市场来交易零排放汽车积分，这种积分旨在激励电动汽车的推广并减少排放。每售出一辆电动汽车，汽车厂商就会得到一定数量的零排放积分；通过要求汽车厂商必须比照其在加州的汽车销量比例获得足够的积分，积分制度为那些本可能不会出现的创新提供了激励。这个体系的关键之处在于，在要求企业合规方面，它相当于一个可交易的市场。汽车企业之间可以自主地进行购买、销售或交易积分。该体系运转得非常顺利。这一交易系统给市场的领导者提供了丰厚的回报，比如日产汽车和特斯拉汽车。对汽车厂商来说，这种积分相当于黄金，它们可以与其他厂商交易来换取现金，这种制度让特斯拉汽车实现了盈利。

正是这种制度，让一位前汽车业高管勉强地认为加州在汽车法规方面是"世界的中心"。后来，在参与当天早晨活动的人群散去后，尼克尔斯对外界举例说明了加州目前在世界经济中的地位。她说她的老朋友——杰瑞·布朗州长，刚刚接待了一个来自印度的高级别代表团。布朗说"全球各地的人们都在看加州，他们看到我们做过什么——看上去我们之前有十几年打了个盹——他们也看到我们今天在做什么。"然后印度代表告诉布朗，如果我们像加州那样做，我们也可以像加州那样的美丽、富裕和多样化。说到这个案例时，她眼睛里闪烁着耀眼的光芒，她暂停了一会儿，思考着这句话的真实性和讽刺性。接着，她笑道："这算不算个神话啊?"

没有国土的国王

与加州相比，日本的情况则明显要更复杂一些。姊川文彦最初决定要发展电动汽车想实现的愿景是获得发展核能的助力，而目前，他希望打造"利用核能的"汽车的希望是渺茫的。在 2012 年春天，日本的每一座核电站都停止运转了，这使得该国 40 年来第一次处于"无核化"状态。对姊川文彦来说，这是一个巨大的打击。当年，即便是汽车业也全都告诉他"发展电动汽车是一个无望的追求"，但他毅然决然地想要推动日本发展电动汽车以便更好地发展核能。但是现在呢？

那一年，日本在发展电动汽车方面的表现很好，姊川文彦做得也不错。当时，插电式混合动力汽车的销量已开始稳步增长，而"疯狂的姊川"则作为启动全新技术革命的人而享誉世界。但是东京电力公司（TEPCO）却陷入了严重麻烦中。他在东京电力公司核能部门的同事和朋友过得并不好，最初他们指责姊川文彦放弃其核工程事业的行为是鲁莽的；而在福岛核事故后，他们则被外界辱骂。

东京电力公司在福岛核事故发生前、发展中和爆发后接连犯下严重错误，做出了许多不当决定。现在东京电力公司则负责重启世界上最大的、价值数百亿美元的核反应堆群。但日本社会的"恐核症"较之前任何时候都要更严重。因为没有人相信，这个国家的核工业安全署被一个新机构"核能改革署"所取代，此次改革尚未完成，仍在推进中。

虽然经历了诸多打击，但姊川文彦仍旧认为日本还是需要核能，因为用天然气、煤炭和燃油发电取代核能发电所需的成本，需要耗费该国大量的外汇储备，并使该国制造商在与外国对手的竞争中，成本结构处于不利状态。重启日本的核电站将会给该国的经济带来巨大好处，但对于日本经济产业省和东京电力公司来说，考虑到前者位于霞关的主要办公楼和后者新桥办公楼外 24 小时不间断地有人进行反核示威的现状，一切看起来都是不可能实现的梦想。

要想重启核电站，东京电力公司需要这样一个人站到前台，他至少要有不同寻常的外交手腕，有着管理能力，还是技术专家，并拥有企业家胆量；这个人得发自内心地认同日本需要核能，还不能与日本经济产业省和东京电力公司近期的失败有关。更重要的是，不管从许多方面看，这注定是一个吃力不讨好的工作；被挑中的人，将会成为没有国土的国王，不仅会成为无本之木，还得与大量外力对抗。但尽管如此，这个位置仍将会是一个有着巨大权力和影响力的支点，不仅仅是为了东京电力公司，还是为了日本经济和全球经济。

因此，当该公司挑选姊川文彦来负责这个艰巨任务时，外界的反响很强烈。姊川文彦被任命为东京电力公司的首席管理官以及日本核改革特别任务组的秘书长，负责改造东京电力公司的核文化。

"他很惊讶。"姊川文彦指着自己曾经的副手青木弘之笑道，后者现在负责东京电力公司的电动汽车项目。"他问：'为什么他们会想让一个一心想要发展电动汽车的家伙来领导公司的核能项目？'"说到这，姊川文彦和青木弘之两人都忍不住笑了，后者更是爆笑。

姊川文彦能够被选中，可能是得益于日本发展电动汽车的努力取得了一定成效。2011 年时，日本汽车公司生产出来了全球绝大多数的电动汽车；日本企业也为许多——如果不是绝大多数——外国企业产销的电动汽车提供电池、电机，或者提供合作支持与技术。在开发新的电动汽车技术并将其商业化方面，日本显然是全球汽车业的标兵。

但既然已经有了如此好的名望，为什么姊川文彦还会接受推动东京电力公司核项目这种吃力不讨好的任务呢？"福岛第一核电站已经被摧毁了。我们不得不关闭它，并把它清理干净。这是项很艰巨的工作。"他说，"而重启剩余的核电站，则是另一件艰巨的工作。"说到这儿，姊川文彦陷入深思，继而补充道："但这就是我的性格。我是个挺奇怪的人，如果某件事看上去很困难，我反倒愿意去做。"

上述问题看上去并没有困扰到他。"你看，"他继续解释道，"约翰·肯尼迪说人类本就应该去月球，那是因为登月很困难而不是因为它很容易。"此时，青木弘之插话说："我记得有一次我们俩在美国租了一辆车。当我不确定方向时，我会减速停车问路，但他只是说，'往前开！'只要他感到好奇，他就去做，这就是姊川文彦为人处世的风格。"

就这样，日本的堂吉诃德——姊川文彦先生开始为自己热爱的并愿以之为终身职业的核能事业书写新的篇章。

中国的"弯道超车"硬着陆了

姊川文彦的愿景取得了一定进展，距离他不远处的万钢部长推行的大胆愿景实现得如何呢？

尽管在全国范围内启动了数十个电动汽车发展项目，但中国在 2012 年只生产了 6000 辆插电式混合动力汽车，2013 年的产量也只是略有增加。中国既无技术又无技能来制造一款自己的世界级电动汽车。

此时，情况变得越来越明显，驱动各方在中国制造电动汽车的原因基本上都是政治因素。用一位不愿意透露姓名的汽车企业高管的话说就是："企业并不想制造这些电动汽车，消费者也不太想买。"

与加利福尼亚州实施的允许汽车厂商或购买电动汽车积分或缴纳罚款，或者退出该州市场的电动汽车项目不同，中国电动汽车发展的内在动力是政治，是这方面的压力推动着该国每一家主要汽车企业都制造自己的电动汽车。国家的战略与地方利益的结合催生了一个越来越反常的结果。最终，电动汽车的市场是面向政府（而不是私人消费者）的，车辆销售也是面向汽车企业所在地的"政策市场"。换言之，就是政府采购。这种做法排除了竞争，也让削弱了产品质量。

然而，在这一路走下来，中国还是成功地从一些陷入困境的美国公司那里获得了有价值的技术，就像它之前从吉普和萨博那儿获得的那样。福特汽车公司一度拥有沃尔沃汽车10年，沃尔沃在安全和质量方面的口碑，使其成为明智的知识分子的选择。但在2010年，福特汽车将沃尔沃出售给了中国的吉利汽车。得到美国政府经济刺激计划资助的两家汽车公司A123和菲斯克也被出售给中国买家。更有一位中国买主曾试图买下阿诺德·施瓦辛格一度的最爱：悍马汽车，它从2007年以后就在美国市场失去吸引力了。

到2013年夏季，万钢决定讨论分阶段逐步取消电动汽车购买补贴，并计划重新把工作重点聚焦在研发上。

"我们不能去和特斯拉竞争"

但是，如果就此认为电动汽车的发展在中国走到了尽头，那无疑是错误的。事实上，它在中国的发展仅仅只是刚开始。中国汽车技术研究中心汽车技术情报研究所总工程师黄永和，对这一有着半途而废之虞的革命有着不同的看法。

黄永和并非科班出身的汽车人，不过到了2014年时，他已经成为中国汽车技术领域的中坚人物之一。他任职的中国汽车技术研究中心总部位于天津市，该中心设备齐全，从事业务覆盖了与汽车有关的全部领域，从碰撞测试到电池包认证等。

"你看，"在他天津的办公室里，黄永和边抽烟边说，"我们也许有着全球最大的汽车市场，但我们并没有最好的技术。因此，我们不能去和特斯拉竞争。"

不过，他的这番说法并不意味着他认为中国已经退出这场竞赛了。"只要我们能先动起来，并行进在正确的方向上，我们仍可以拥有全球最大的电动汽车市场。"在他看来，目前正是中国重新聚焦其电动汽车战略，并使之能够与社会需求和技术实力保持一致的时机。黄永和的这个想法与清华大学欧阳明高教授想要实现的愿景高度相似，后者是中国 2008 年奥运会电动汽车示范运营项目的负责人。

对中国来说，实现交通运输系统的电动化，对其克服长期的能源挑战和环境挑战很重要。但黄永和和欧阳明高都疲于应付外界施加的在电动汽车领域超越西方国家的要求。黄永和和欧阳明高都相信中国已具备建设一种非常不同的交通运输体系，即有中国特色的电动化交通运输体系的技术能力和社会需求。

欧阳明高将他的理念表述为"点—线体系"。中国的各个城市是体系中的"点"，而它们被高速铁路网络（即所谓的"线"）连接在一起。在过去 10 年中，中国建起了 7500 英里长的高速铁路，是世界上最长的高速铁路网络，超过全球总量的半数。在各个城市（也就是"点"）中，人们可以依靠电动自行车、电动公交车、低速电动车出行，混合动力汽车和插电式混合动力汽车也能够满足人们的出行需求。

这种愿景不是万钢在 10 多年前向中国领导人提出的建议，不是能够让中国在短期内就可以引领全球电动汽车市场的药方，也不是上汽集团和通用汽车公司在 2010 年世博会上展示的那种未来出行方式。但这却是一种能够实现的愿景。

"中国人并不需要续驶里程达到上千公里的（电动）汽车。"欧阳明高解释道，中国人也不需要一辆特斯拉。中国真正需要的，是能够运载数以十亿计客流的电动化交通运输体系。

在中国的某些地方，一些和欧阳明高预计的愿景相接近的事情正在发生。在距离北京几小时路程的地方，当地企业由于在电池制造领域做了过度投资而急需一个消化产能的出口。于是，它们开始制造适用于郊区市民和农民的微型电动汽车。在山东省省会济南的周边区域，便宜的低速电动汽车的生意很是活跃。

这些车跑不快，也跑不远，但却可以接入民用电网充电。与在中国农村地区兴建加油站相比，这要高效和方便得多，而且充电的成本比加油的成本低多了。有许多低技术含量的电动汽车已经在杭州的马路上行驶了。一家名为"康迪"的汽车企业开展了电动汽车分时租赁业务，它的产品最高时速只能达到 50 英里（约合 80 公里/小时）。但对于郊区用户来说，这就足够用了，也正因为如此，其用户量正在不断增加中。

黄永和指出，中国有一些地方可以向加利福尼亚州学习。在 2014 年春季，他邀请加州空气资源委员会的丹·斯珀林（Dan Sperling）到中国汽车技术研究中心的天津总部参加了一场特别的会议，会议名为"加州零排放车辆法案与中国新能源汽车城市推广应用交流会"。

事实上，在 2014 年时，许多迹象都显示中国不能放弃自己的电动汽车梦想。当时，一波电动汽车新车型（许多是由中外合资汽车企业出产的）计划在今后几年内上市。2014 年 10 月，大众汽车集团（中国）公司首席执行官海兹曼（Jochem Heizmann）宣布，将马上向中国市场引进超过 20 款电动汽车。与此同时，中国的空气污染和石油对外依存度问题也还在恶化。

胜利者是……

从某种意义上看，中国、日本和美国都是有可能赢得电动汽车全球竞赛第一赛季胜利的参赛者。显然，每个国家的特点，其政治体系和环境考量等因素，对每个国家向前进的驱动力是不一样的。

在日本，积极进取的姊川文彦说服该国的企业界和政府的技术官僚们，让他们明白电动汽车注定是未来全球汽车工业关键的组成部分。通过这样做，他组建了一个开拓者联盟，先行者的合力远比东京电力公司的独行要强大得多。

在美国，加州政府这个致力于推动清洁汽车发展的"实验室"，克服了来自美国联邦政府的重重阻力，继续推动美国参与这场竞争。奥巴马政府在金融危机期间给了汽车产业一个重要支持；但要强调的是，是加州政府和加州实施的强制规定派生出了当地的电动汽车市场，让汽车企业认识到只要参与其中就会得到丰厚的回报。

那么又该如何评价中国呢？在许多方面，中国都有足够多的资源和科研能力来建设一个新事物，围绕着电动汽车展开的交通体系。但迄今为止，很多目标、战略和激励等都还没有起到应有的作用。无论是 2008 年北京奥运会还是 2010 年上海世博会，都没有产生持续的作用。

事实上，成功的因素是比较明确的：鼓励竞争并积极奖励创新者，确保真正支持大型的、技术精密的联盟，有进取心地去领导和谦虚地愿意去纠正已实施的政策，并在战略的清晰性和战术的灵活性之间保持微妙的平衡。

政治领导人对这种结构、社会和技术的全面转变是至关重要的。若没有来自华盛顿的领导，那么美国农村将还未实现电力化，核能仍会是白日梦，互联网和半导体可能无法出现，而我们驾车使用的道路的尽头有可能就在城市城墙处，没有高速公路，也没有铁路来连接美国广阔的领土。

领导力的确在起作用。在过去 20 年里，日本和加州在引领全球汽车工业的未来发展上，起到的作用比美国联邦政府更大。它们使用聪明的战略政策来推动自己在全球经济中的重要性，塑造了个人交通的未来。

在其 17 世纪发表的作品《利维坦》（Leviathan）中，托马斯·霍布斯（Thomas Hobbes）写到，"利维坦"或国家的力量，源自它的"财富"。在未来，这种力量将与知识、创新、清洁能源和技术更加紧密地纠缠在一起。

在 21 世纪，美国将不得不制定一个更一致的国家使命，我们将不得不更新和改造我们国家的经济和政治基石，我们将不得不发展一种新的产业形态，我们还不得不与其他国家贸易、合作。

当今，整个世界正处在物理革命的风口浪尖，这场革命会让我们的道路更安全、更清洁、更快速和更高效，还有可能让我们的社会摆脱石油的束缚。我们要做的，只是伸出手去抓住它。这些变化是一个更大的转变的一部分，是 21 世纪全球经济去碳化过程的一部分，而且是相当迫切的一部分。从这个意义上来说，在这场大竞赛中的胜利，在总额 70 万亿的全球经济的竞赛的胜利，并非是零和游戏，至少可以不是零和游戏。

在竞赛的最后，人类打造未来汽车的冲刺，是我们一起奔跑的比赛。这里说到的"我们"不仅仅是指美国人、日本人和中国人，而是地球上所有的人类和生命。我们越早撞线，结果就会越好。

第十九章
编后记

比赛的最后一圈

如今，汽车在我们的生活中是如此不可或缺，以至于我们很容易忽略它们对人类社会的变革潜力。在今后的几十年，这种变化会以任何形式出现，但起到的并非是锦上添花的作用。这些变化不仅仅会提高燃油经济性、改善排放以及让驾乘人员更安全等，它们还会在更基础的方面改变我们的生活。

的确，在汽车工程与汽车幻想之间的界限现在正变得模糊。之前在传感器技术、计算机处理能力、电池、化学和其他领域的突破，已为汽车的未来奠定了基础，它将会更小、更快、更安全、更清洁，以及十分经济。汽车的未来并不只是电动汽车，还是上汽集团和通用汽车在 2010 年世博会上演示的那种愿景：清洁、智能的城市将会由自动驾驶的电动汽车为主导。届时，车自动行驶着，车上人员则随意做着自己的事儿。在未来，盲人也能够开汽车，移动办公将会成为我们日常生活的一部分，通勤的概念会得到根本改变。

关于这个系统会怎样演变，目前已经有了许多关键技术和社会标志能够提供这方面的线索。其中最重要的是在燃油经济性法规、汽车的电动化、汽车拥有模式，以及自动辅助驾驶车辆等方面的变化。对于城市、公司和国家而言，需要拥抱这些变化，因为其中蕴含着巨大的上升潜力，非常诱人的潜力。

走得更远

奔向未来的第一个政策路标是提升车辆的燃油经济性，这多少有些老生常谈的味道，但的确在经济上和技术上都是十分重要的。美国环保署（EPA）已经设定了强制标准，要求到2025年时车辆的平均燃油经济性达到54.5英里/加仑（约合4.3升/百公里）。有许多技术路线可以达到这一目标，但全部都要挑战现有的汽车技术和工程的极限。从某种程度上看，为了实现这一目标，所有的汽车厂商都会转向以铝、碳纤维和其他材料为基础的新的轻量化结构。在这方面，本田汽车公司相信自己能够仅仅依靠提高内燃机技术就能实现上述目标；而丰田汽车公司及其他一些汽车企业，则认为需要通过混合动力技术或电动汽车来满足美国环保署的要求。此外，燃料电池技术也可以实现这一点；只是，尽管日本的汽车产业规划者、许多汽车厂商和加州政府都在积极推动它的商业化，但总体上这项技术的前景尚不确定。

即便燃料电池的成本会像看上去那样急剧下降，与之有关的基础设施也依旧是个非常显著的障碍。氢气并非现成的燃料，而且建造氢燃料电池汽车所需的基础设施成本是非常昂贵的。因为制氢讲究的是规模，且制成的氢气需要被立即存储在加氢站中。

从近期看，发展燃料电池技术并不会减少太多的温室气体排放，而且使用氢气的成本是很高的。那么，发展它能给终端消费者带来什么样的好处呢？与之相比，电动汽车能够让消费者用上便宜的燃料，而且是在家里用上。显然，相比于电动汽车，氢燃料汽车对燃油汽车的破坏力要小得多。

在氢燃料汽车商业模型下，石油公司今后既要制氢，又要运营加氢站。汽车公司也会喜欢这样的事实：燃料电池汽车有着较长的续驶里程，就像传统的内燃机汽车那样；它们同样会喜欢这个事实：汽车厂商也要制造燃料电池，也像制造传统内燃机那样。"对汽车厂商来说，燃料电池汽车只是技术升级罢了，自己无须改变消费者的其他喜好。"加州空气资源委员会的一位委员说："因此对汽车生产商而言，将燃料电池汽车推向市场后的情景是更容易规划的，因为它更接近现在使用的燃油车的商业情景。它们几乎都拥有自己专有的燃料电池技术。反之，要想发展电动汽车，它们需要花费 1 万美元对外采购电池。"

然而在 2014 年，菲亚特汽车公司兼克莱斯勒汽车公司首席执行官塞尔吉奥·马尔乔内出人意料地抨击了燃料电池汽车。"那些认为使用化石燃料制氢就能让碳产生量比直接使用燃油发动机少的人，你们需要证明给我看。"他说，"只有你们向我证明了这一点，我才会相信你们。"

许多有思想的拥护者认为，氢能是未来的运输体系的重要组成部分，尤其是对重型车辆或长距离旅行来说。但通往氢能的未来之路的确很漫长，还需要政府提供大量补贴。发展氢能，有着潜在的长期利益，但却没什么短期好处。

超越石油？

相比之下，电动汽车看起来就大有希望。2010 年，当第一款定位于大众汽车市场的电动汽车在美国销售时，美国交通体系的运营基础是石油。从那时起，消费者有机会来选择怎样、何时、何地，以及给他们的车注入什么样的燃料。那些不久前还在嘲笑插电式混合动力车（也包括油电混合动力汽车）的汽车公司，正在投入数十亿美元来发展电动化的未来。例如，宝马汽车在开发使用碳纤维车身和动力电池驱动的下一代汽车。其中的一款车型 i3 赢得了评论家相当高的赞赏。2014 年 4 月，宝马汽车公司宣布，因为欧洲市场出人意料的高需求，该公司决定把 i3 的产量提高 40%。i3 的姐妹车型增程式电动跑车 i8，其外形设计风格与特斯拉相仿，都主打动感概念，则试图填补由于菲斯克卡玛退市后留下的利基市场。

尽管在今后一段时间里，这个时间跨度有可能要几十年，电动汽车的购买成本还是大大高于同类的燃油车，但如果从全生命周期考虑，它的价格已经够低了，因此电动汽车开始对部分消费者产生了吸引力。目前，在固定距离下，电动汽车的电费约为行驶同等距离的燃油车油费的 1/3。更重要的是，电力的价格是相对稳定的。所以，当开燃油车的人需要看动荡的国际原油市场的脸色时，电动汽车的车主则能够按照可预见（也是低成本）的 eGallons 价格充电。

获取能源

自从由骑马转为开汽车后，美国人就不得不依赖于一条纤弱的供应链，他们通过油井、油箱、输油管和炼油厂来获取成品油。近年来，卡特里娜飓风、东日本地震等灾害暴露出了这条供应链的脆弱。

当前，太阳能提供了一种愿景：个人可以摆脱石油或其他燃料，实现"能源独立"。太阳能电池板的成本大约是 30 年前的 1%，而且还在不断下降中。特斯拉汽车的创始人，埃隆·马斯克同时也是一家运营光伏发电项目的公司——"太阳城"（Solar City）的董事长，该公司正推进一项太阳能项目；免费为房主提供太阳能光伏系统，再将产生的电力以远低于当地电网的价格出售给房主。

在日本，在向日产汽车公司支付 4000 美元购买专门的 V2H 系统后，就可以在停电或其他紧急情况下，通过电动汽车为家里充电。聆风的电量最多可为房屋供电 2 天。目前，约有 10% 的日产聆风车主已经购买了这套系统。

即便不使用太阳能电池板，在出现紧急状况时，电力通常也比液体燃料供应恢复得更快。这部分是因为在缺少驱动油路、油泵和燃油分装的电力的情况下，汽油不能被运输或分发。从这个意义上说，电动汽车具备提升从人为灾害或自然灾害中恢复速度的潜力，也因此可以提升我们的能源和运输系统的弹性。

可再生能源的力量倍增器

或许，电动汽车能够带来更大的冲击是来自于这样一种可能性：电动汽车可以与更广义的可再生能源系统整合在一起。未来，电动汽车的动力电池有可能被用于储存和管理可再生能源，至少有下面这两种方式。

首先，电动汽车对于保持电网频率的平衡（Frequency Balancing）是有益的。电网就像一把经过精细调音的吉他：电能的产生和消耗必须同步进行并时刻保持平衡，任何不匹配都有可能损害其功能，甚至破坏其构成部件。数以千次的微调帮助这把"吉他"的音色始终出色，其调整频率接近 60 赫兹。这意味着，那些为电网供电的发电机每秒钟要旋转 60 次。一旦用电需求在短时间内急剧减少，就会对发电机造成影响，降低其运转频率，而且这种情况会对发电机造成灾难性的损伤。

要想实现电网频率的平衡就需要兴建专门的发电站，其中的发电机是以未达到基本负载状态定期地向电网供电，从而保证小规模的电力供需变化不会被干扰。就此而言，连接到电网上的电动汽车能让车载动力电池起到同样的作用：电网系统需要储电或向电网送电，从而有可能关闭那些为实现这一功能而修建的发电站。

然而，更大的机会在于让这些动力电池储存可再生能源。大多数可再生能源的供应是间歇性的，这意味着无法全天候发电，有时候产生的电力还可能超过预料值。比如，风力发电站只在刮风时才能发电，太阳能板只有在阳光照射时才能产生电力。在科罗拉多州和加利福尼亚州等可再生能源占比很高的地方的电力公司中，在预测和管理这些间歇性发电的电量输出上，已变得越来越有经验。但真正能够改变可再生能源领域游戏规则的，是找到既廉价又数量充足的能源存储器；换言之，就是要有大量的低成本电池。

连接到电网上的电动汽车有望做到这一点。当狂风大作或艳阳高照时，电动汽车可以从电网中吸收多余的电量；当电力供给不足时，一辆有着 18 千瓦时或 24 千瓦时车载电池的电动汽车（如雪佛兰沃蓝达或日产聆风），或有着更大车载电池的电动汽车（如有着 80 千瓦时电池的特斯拉）可以反向向电网供电。对电力公司而言，使用电动汽车作为"需求响应"机制并不是一个雄心勃勃的方法。当电力需求不足时，电网可以为电动汽车充电；当电力需求高涨时，就改由电动汽车为电网供电。此举能够有助于处理日常电力需求的周期性，以及可再生能源的高峰。

从实用角度看，大量的电动汽车动力电池一旦连接到可再生能源的电力源，就能够让这种间歇性能源达到一种所谓的基础容量的状态。也就是说，发电机能够在一天的所有时间里都能以恒定状态输出电力。

无线充电技术：让充电更方便

目前，其他领域的技术突破让电动汽车与电网有望实现基本做到无缝连接。例如无线充电技术（包括高通在内的许多公司目前都在研发这一技术），它就能让电动汽车无须使用电源插座即可充电，通过感应方式充电。

这种技术显然根本不可能被汽油车、柴油车、天然气汽车或氢燃料电池汽车所使用。它的一个优点是方便快捷，甚至能够被直接集成到道路上。当车辆停下来等待绿灯时，或在专门的无线充电车道上行驶时，它就能够自由地为车载动力电池充电，或反向向电网供电，根本不需要特意停下来。这既解决了可再生能源的间歇性问题，又创造了电动汽车行驶里程可无限延伸的系统。在韩国的先进科技研究所，这样的系统已经开始在公交车上应用了。

新的电池技术：一个更好的前景

当然，充电基础设施较为密集还能减少电动汽车续驶里程，是更容易实现的一种方案。这就是为什么电动汽车研发的首要目标是追求成本更低但能量密度更高的电池。从"太阳射线号"太阳能汽车引领的那个时代开始，电动汽车就没再使用过铅酸电池，而是转向使用镍氢电池、锂离子电池。今天，在电动汽车领域，多数的研究角度是调整和提高锂离子电池的化学配方。不过，目前最先进的车用动力电池的能量密度也只是汽油的极少一部分，可能只有 $1\% \sim 2\%$。

未来，最有前途的电池技术是锂硅电池和金属空气电池。安普锐斯（Amprius）等公司正致力于提高锂硅电池的可靠性，其能量密度大大高于锂离子电池。而金属空气电池则被认为是存储能量的"圣杯"。它具有非常轻而又令人惊讶的高能量密度，其能量密度在理论上可以与汽油或柴油相媲美。当然，它距离商业化还非常遥远。

一条光明但坎坷的道路

在今后几十年中，全球电动汽车市场规模将会飞速增长，但也会伴有成长的烦恼和挫折。期间会有公司破产，也会发生电池着火的事故。而且，如同在新技术和新商业模式发展过程中经常见到的那样，与电动汽车有关的负面新闻虽然数量不多，占比也不高，但却总能占据头条位置。类似的情况，我们已经在美国高速公路管理局（NHSTA）调查通用汽车的雪佛兰沃蓝达和特斯拉汽车的 Model S 的过程中见识过了；同时，美国的右翼势力也发出过一些负面的政治信号。

除了技术问题要克服外，还有重大的监管问题需要解决。其中一个突出的问题就是为电动汽车提供快速充电服务的充电标准问题。一个很基础的问题是快速充电接口问题。当然，接口的形状只是表象，它背后是不同技术路线的差异导致的快速充电标准差别。快速充电能够在 15 ~ 20 分钟内为车辆提供 50 ~ 60 英里（约合 80 ~ 100 公里）的续驶里程；从很多方面看，这都是一种比为车辆提供容量更大的电池更经济的方案。但目前有一个正在发酵中的冲突，即全球汽车业应该使用哪一种快速充电标准作为全球统一标准。

最早实施的快速充电标准也是截至 2015 年时应用最广泛的标准，即东京电力公司的 CHAdeMO[○]标准。它是由姊川文彦的团队与一个国际化的电子电气制造商和汽车制造商组织共同发展出来的。然而，许多美国和德国的汽车公司一早就决定不支持 CHAdeMO 标准，而是决定开发自己的标准——它们共同开发并游说美国汽车工程学会设立了 J1772 插头标准。从技术层面看，新的设备并没有错，但日本企业在发展使用 CHAdeMO 标准的基础设施的推广上，更灵活也更努力。当宝马汽车公司、通用汽车公司和戴姆勒汽车公司致力于利用它们在华盛顿的政治势力来建立使用 J1772 标准的联盟时，日产汽车公司和东京电力公司已经在日本和全球各地部署了数以千计的快速充电桩，以扩大其电动汽车的使用范围。日产汽车公司积极推广部署使用 CHAdeMO 标准的基础设施的行为，是否已足以让市

○ CHAdeMO 为"Charge de Move"的缩写，也就是"为行动的车辆充电"的意思
——译者注

场接受这种标准仍有待观察。CHAdeMO 标准或许能够与 J1772 标准共存，也可能会被排挤出美国和欧洲的市场，但考虑到 CHAdeMO 标准快速充电桩巨大的前期投入，后一种结果看上去是不可能的。

中国也正在发展自己的快速充电标准。此外还有一种标准被证明可能是对电动汽车的生态系统是非常重要的，即特斯拉汽车的超级充电桩。该公司正在全球范围内建设使用太阳能电池板供电的超级充电桩网络，数量多到加州的电动汽车倡导者都感到烦恼，因为他们更希望特斯拉汽车能够采用 J1772 标准。只是对这家公司来说，这么做是它的战略选择，因为它无需等待其他企业；而且对它来说，即便是把这样的网络建得到处都是，也只相当于每辆车的成本增加几百美元而已。考虑到特斯拉车型的售价高达 10 万美元，所以该公司能够很容易地摊销建设成本。通过这样做，特斯拉汽车能够为其车主提供免费的快速充电服务，并能为车辆提供无限的续驶里程。为证明特斯拉 Model S 可以不受续驶里程的限制，埃隆·马斯克已承诺会带他的儿子驾车从美国东海岸开往西海岸，进行一次公路旅行。

按需分配到每一个人？

汽车的电动化并非唯一的改变我们对汽车看法的趋势。今天在美国，人们对车辆所有权的本质的认识，乃至希望拥有汽车的可能性的看法，都有所改变。在今后几十年，我们很有可能发现，共享汽车的数量会极大地增加。Zipcar 和 Car2Go（两家汽车共享与分时租赁企业）这样的商业模式，允许消费者在需要时有车可用，而在这方面的开销、风险和麻烦却又大大下降。前述两家公司战略性地在高密度的住宅区投放了大量汽车，车上装有基于电子标签 RFID 技术的租用车辆和进入车辆的自动系统。

在 Zipcar 公司的商业模式中，用户可以通过自己的电脑或智能手机预订一辆车，根据需求决定是开一小时还是租用一整天。用完车辆后，用户只需要把车停放在专用停车位中即可，下一位用户会来取用。

德国戴姆勒公司发起的 Car2Go 公司的理念较前者略为激进。它是基于戴姆勒旗下微型车斯玛特（Smart），配上 GPS 轨迹跟踪系统，实现了分钟对分钟、点对点的租赁体系。通过智能手机应用程序，用户可以看到所在城市中能够被租赁的车辆数量及其分布，从而能够选择距离自己最近的车辆。他们通过个人专用的 RFID 卡刷卡进入车辆，在到达目的地后，他们锁车结束租赁。此时，其他人就可以租赁这辆车了。在美国和欧洲的许多城市都有部署 Car2Go 公司的 Smart。

当然，这些共享模式并非没有缺点。用户可能需要提前几个小时甚至几天去预订一辆车，或者要走一英里那么远才能走到车辆停放的地方。有时，会出现当用户需要用车时却找不到车的情况。但对许多城市居民来说，这类共享模式是合理的替代购买车辆的模式。

汽车共享系统有潜力解决与车辆有关的一系列问题。例如，现在大多数车辆有 95% 的时间是停着不用的，换言之，每天它们只有约 5% 的时间在行驶，其他时间都是停在那里成为有价值的财产。对车主而言，车辆的保养和维修也是非常不经济的。尽管大多数车主不愿意花时间考虑刮水器清洗液和润滑油的余量问题，但他们不可避免地要关注这些问题。而在汽车共享模式中，车辆供多人使用，有职业的车队经理负责车辆的保养和维护工作，用户基本不用考虑这些事情。

在汽车共享模式下，高质量产品的成本也更容易体现。这些成本包括让汽车更安全、更舒适、更有效率及让车辆性能更好的系统。例如，现今的汽车被设计能顺利运营几十万英里，而后报废。这意味着企业没有理由去投资那些会延长这一周期的材料。在此前召开的一次新闻发布会上，日产汽车公司的研发负责人就如此解释该公司为什么不使用碳纤维，因为它"太耐用了"。在个人拥有汽车的情况下，很难证明碳纤维的成本或耐用性是值得的。但在汽车共享模式下，前期成本可以被更多的用户所分摊，而在诸如燃油经济性方面的节省，则可以直接转化为企业的利润。在这种情况下，很容易想象，公司和个人愿意接受更高的购车成本，通过省油及延长车辆寿命来换取更低的使用成本。

车辆所有权新模式可能会加速这一天的到来，即我们的汽车不再是用钢铁制造的，而是由更先进的复合材料制成。我们甚至可以想象，届时像 Zipcar 或 Car2Go 公司这样的汽车服务商——为用户提供服务而不是车辆——将成为汽车企业主要的利润来源。

为什么还要开车呢？

另一个会改变未来的汽车在社会中的角色的趋势，是全美汽车驾驶员注册量的整体下降。在1983年，在年满19周岁的美国人中，有高达90%的人持有驾照；而到了2010年，美国人比1983年更富裕，保有的汽车数量也更高，但在19周岁以上的人群里，驾照持有率却不足70%。得益于更好的公共交通、互联网和其他的交流方式，决定考取驾照的美国年轻人在变少。

总体上，人们开车出行的次数是变少了的。有超过一半的纽约家庭（比例达到56%）没有车，考虑到曼哈顿的拥挤，这似乎不足为奇。但这种情况也出现在美国的其他城市中，在华盛顿特区、波士顿、费城、旧金山和巴尔的摩，都有超过30%的家庭没有保有汽车。

新竞赛："比萨男"来了

但在潜力上，或许没有什么别的科技能够和自动辅助驾驶技术那样，促使交通运输发生根本性转变。汽车自行驾驶的概念开始混淆汽车与机器人之间的界限，有着潜在的深远意义。虽然这听起来像是科幻小说里的事，但今天却是真实存在的。如果说现代电动汽车的时代始于"太阳射线号"太阳能汽车史诗般的横穿澳大利亚之旅，那么或许我们也可以认为现代自动驾驶的时代发轫于在旧金山的比萨饼送货上门业务。

2008年，美国发现探索频道播出了名为"This！"的节目，该节目聚焦于参与者该怎样在规划不同路径，不用人就能把比萨送到位于旧金山湾金银岛的指定车库中。不可否认，这是一件愚蠢的事儿，而且彻彻底底地是"为电视节目而拍摄"。但节目参与者却一个个全情投入，他们测试了一张比萨在其美味变味前所能承受的动力加速度值的大小，然后研究了不同的技术路线，包括用弹弓，用降落伞；他们甚至还试图用一台20英尺长的氢气飞艇来运送比萨。

所有这些努力都被倾注了几乎神秘的重要性光环，但直到一名身材修长的加州大学伯克利分校毕业生安东尼·莱万多斯基（Anthony Levandowski）出场，这一集的高潮才出现。

莱万多斯基是一名真正的神童。年仅 20 余岁的他，已经是一位资深技术专家和企业家了。2008 年时，他是旧金山湾区一群天才技术爱好者的负责人，他们当时致力于把性能平庸的丰田普锐斯变得更引人注目。

从某些特定角度拍摄时，可以看到莱万多斯基的普锐斯伤痕累累，但这些划痕很难引起外人注意，因为车上装满了各种各样的传感器。传感器收集各类数据并将其传到先进的车载电脑中，并最终作用到转向系统和传动系统上。莱万多斯基和他的团队设计的程序已经嵌入了车辆的控制系统（一般从方向盘、制动和加速踏板传递信号）并建立对车辆驾驶零部件的直接访问。

他们的希望是，通过这些传感器和控制器，辅之以当天早些时候采集的地图信息，可以让这辆车带着比萨完全自动地穿过旧金山湾大桥，驶入金银岛，开往探索发现频道的研究机库。

在车辆启程时，莱万多斯基和电视节目主持人站在一辆卡车上尾随而去，他手里握着一个开关，万一出问题了可以立刻停止车辆。他的普锐斯内没有坐人，方向盘来回转动的状态使得从车外看仿佛是一个幽灵在驾驶车辆一样。当车辆在急停急转弯时，紧随其后的莱万多斯基和电视节目主持人就会变得紧张不安；尤其是在车辆差一点就碰上摩托车和行人的时候，他们更是紧张。

旧金山警方关闭了湾区大桥，仅允许实验车驶向金银岛。但当该车行驶到桥梁较低位置时，其 GPS 信号消失了，在车上方的钢筋和混凝土结构阻碍了 GPS 信号。于是，车辆就不得不独自依靠车载传感器工作了。它继续前行。但当它行驶到金银岛出口处的匝道时，由于匝道变窄，车辆缓慢地撞上了护栏，停了下来，无法再行驶。

莱万多斯基跳进车辆，将它开了出来，调整到正确的方向上。虽然未能实现完全无人送比萨的初衷，但在现实中，他的创意就是成功的。

盲人也能驾驶

但是 5 年后，这个笨拙的机器人已经进化成为一个造型优美的、强大的、能够真正做到自动辅助驾驶的机器。在此期间，谷歌公司收购了莱万多斯基和他的团队建立的研究自动驾驶车辆的公司，这家现金充裕的硅谷巨头对这家公司在节目中的表现印象非常深刻，他们最终给了这一被收购公司几乎无限的发展预算。

谷歌公司加强了他们的数据处理能力，改善了用户界面，以及对外宣传。一旦这辆车准备好上路了，谷歌公司还会为其设计一个能给人留下更深刻印象和更深刻的感知，它已不再是当年那辆仅能从事简单的运比萨工作的汽车。

2012 年 3 月 28 日，谷歌公司发布了一段视频。视频中一位名为史蒂夫·马汉（Steve Mahan）的英俊且打扮得体的帅哥，坐进一辆明显是经过改造的丰田普锐斯。此次旅行的特别之处是，马汉接近全盲，他丧失了 95% 的视力。坐在"谷歌之车"里，马汉驶进街道中；随着谷歌之车带领着他行进在他日常行动路线上，马汉开始沉思这样一辆车会给他的生活带来什么样的变化。马汉驾车去取上自己送洗的衣物，然后前往住处附近的墨西哥餐馆吃午饭。这段景象相当壮观，谷歌之车迅速引发了一场互联网轰动。

到 2012 年年底，谷歌公司宣布其自动辅助驾驶车辆已经行驶了 60 万英里，期间只发生过 1 次事故，当时是该公司的雇员手动操控这辆车追尾了另一辆普锐斯。对那些希望看到莱万多斯基的车辆是否能够执行多任务的人来说，这次事故是一个非常可信的证据。

到 2013 年，谷歌公司用于测试自动辅助驾驶功能的车辆从之前的普锐斯换成了雷克萨斯的 SUV，这些车辆车身上都被喷上了该公司的 LOGO。每辆车的车顶都装有一个激光雷达，它工作时看上去有些像一个旋转的圣诞树。除此之外，谷歌之车上所有的传感器和控制器，如 GPS、控制界面和计算器模块等都被整合进了车辆中。

这些谷歌之车进行过详细的测试，目前许多对它们性能的焦虑已经消失了。

在高速公路上，谷歌之车行驶得很稳健，做到了真正意义上的自动驾驶。另一队车辆已经成为谷歌公司总部山景城（Mountain View）附近街面上常见的风景。

尽管谷歌公司早期的行动对媒体来说有很大吸引力，但汽车企业直到2011年才开始真正关注谷歌之车。那一年，内华达州议会通过了一项法案AB511，该法案明确规定了该如何对在该州测试及路试自动辅助驾驶汽车进行监管，这项法案震惊了汽车业。马上就有其他一些州加入这一行列，如加利福尼亚州、佛罗里达州、密歇根州和哥伦比亚特区。

汽车生产厂商已经习惯于深度参与到与汽车行业有关的任何新法规的制定过程中去。但现如今，当立法者开始考虑制定与自动辅助驾驶有关的法律法规时，汽车企业并没有参与其中。当谷歌公司的技术与规定推动了相关立法后，主要汽车厂商马上就启动了发展自动驾驶汽车的发展项目。包括日产汽车公司和戴姆勒公司在内的许多公司宣布了自己商业化目标时间表，计划在2020年实现；谷歌公司则计划在2017年时新建。

围绕自动辅助驾驶的立法和监管问题肯定会是棘手的，例如如果没有人在驾驶车辆，那么发生碰撞事故谁该负责？但这也会是一个巨大的机会，一辆自动辅助驾驶的汽车对消费者来说很有价值，公众们也会对这个话题很感兴趣。汽车厂商们想要利用这种力量。

开弓没有回头箭，对学者和政策制定者而言，就此开始对能够自动驾驶车辆的未来进行考虑，是合法、合理，甚至必要的；对全球各地的汽车厂商、城市和国家来说也是如此。不同人使用不一样的术语，从不同意义上描述这类汽车，比如自驾驶汽车、机器人汽车、自动化车辆或自动辅助驾驶汽车。虽然术语迥异，但最终要描述的是一样的，即一辆可以自行驾驶的汽车。

他们说的并不是第一辆自动辅助驾驶汽车，因为是谷歌第一个打破僵局的。这就是为什么有的人可能会说自动化并非简单地是下一个技术前沿，而是大竞赛的终点线。从某种意义上说，自动化的汽车不再是汽车，而是机器人。这些机器人有潜力来解决许多社会问题，从时间管理，到尾气排放，再到车辆安全性。

仅仅是在美国，每年就有3万人死于各种车祸。美国高速公路管理局的一份研究显示，人为错误导致或促成了 99% 的事故。这意味着，一旦汽车实现自动化，仅在美国每年就将能够拯救数以万计的生命，在全球范围可能会高达百万。如果恰当处理，汽车实现自动化后能够让汽车相较于现在我们驾驶的车辆更小、更快、更高效，并占用更少的资源。

2014 年的春天，谷歌公司透露该公司已在自主开发新的自动辅助驾驶车辆。这些车辆有着独特的、像昆虫一样的外形，内部空间很宽敞。但真正吸引人的是，这些车辆没有方向盘。

坐好、放松、享受旅行

自动辅助驾驶给人们带来的影响是多方面的，多到难以想象。从交通这样简单的事儿开始，全自动辅助驾驶最初的应用可能会是自动停车，这可能有助于缓解城市拥堵和交通流量。司机们现在的一个坏习惯是在他们要去的目的地附近驾车一圈一圈地转，希望能够找到停车位；如果有大量司机这样干的话，某处的交通就会出现堵塞。但或许在 10 年内，一些美国人就可以就近下车，然后让车辆自己前往停车位，然后再在需要用车时用智能手机召唤车辆来接自己。2014 年 10 月时，特斯拉推出了带自动辅助驾驶系统的新款 Model S，该系统可以使车辆实现自适应巡航、车道保持和自动停车等功能。将来的汽车有可能会被数字化地连接在一起，至少也能够做到相互交流。这就允许我们把复杂的交通运输系统无缝地连接起来。

当然，肯定会有人对此有所担心。人们会不可避免地担心这些车辆的安全性问题，但自动辅助驾驶车辆在根本上其实是更安全的。与人类不同，这些车辆不会因为车内孩子的打闹而走神，也不会因为考虑如何度假或因为工作压力而走神，更不会因为看路边的美女而走神，因为它们的全职工作就是确保你能够安全地到达目的地。保险公司已经表达了可能会降低自动辅助驾驶车辆保费的兴趣。

事实上，自动辅助驾驶车辆可能会成为自安全带发明以来最显著的提高安全性的创新。过去那么多年中，有多少青少年发现开车来的同学或朋友喝多了？有多少聚会组织者未能成功阻止醉酒的人开车？又有多少生命因为驾驶者分心发短信或酒后驾车而陨落？如果自动辅助驾驶车辆能够普及，那么这些担心会在几十年里消失。

在日常，自动辅助驾驶车辆将会缓解繁重的交通出行压力和无聊的驾驶。或许，它们会是治疗路怒症的终极解决方案。与人类驾车时浪费时间应对各种突发情况不同，使用自动辅助驾驶功能后，人们可以在车辆中上网、看电视、读报，或者就是坐下来放松一下，享受出行的快乐，因为他们的车辆能够安全并快捷地把他们送到目的地。

由于车辆不会发生碰撞，因此自动辅助驾驶汽车能够被设计得小一些、轻一些，少用一些安全配置。即便是在最极端状态下，自动辅助驾驶汽车也能够完全避免碰撞，这与现在的车辆仅能做到缓解碰撞影响完全不同。届时，安全气囊或许还不会被取消，但它们会被越来越多地认为是多余的。

更高的精度与意识能够让汽车在高速公路上排成一条长龙前行，在行业术语中，这种情况被称为"队列"（platooning）。队列有助于帮助降低车辆的空气阻力，因此可以节省15%～20%的油耗。沃尔沃汽车已经证明，"公路列车"（road trains）能够让参与其中的司机在高速公路上行驶时无须操控车辆，而由领头的车辆带领其他车辆高速且安全地前进。某一天，自动辅助驾驶汽车可能会在路上如同在轨道上一样行驶，只要有足够的宽度，就能够让车辆精准地前行。

当 2 +2 =10

汽车共享、汽车的电动化与自动辅助驾驶之间的交集是事情真正令人兴奋的地方。

今天，大多数人驾驶的大型汽车都可乘坐四五个人，但多数时候车内只坐了1个人。这显然是非常无效率的。但如果我们驾驶的汽车是自动辅助驾驶的、电动的、共享的（也就是说并非某个人所有的），那么这种情况就有可能会彻底改变。车队的管理人员会调配运力满足乘客需求。届时，汽车就不再需要有大油箱，不再需要能够容纳全家人，不再需要那么高的燃油经济性以便全家人能够开车从一个州到另一个州；汽车共享状态下的车辆，可能是小型的、流线造型的、使用碳纤维材料的，动力电池电量足以让用户抵达目的地即可；车队保持好运转，使每辆车都可以完成自己被派发的任务。一位乘客在城市里的交通出行只需要一辆小型的、单座的汽车。

这种技术的融合同样也可以解决发展中国家的许多问题。例如，2013 年时，美国的千人汽车保有量为 786 辆，而中国约为 100 辆。很难想象中国的汽车千人保有量达到美国的水平的情景，因为这样的社会实在是太耗费资源了。但成熟的汽车共享体系可以为中国人提供拥有汽车状态下的大多数好处，而只需要很少的相关成本和对资本更高效的利用。

从概念上讲，那些允许你向其他车主下订单，享受比大多数出租车服务更舒适、更有效的出行服务的企业，例如优步（Uber），已经部分实现了上述情景。如果进入自动驾驶车辆年代，这些系统就能够让出行变得比今天更便利、更高效、更安全和更舒适。

随着车辆从一个消费者无缝切换到另一个消费者手上，或者车辆停在城郊副中心区，城市的风景便将会焕然一新。目前预设的各类停车场将会被更实用的停车位取代，交通拥堵也将消失；届时，车辆会被停在充电最便宜的地方，或者被停在能够为车辆反向向电网充电付费最高的地方，为了用车载动力电池来平衡电网电量。汽车电动化有助于清洁城市的空气质量，并减少那些会从燃油车中排放出来的未燃尽而流进池塘、溪流、河流和海湾的燃油颗粒。事实上，到那时，燃烧石油将成为过去式。如今，美国人每天在交通出行上花费 50 分钟，即每年约300 小时；而当自动辅助驾驶普及后，这些时间可以被节省下来用于工作、家庭或休闲。

在不太遥远的未来的某一天，莱万多斯基当年用来运比萨的那辆丰田普锐斯会被视为人类全新的、更好的出行时代的以利亚（Elijah，《圣经》中的重要先知之一）。

转变

我们现在还不能预测到这种转变的后果会是什么，但我们可以很容易地想象到一二。汽车科技在今后 20 年的发展与变化将会从根本上改变我们的生活。

就在不久前，人们还按照字母顺序索引卡来记录朋友、家人和同事的联系方式，并把这些卡片放在大号名片夹里。人们要记下某人的电话号码，并用公用电话进行联系。而我们现在用的智能手机，从实用的目的看，可以存储下无限多的此类宝贵信息。这些信息是能够润滑21世纪经济运转所需的齿轮。而驾照，就有可能像前面提及的名片夹一样，成为20世纪的古老遗迹。

电动汽车与自动驾驶汽车必然会诱发一个全新的文化和能源系统。汽车将会在机场接上我们，会去取我们之前送去干洗的衣物，会把我们的孩子送去学校，还会从商店取回食品杂货。我们的汽车将能够对电网体系起到削峰填谷的作用——车上的电池能夜以继日地接收并存储多余的风能、太阳能和核能发电量，然后再在需要的时候返还给电网。随着社区全面进行电气化，城市将变得更加安静、更加清洁；由汽车尾气污染导致的肺癌死亡率将会下降，致命的车祸也不再被视为机动化社会的可怕成本。

尾　声

从前，汽车厂商们被束缚在特定的国家或地理范围内，但今天它们可以更自由地根据市场需求和经济性来决定在哪儿生产。这就是为什么本田汽车、丰田汽车和其他日本汽车企业投入数十亿美元在美国加州建立研发中心，并在美国和中国各地建工厂的原因。但工作岗位和企业的影响也可以以另一种方式流动。上海汽车集团公司是通用汽车公司的小股东之一，但今天通用汽车在中国售出的汽车数量要高于在美国的销量。

与铁路、互联网和核能一样，新兴汽车技术的成功在很大程度上依赖于政府制定的政策。如果美国不设法发展新技术，中国、德国或者日本就会设法将它们商业化。产业发展与创新必然会跟随有战略性经济规划产生的市场，因此不难想象美国汽车厂商已经落后了，因为它们沉迷于针对那些对自己不利的或看不清是否对自己有利的法律、法规和监管进行诉讼。这是一个非常严重的问题。自动辅助驾驶汽车与电动汽车的兴起将会为社会提供新的经济边界，如果成功拥抱它们，其重要性就要高于保护汽车制造业的工作岗位。要想在 21 世纪的竞争中胜出，美国就需要抓住它们。

在过去的 100 年中，我们已经看到非凡的、令人惊叹的转变，今后还会有更多转变的发生。但如果认为美国在技术领域的统治力是由硅谷的创新能力、研究型大学卓越的能力或加州政府的领导力来保证的，那将是个大错误。事实上，尽管美国联邦政府的政治障碍已严重威胁到了国家竞争力，但美国事实上仍在竞争中处于领先位置。今天，通用汽车、克莱斯勒汽车、特斯拉汽车和福特汽车等公司都是冠军的争夺者。要确保它们的成功，美国就需要支持新的研究、新的商业模式、新的法律和新的监管法规。美国不能停下来，因为竞争非常激烈，打造未来的汽车，或者说明天的机器人的全球竞赛仍在继续。